解读 王阳明
和他的传奇心学

与孔孟并称的儒家圣人　备受中外名人推崇的心灵导师

何龙　蔡践◎著

中国商业出版社

图书在版编目（CIP）数据

解读王阳明和他的传奇心学／何龙，蔡践著．—北京：中国商业出版社，2013.10
ISBN 978-7-5044-8220-4

Ⅰ．①解…　Ⅱ．①何…②蔡…　Ⅲ．①王守仁（1472~1529）—生平事迹②王守仁（1472~1528）—心学—研究　Ⅳ．①B248.2

中国版本图书馆 CIP 数据核字（2013）第 203600 号

责任编辑：常　勇

中国商业出版社出版发行
010-63180647　www.c-cbook.com
（100053　北京广安门内报国寺1号）
新华书店总店北京发行所经销
北京天宇万达印刷有限公司印刷
*
710×1000 毫米　16 开　21 印张　224 千字
2013 年 10 月第 1 版　2013 年 10 月第 1 次印刷
定价：38.00 元
****
（如有印装质量问题可更换）

序言：
走下神坛的"三立完人"

说到王阳明，我们不得不提到一个词——三立完人。《左传·襄公二十四年》中说："太上有立德，其次有立功，其次有立言，虽久不废，此之谓不朽。"意思就是，人类虽然是天地间最有灵性的智能生物，但我们的生命却是极为短暂的，顶多不过百年而已，白驹过隙、倏忽而逝。要想在死后"延续"自己的生命，有三种途径：

最好的办法是"诸恶莫作，众善奉行"，养成完美的德行，并成为世人的楷模；

其次是建立伟大的功勋业绩，为国家、为人民做出自己应有的贡献，从而被世人铭记；

最后是写下千古不易的至理名言，并被世人所理解、所接受、所信奉。

如果我们能做到这三条当中的任何一条，那即便我们死了也仍能继续活在后人心中，这就是"不朽"了。如果我们能当仁不让，将这三条都做到，那就是创建了"三不朽"的亘古伟业，那就是众人心目中的"三立完人"了。

纵观上下五千年的中国历史，可以说是帝王将相、大德圣贤、人文巨匠代代不乏其人，他们或功勋卓著，或德垂后世，或智慧照人。但有道德的人未必有功业，有功业的人未必能立言，能立言的人未必有道德，要集"三不朽"于一身，其实是个近乎不可能完成的任务。在大

多数史学家看来，中国历史上的"三立完人"只有"两个半"：三国时候的诸葛亮算一个，晚清的曾国藩算半个，剩下的那个就是我们这本书的主人公王阳明了。王阳明既是道德的典范，又建立了伟大的功业，更能立言垂教、泽被后人，堪称"真三不朽"、"古今完人"。

从"立德"方面来说，他从小就立志要成为孔孟颜曾那样的"圣人"，并时时事事以这些精神偶像为榜样，在为人处世方面严格要求自己，绝不做对不起天地良心、社会道义的事儿。

从"立功"方面来说，他少年时就精于骑射、熟读兵法，从戎后，他更是一次次用自己的军事才能将衰败腐朽的大明王朝从悬崖边拉了回来。

从"立言"方面来说，他融合儒、释、道三家之精华，打破自北宋以来已经明显僵化了的官方意识形态——程朱理学的窠臼，独创以"心即理"、"知行合一"、"致良知"为三大命题的"阳明心学"，这直接改变了明中叶以后中国思想发展史的整体格局。第三代"新儒家"代表人物，美国哈佛大学教授杜维明更是认为，"五百年来，儒家的源头活水就在王阳明"、"21世纪将是王阳明的世纪"……

阳明心学的信从者可以说上至宰相、下至农夫，流传之速、蔓延之广，不仅终明一代无人能匹，纵观古今中外亦不多见。在明朝，他从祀孔庙，在晚清，另一位"三立完人"曾国藩将王阳明视为自己的精神导师，不但在"立德"、"立言"方面以阳明心学为旨归，在军事思想、作战部署上亦是以王阳明为师。

在近代，"阳明心学"又成为呼唤民众觉醒、独立、自强的雷霆之声，康有为、梁启超、章太炎、孙中山、陈独秀、胡适之等爱国爱民的仁人志士无不从阳

明心学中吸取人性解放、自尊无畏的思想。梁启超认为"（王阳明）在近代学术界极其伟大，在政治和军事上亦有很大勋业"，认为"王学绝非独善其身之学。而救时良药，未有切于是者"。孙中山赞叹其"心之为用大矣哉"，章太炎更是一针见血地指出"日本维新，亦由王学为其先导"。

诚如章太炎所言，王阳明对日本的明治维新及其得以快速步入现代化工业社会产生了重大影响，数之不尽的日本军事家、政治家、企业家对他奉若神明。在明治时期，日本从欧洲进口了大量知识和设备，但欧洲人并不认为是他们影响了这个弹丸岛国，日本人自己也不这么看，因为他们手不释卷的不是亚当·斯密的《国富论》，不是伏尔泰的《哲学通信》，而是王阳明的《传习录》和《〈大学〉问》……

对于阳明心学对近代日本的全方位影响，日本学者高濑武次郎坦言不讳，他在《日本之王阳明学》一书中说："我邦王阳明学之特色，在其有活动的事业家，乃至维新诸豪杰震天动地之伟业，殆无一不由于王学所赐予……大凡王阳明学含有二元素，一曰事业的，一曰枯禅的。得枯禅之元素者可以亡国，得事业之元素者可以兴国。"

说了这么多，有人可能想问了：这个王阳明究竟何许人也，竟如此厉害？

对王阳明这样一位文武全才，一位集"三不朽"于一身的"古今完人"，有关他的故事、传说、书籍多如牛毛、不可胜数。但一个人越是厉害，他就越有可能被后人神化，从而越难以让后人看到其"庐山真面目"，所谓的"伟人"们一般很难逃脱这个"宿命"。

我们的主人公王阳明一生当中也有许多富有传奇色彩的故事，比如他是神仙送来的"圣婴"，比如他通过静

坐、导引、冥想、入定等修行功夫而在一段时间内具有了"预测未来"这种"超能力",比如他能够通过某种神秘的祈祷仪式而改变风向,等等。这些记载并非只出现于野史传闻当中,甚至在各种可信度较高的文献史料(比如《明史》)当中都屡次出现。对于这些,虽然我们无须讳言,但更无须刻意渲染夸大。王阳明的人生经历本身就已经非常曲折了,如果我们能把一个"真实的王阳明"还原出来,相信这本身就足够精彩动人的了:

真实的言语,才最有力量;
真实的历史,才最有价值。

当然,真实不等于呆板、生硬、无趣。历史本身是十分鲜活、精彩的,因为历史就是一个个活生生的"人"组成的长达几千年的"画册",我们今天重述古人的故事,目的就是为了把"政治的历史"重新还原为"人的历史"。

当然,任何历史都是"当代史"。我们今天讲王阳明的故事不是为了简单复述一下他的传奇经历,而是为了从他的人生经历当中提炼出一些对我们现代人、对我们自己有意义的东西——通过观察别人,我们可以了解自己,洞悉人性;通过解读历史,我们可以领悟当下,预测未来。

好了,闲言少叙,现在就开始属于我们每个人自己的"王阳明历险记"吧。

作者
2013年6月

上篇 传奇人生：
从苦难中涅槃的"心灵导师"

第一章　传奇童年传奇梦 / 3
　　梦：仙女送来的孩子 / 4
　　醒：沉默中爆发的"小神童" / 6
　　明朝的家庭教育：向自然和社会学习 / 11

第二章　追风少年欲成圣 / 15
　　诗：夙慧早发露峥嵘 / 19
　　志：少年聊做圣贤梦 / 21
　　寻找心中的圣贤 / 23

第三章　"自我"在青春期觉醒 / 29
　　"格竹"失败引发的精神危机 / 30
　　没有新郎的新婚之夜 / 34

第四章　会试三变：从诗人到行者 / 39
　　风流公子办诗社 / 41
　　借雄成圣学兵法 / 44
　　九华山上性灵游 / 47

第五章　皈依之旅：从行者到儒者 / 55

　　阳明洞天小炼形 / 56
　　寻寻觅觅成圣路 / 60

第六章　官场风暴，助我闻道 / 67

　　"潇洒帝"朱厚照 / 68
　　失败的"斩虎行动" / 72
　　心中无碍，监狱何在 / 77

第七章　生死之间，龙场悟道 / 83

　　生死未卜逃生路 / 84
　　只要活着，就有希望 / 90
　　强者自救，圣者渡人 / 93
　　圣人之道，吾性自足 / 98

第八章　参透生死，红尘传道 / 101

　　知行合一的布道者 / 102
　　看"哲学王"如何当一县之长 / 108

第九章　巡抚南赣：白面书生也疯狂 / 113

　　内心之战：杀，是为了不杀 / 114
　　漳南战役：明朝版"无间道" / 116
　　兵者诡道："多诈"的军事家 / 122

第十章　绝地反击擒宁王 / 131

　　认识了自己，就认识了一切 / 132
　　宁王造反，谁敢不从 / 135
　　生擒宸濠，舍我其谁 / 139

第十一章　多情总被无情伤 / 147

　　生性爱玩的朱厚照 / 149
　　游荡无度，荒唐一世 / 155

下篇　知行合一：
神奇的阳明心学智慧

**第十二章　立志：英雄不是没有恐惧，而是敢于正视心中
　　　　　　的怯懦 / 165**

　　要想成功，首先要找到奋斗的方向 / 166
　　持志如心痛，咬定目标不放松 / 169
　　志向对于成功，犹如空气对于生命 / 174
　　坚持心之所想，志向决定高度 / 177

第十三章　修身：要想赢得他人心，先要提高自身德 / 183

　　君子之道：欲修其身者，必正其心 / 183
　　心好，身才好：做人要听从"良知"的指引 / 186
　　仁者无敌："仁爱"是心无一物的宁静、安乐 / 189
　　不诚无物：讲诚信，才能赢得别人信任 / 196
　　去傲尚谦：骄傲使人无知，谦虚增长智慧 / 201
　　清者自清：是非以不辩为解脱 / 203

第十四章　处世：低调做人，心地稳健气不傲 / 207

　　低调做人，平和处世 / 208
　　反躬自省，完善自己 / 212
　　礼让一分功劳，收敛一点锋芒 / 217
　　善待他人就是善待自己 / 222

第十五章　管理：做官就要济世安民，当领导就要感染
　　　　　下属 / 227

　　下属是最大的财富：一定要"善借臣力" / 228
　　领导力就是影响力：用人格魅力影响下属 / 234
　　管理是一门艺术：卓越有效的领导方法 / 238

第十六章　淡泊：淡定于心，自有从容 / 243

　　淡泊以明志，宁静以致远 / 243
　　放下负累，不为名利羁绊身心 / 246
　　与其在抱怨中度过，不如转变心态 / 250
　　心静便能感受世界的美妙 / 254

第十七章　宽容：心地宽厚天地阔 / 259

　　莫为恩怨羁身心，胸能豁达自祥和 / 259
　　宽可容人，厚可载物 / 263
　　宰相肚里能撑船 / 266
　　适时退让，躲避暗流，远离祸端 / 270
　　懂得包容，就能走出生命的盲区 / 273

第十八章　做事：成事皆有道，贵重在于心 / 279

　　想法重要，行动更重要 / 279
　　成功来自勤奋 / 283
　　提升决断能力，摒弃优柔寡断 / 288
　　量力而行，做切合实际的事 / 293
　　天下大事必做于细 / 297
　　隐忍之中成大事 / 302

附录一　王阳明年谱 / 307
附录二　王阳明语录 / 311

上篇

传奇人生:
从苦难中涅槃的"心灵导师"

第一章 传奇童年传奇梦

为了方便大家阅读和理解,不妨从一份档案开始我们的故事——一个"走下神坛的王阳明"的故事。

姓名:王阳明

曾用名:王云

字:伯安

号:阳明子

性别:男

民族:汉

血型:×(不可考)

学历:进士(进士及第后终身勤学苦思,后开馆授学,并成为举世闻名的学者、博导、公知)

职业:教师、官员、思想家、文学家、军事家、哲学家

家庭出身:富农,父亲是当朝状元、朝中大臣,属于"官二代+富二代"

生卒年月:生于明宪宗成化八年九月三十日(公历1472年10月31日),卒于明世宗嘉靖七年十一月二十九日(公历1529年1月9日),享年57岁

出生地:浙江绍兴府余姚县龙泉山上之瑞云楼

社会关系:

祖父:王伦(未考取功名,乡村教师一枚,性爱竹,人称"竹轩公")

祖母:岑氏(名字不详,信佛行善,长寿,百岁而殁,人称"竹轩夫人")

父亲:王华(状元、官员,颇有才学,耿直狷介,因读书于家乡龙泉山,人称"龙山公")

母亲:郑氏(名字不详,出身微寒,恭俭贤淑,年49而逝,其时王阳明13岁)

妻子:诸氏(王阳明17岁与诸氏完婚于江西南昌,其终身未孕,卒于1525

年,其时王阳明 54 岁)

儿子:王正聪(后改名正亿,生于 1526 年,生母为王阳明"二夫人"张氏,其时王阳明 55 岁,可谓"老来得子";明隆庆年间,王正亿继承了王阳明的"伯爵"位)

义子:王正宪(王阳明年 44 岁仍无子,遂于 1515 年过继了堂弟王守信已经 8 岁的儿子;王阳明死后,王正宪为了跟王正亿争家产而打起官司)

主要经历:

1472 年~1482 年在老家浙江余姚过童年,主要工作是保持沉默和游戏、读书

1482 年~1499 年为成为"国家公务员"而求学,兼学兵法、箭术及道家养生之道

1499 年~1506 年主要工作是当官,兼职钻研佛老、心学等灵修之法

1506 年~1516 年主要工作是悟道、传道,兼职"国家公务员"

1516 年~1528 年主要工作是带兵打仗,作战对象多为农民起义军、土匪以及一个造反的王爷,获得全部战役的胜利,作战之余继续传道

获得荣誉:

正德十六年(1521 年)十二月被封为"新建伯"

去世后被谥"文成",后又追封为"新建侯"

万历十二年(1584 年)从祀于孔庙,这对中国古代文人是莫高的肯定,是许多儒家知识分子的"终极目标"

梦:仙女送来的孩子

看完有关王阳明的档案,接下来就正式开始我们的故事吧。

一切要从 1472 年 10 月 31 日的那个传奇夜晚开始。

这天夜里,伴着深秋的凉意,一位老妇人沉沉入睡了。没睡多久,老妇人恍恍惚惚闻听房顶传来缕缕古琴箫笛之声,悠扬、沉缓、宁静,仿佛是随着丝丝秋风飘落到屋里的……

老妇人睁开眼睛,那清灵的乐音变得若有若无,仿如初春的花香一般,"着意闻时不肯香,香在无心处"。

正纳罕着,老妇人突闻一股异香,她一抬头,见一白衣流苏的仙女乘着五彩祥云穿窗而来,怀里还抱着个婴儿。看着仙女脚下那朵奇异的云彩,老妇人怔怔地发起了呆!

"老人家,不必害怕,此番只为送子而来,别无他意。"

"送子?"老妇人有点儿缓过神儿来了。

"正是。"说着,仙女把怀里的婴儿递到了老妇人手里。

老妇人正要伸手去接,不料一声婴儿啼哭将她从梦中惊醒。就在这时,老妇人却听到了从隔壁儿媳妇房里传来的"真正"的婴儿啼哭之声——经历了14个月的漫长待产,自己这个小孙子终于肯出来见人啦!

这个刚诞生的小宝宝自然就是我们的主人公王阳明了,而这位老妇人正是王阳明的祖母岑氏,人称"竹轩夫人"。听到孩子出生的消息,王家上上下下顿时热闹了起来。

孩子出生了,接下来就应该给孩子取名儿了。孩子的爷爷竹轩公认为这孙儿是因为岑氏梦到仙女送子才来到这个世界的,所以就为新生儿取名为"王云":乘云而来的"圣婴"。并将婴儿出生的那座房子叫做"瑞云楼"。

关于王阳明的出生,较为严肃的、可信度较高的正史《明史》当中是这样记载的:"守仁娠十四月而生。祖母梦神人自云中送儿下,因名云。"其实翻翻史书我们就能发现,大凡皇帝出生、圣人降世,总会伴随着刮大风啊,下冰雹啊,红光耀天啊,五星连珠啊之类的灵异事件。似乎那些伟人们已经超越了"人"

这个低级存在状态,进化成了全知全能的"神性存在"。或许伟人就是应该"生的伟大"吧,非常理可以推测。对于这类记载,我们没法去考证,自然也不必过分深究了。

王阳明虽然是"生的伟大",一出世就不同凡响、一鸣惊人,但任何事物都有一个发展、变化的过程:在傲立于珠穆朗玛峰之前,我们首先必定要匍匐在它的脚下;在成为指点江山的风云人物之前,我们只能做一个毫无话语权的无名小卒。王阳明也一样,在成为让大明帝国的"明矾"们(对王阳明自己粉丝、学生、门徒们的爱称)疯狂崇拜的"伟人"之前,他也着实"瘘"了一段时间。

醒:沉默中爆发的"小神童"

秋去冬梅开雪地,春后夏夜望月星。

斗转星移间,王阳明(更确切地说是王云)5岁了。按理说这个年龄的小孩子是最调皮捣蛋、最不让人省心的了,但王云小朋友却是出奇得乖,不但不跟小伙伴们斗嘴吵架,甚至都不开口跟别人说话。怎么回事?

据王阳明弟子钱德洪所著的《王阳明先生年谱》记载,王云到了5岁还不会开口说话,这可急坏了王家上上下下所有人。这孩子会不会是先天聋哑呀?不像,看他平时的反应是聪明伶俐得很,尤其是那双活泛的眼睛,似乎什么都懂,什么都明白的样子。这样的孩子怎么可能是聋哑人呢？不可能。但他为什么又不会说话呢？

王家人是百思不得其解。不过，也正因为这孩子"不同一般"，他的爷爷竹轩公才给了他"不同一般"的关注和关爱。每当竹轩公在自己的竹园当中读书、吟诗、抚琴、晏坐的时候，他都让自己那个始终沉默的小孙儿跟在身边。每当这时候，王云或者眨着那双活泛的眼睛望着爷爷，或者闭上眼睛听那古琴发出的悠然渺远的调子，或者什么都不做，只静静望着头顶那竹叶织成的墨绿的天空。竹轩公想，这孩子虽然什么都不说，但他一定什么都知道，只是不说而已！根据后来的发展，当时的情境在我们看来，就像托马斯·卡莱尔说的那样：雄辩是银，沉默是金。

当然，历史的尘沙早已风化了 500 年前的记忆，《王阳明先生年谱》当中也没记载那个 5 岁之前始终沉默的王阳明究竟做了些什么、想了些什么。或许，他本然地知道"知者不言，言者不知"吧，所以他就在那纯然的安静当中细听风拂竹动发出的下雨一般的沙沙声响，然后看着阳光透过竹叶在他脸上、身上投下一个个漾动的光斑。他看着那随风摇曳的竹枝，仿若舞者在舞动她青色的水袖和曼妙的腰肢，她随风起舞，旋转跳跃，最后踩着竹梢、踏着轻风飘到了云间的宫阙……

童年，总是属于神话的。童年的我们混沌未凿、智识未开，我们跟自然、跟宇宙之间的脐带还未被理智、被社会剪断，我们活在不分彼此、天人合一的原始状态当中。于是，我们在人类的童年创造了有关宙斯、女娲、湿婆神、雅典娜的神话。而当宗教与哲学从神话母体当中分娩而出，人类单纯无瑕的童年时光就悄

然结束了,理智与情感随即开始主宰我们的生活。意识与自我,矛盾与分裂,自私与战争,就这样"无中生有"了。这大概就是轮回的开始吧,谁知道呢,没有人知道。

转机出现在很平常、很偶然的一天。这一天,一个济公模样的游方和尚出现在王家的大门口。一群充满好奇的孩子把这个方外之士围住了,其中自然也包括王云。孩子们问这个和尚各种各样的问题,和尚只是笑而不答。王云抬头望着这个穿得破破烂烂的怪人,就像一根小草在仰望一棵大树。

看王云望着自己,和尚摸了摸这孩子的头,然后叹了口气:"好个孩儿,可惜道破!"说完就头也不回地走了。

"好个孩儿,可惜道破?"和尚这话恰好被竹轩公听到了,他觉得这句话里边一定暗含深意,于是就开始琢磨。

"好个孩儿,可惜道破……可惜道破……天机不可泄露……王云……神仙乘云送子……呵呵,我明白了,和尚这话是说我给孙子起名为'王云',这个'云'字把他的来处给泄露了,得马上给孩子改名儿啊!孔老夫子说'知及之,仁不能守之,虽得之,必失之',那就叫他'守仁'吧。"

就这样,王云小朋友的正式名字"王守仁"宣告诞生,并从此载入史册,流传千古。那么,孔子说的"守仁"二字究竟是什么意思呢?意思是说,如果一个人有足够的智慧,这种智慧使他能够达到某种常人难以企及的人生境界,但如果他不能用"仁"(也就是仁爱、慈悲)去涵养、守卫那种境界,那即便他暂时显得超凡脱俗,也终究会沦为庸常之人。也就是说,无论一个人有多厉害、多了不起,也不能凭着自己的超凡才能而瞧不起别人。

孔子这段话大致相当于我们今天所说的：承认自己的伟大，就是认同自己的愚蠢；要显示一个伟大人物的伟大之处，那就要看他如何对待一个卑微的人。

所以从为自己的孙子取名为"守仁"我们可以看出来，竹轩公对这个孩子是寄予了深切期望的，他希望这孩子能以古圣先贤所推崇的"仁"为信仰，用一颗仁爱之心去守住自己的天赋智慧，去关爱、帮助天下人。

而从王阳明一生的轨迹当中我们也可以看出来，在为人处世、待人接物的时候，他始终是以仁者爱人为原则的。即便在统兵作战、驰骋疆场的时候，他也是尽量让自己的士兵少犯杀戒，杀人是迫不得已而为之：杀，是为了不杀。如果能杀尽一帮流寇而保一方平安，这样的杀才是必要的、值得的。

那么，改名儿之后，王明阳会说话了吗？

说来也奇怪，这个"王守仁"跟之前那个"王云"确实大不一样。话说这一日清晨，王阳明的母亲郑氏正坐在床上做刺绣，父亲王华正为了进京考上状元而全神贯注地复习（也就是四书五经、朱熹四书章句集注、八股文写作秘笈之类的东西），祖母竹轩夫人正在佛堂里念佛（竹轩夫人信佛已经几十年了，没事就一心念佛。可能由于心地清净，她活了一百多岁，是王家里边最长寿的一位），祖父竹轩公正在自己办的私塾给弟子们上课（竹轩公虽然读了一辈子圣贤书，但他甘于淡泊，从未参加过科举考试。为了学有所用，他就在村子里办了一个私塾，已经开了几十年了，在当地的口碑很不错）。看着大人们各有各的活计，王阳明觉得不能再继续这么保持沉默了——你太沉默了，别人可能也

就漠视你的存在了。但干点嘛呢？王阳明一个人坐在竹园里，就这么琢磨。

"有了，就像爷爷那样背书吧。"

虽然还不识字，但由于天天跟在"乡村教师"竹轩公身边，耳濡目染地王阳明早已把很多句子记在了心里。于是，小小年纪的他就学着爷爷的样子，摇头晃脑地背了起来：

子曰："学而时习之，不亦说乎？有朋自远方来，不亦乐乎？人不知而不愠，不亦君子乎？"

……

"大学之道，在明明德，在亲民，在止于至善。"

……

"天命之谓性，率性之谓道，修道之谓教。道也者，不可须臾离也；可离非道也。是故君子戒慎乎其所不睹，恐惧乎其所不闻。"

……

不知过了多长时间，王阳明的母亲郑氏来竹园叫儿子吃午饭，突然在园子外边听到小孩背书的声音。这在以前可是从来没有过的，郑氏还以为儿子是找了小伙伴一起玩呢。见到儿子的那一刻，郑氏彻底被震呆了——声音居然是从儿子的口中发出的，这还是她这辈子第一次听到儿子的声音！郑氏完全不敢相信眼前看到的事情，她很快把老公王华叫了来，叫他来看看这个"新儿子"。

王华一看这架势，也惊呆了，这孩子不但是一字一句背得字正腔圆，而且一字不差！

"云啊，告诉爹爹，你背的这些书是从哪儿学来的？"王华把儿子抱在怀里问道（因为王阳明从王云改名为王守仁没多久，家里人还是习惯性地叫他王云）。

"爷爷经常在这竹园子里读这些东西，我也不知道是什么意思。但听的次数多了，我就记住了。"小王阳明眨着那双细长的眼睛说道。

……

自此之后，王阳明"小神童"的称号就传了出去。

明朝的家庭教育：向自然和社会学习

看着小阳明是个读书的好苗子，竹轩公从此之后就经常领着自己这个小孙子去私塾当旁听生。由于此时的王华把全副精力都放在了考取公务员上面，所以教育孩子的重任就由父亲转移到了爷爷身上。虽说是"隔辈亲"，但竹轩公从不过分溺爱自己这个小孙子；不过分溺爱，亦不过分严厉。

生性落拓不羁、形如闲云野鹤的竹轩公相信，自然式教育、开放式教育才是最好的教育。小孩子虽要学些必要的"规矩"以便将来适应这个充满各种"游戏规则"的社会，但也不能过度压抑孩子的天性。对小孩子，引导、指引就够了，要顺从孩子的天

性,绝对不能过分压制、过多灌输,那会斫伤孩子那颗敏感、柔软的心。这就好比放羊,你把羊群领到草地上,它们自然会好好吃草;当然,为了防止它们去四处糟蹋庄稼,必要的看护、管理还是不能少的。

竹轩公把自己这套教育孩子的方法戏称为"放羊式教育"。羊虽然是生活在羊圈里,但羊儿们最喜欢的地方一定是蓝天白云青草地了。孩子们也一样,虽然它们是生活在家庭、社会当中,但若远离了大自然,孩子们可能就由一涧在山间自由流淌的溪水变成一潭毫无生气的死水了。所以除了领着孙儿去私塾、赏竹园,竹轩公还经常带王阳明外出去领略余姚古地的山水、风情。他相信,大自然才是最好的老师。

竹轩公这种教育理念,类似于我国著名儿童教育家陈鹤琴先生所倡导的"活教育"。陈鹤琴批评旧教育是"死教育",课程是固定的,教材是呆板的,不问儿童是否了解,不管与时令是否适合,只是一节课一节课地教,这样的教育只能培养"书呆子"。

跟"死教育"相比,"活教育"是反其道而行之,是向"大自然+大社会"学习。陈鹤琴说,"大自然,大社会都是活教材","活教育的课程是把'大自然+大社会'作为出发点,让学生直接面对它们去学习"。他认为"大自然+大社会"才是活的书、直接的书,而书本上的知识却是死的书、间接的书。显然,活的书比死的书要好,直接的书比间接的书要好。

虽然是生活在不同的时代,但竹轩公跟陈鹤琴可以说是不谋而合。已经当了几十年老师的竹轩公始终认为,教育是人世间最伟大的职业。所谓"建国君民,教学为先",小到一个人,他的学识涵养、人品素质如何，很大程度上是通过其从小所接受的教育而形成的；大到一个国家，它的国民素质、综合国力如何，从根本上来说也是由这个国家的教育质量决定的。所以教育好自己的孩子，可以说是作为孩子"第一任老师"的家长的首要责任。

从出生到成年，王阳明就是在祖父竹轩公这种宽松、自然的教育理念下自由成长的。祖父的这种宽容和疼爱也恰好缓和了父亲王华对他的严格与约束，这对他一生性格的形成，对他终生对心灵自由的渴望与追寻，无疑有着潜移默化而弥足深远的影响——性格，总是在童年形成的。

成年之后，谈到如何教育孩子，王阳明这样说道：

> 大抵童子之情，乐嬉戏而惮拘检，如草木之始萌芽，舒畅之，则条达；摧挠之，则衰痿。今教童子，必使其趋向鼓舞，中心喜悦，则其进自不能已。譬之时雨春风霑被，卉木莫不萌动发越，自然日长月化；若冰霜剥落，则生意萧索，日就枯槁矣。

大致翻译一下就是，小孩子生来就喜欢玩耍嬉戏，不希望受到过多的约束。这就好比草木刚刚发芽，如果能给它一个自由舒展的空间，它自然会长得枝繁叶茂；如果在嫩芽上压些土石砖块，那它自然就无法成材了。所以对小孩子进行教育的时候应该随顺他的自然性情，善加引导，从而激发起他对知识的兴趣，使他产生好学、想学的心。他喜欢学习、热爱学习了，自然会天天向上、日新日日新，像获得了阳光雨露滋润的嫩芽一样，蓬勃生长、日久成材。如果过分管束、压抑小孩子的自然性情，那就好

比是嫩芽遭受了冰雪狂风的凌虐，哪里还会产生蓬勃向上的生气呢！

　　这段话可以说是王阳明的切身体会、经验之谈，我们今天做父母的应该也能从这里边受到某些启发。虽然现在社会竞争激烈，生存压力巨大，但你今天送孩子学钢琴，明天让孩子学画画，后天还要让他去参加奥数比赛，他完全没有属于自己的消化吸收、理解思考的时间和空间，他有可能真正学进去吗？

　　古今对比一下我们就能发现，王阳明无疑是极为幸运的。一方面，他父亲王华不但在他10岁的时候考上了状元、成为了京官，而且这个王华还满腹诗书、儒雅谦逊，这让王阳明在读书求知、立身处世方面深受其影响。成年之后的王阳明热爱知识、理性内敛，中举进仕之后更是像父亲那样时时、事事以君子之道安身立命，从不谄媚权贵、鱼肉百姓。另一方面，其祖父竹轩公却是随性无为、宽容慈爱，这又让王阳明在人生道路上受到难以忍受的挫折、打击的时候，能够以一种超然的视角去超脱这"世俗的苦难"，以圣人"素位而行"的坦然心态去面对生命赐予他的一切。

　　王阳明有这样一个既富贵又明理的家庭背景，能够生活在这样一个融洽温馨而不失中正的家庭，这真是很让人羡慕嫉妒恨。但在15岁那年，他却突然"离家出走"，闹起了"失踪"，这是怎么回事呢？

第二章 追风少年欲成圣

时光如水,岁月如梭。去的尽管去了,来的尽管来着;去来的中间,是怎样得匆匆呵。

转眼间,王阳明10岁了,这一年对王家来说可是不平凡的一年。在这一年,也就是成化十七年(1481年),王阳明的父亲王华终于如愿以偿地考中了状元,并按照大明朝廷的惯例被授予了翰林院修撰一职。这一年,王华36岁。

将近40年的寒窗苦读,终于让王华实现了读书人梦寐以求的"书生变蛟龙"的大愿,这真可谓是"莫言书生终龌龊,万一雏卵变蛟龙"!这条"由秀才而举人,由举人而进士,由进士而做官"的漫漫科举路,终于走到了尽头,他也算是"修成正果,功德圆满"了。前方等待他的,是翰林院里的崭新生活。

那么,这个大名鼎鼎的"翰林院"究竟是个什么样的组织机构呢?

它是一个官方组织,非民间组织,是由大唐开国皇帝唐高祖李渊创建的。最开始的时候,它只是一个汇集了来自全国各地的名医、文人、画家、工匠、道士、高僧等有着"一技之长"的各类人才的"杂货铺"。为的是李渊有什么特殊需要的时候——比

如想吃老家的兰州拉面了,跟下面的人一说,立马就有来自甘肃的大厨为他做出一碗正宗的兰州拉面来——为的是方便自己的生活。

后来,经过血腥暴力的玄武门之变,李渊的儿子李世民把自己的老爹赶下了台。李世民当上皇帝后,感觉这个翰林院里面过于"鱼龙混杂"了,尼姑和尚道士……什么都有,简直是个"大杂烩"嘛,不伦不类!官府这么乱糟糟的,成何体统!于是,李世民一声令下,把这帮人都"遣散回家"了,只剩下一些社会名流、文人、知识分子。他为什么独独把这些人留下呢?

为的是控制全国的"舆论"。

前面的隋朝怎么灭亡的?还不是好大喜功的隋炀帝杨广不得民心,失去舆论的支持了吗,结果才闹得众叛亲离,自己被下属逼死了不算,把整个国家也搅乱了。并且死了还不算,死后的名声也不好,被世人唾骂。当然了,如果不是这个杨广不懂"政治的艺术",也轮不到他李世民当皇帝,说到这一点,李世民还得感谢他呢!

总之,有了这个前车之鉴,李世民对那些经常"口诛笔伐"、"拿笔纸做刀枪"的很不安分的知识分子们提起了高度注意。他知道,这些很有主见的人可不像那些目不识丁的农民们易于管理,对他们,最好不要采取高压政策,最好是"安抚"。

于是,李世民就把像李白那样的社会名流叫到了长安城,让他们安心在自己身边做事儿,免得这帮闲不住的"文人骚客"在民间乱发牢骚。

但让这帮人做什么好呢?

"一定要'物尽其才，人尽其能'，把他们放到最适合他们的地儿，那样，他们就该消停会儿了。"这么想着，李世民就给这些翰林院里面的"高级知识分子"们安排了一活儿：起草圣旨，编修国史。

"这个职务虽然权力不大，但能够每天待在皇帝、皇子、大臣身边，应该会很有成就感吧？"

李世民预料的没错，这帮读了大半辈子圣贤书的知识分子们对于能够"徘徊"于皇帝左右，很是受用！您想想，虽然他们手里没什么实际权力，但能够待在皇帝身边，这在天下人看来可是很让人羡慕嫉妒恨的。于是，在天下人羡慕的眼光中，这些"高级知识分子"们勤勤恳恳地做起了起草圣旨、编修国史的工作（其实"羡慕"是什么呢？人往往是羡慕着别人的痛苦，痛苦着别人的羡慕；人往往以为别人的生活才是自己应该过的生活，于是，真正的生活就永远"在别处"）。

唐朝是这样，随后的朝代也基本如此。不同的是随着时间的推移，这些人发挥的作用越来越大了，已远远超过了起草圣旨、编修国史的"本职工作"。这是因为每天陪伴在皇帝左右，渐渐地，皇帝有什么事儿、有什么不懂的地方，都跟他们商量；渐渐地，翰林院就由"圣旨起草部，国史编修处"变成了"皇家智囊团"。

到了明代，原本没有级别、没有职称的翰林院成了一个"五品衙门"。品级虽然不是太高，但只要进了这个地方就有机会跟皇帝"亲密接触"并进而得到皇帝他老人家的赏识——如果被皇帝"相中"了，那飞黄腾达还不跟玩儿似的！

正因为进入翰林院有这么多的好处,所以有些才华的读书人一般都是立志要进入这个"黄金衙门"。但既然是好地方,那自然是大家都想进了,由此就牵涉到了进入翰林院的"资格"这个问题,什么样的人才有权利进去呢?

这个门槛儿那可是相当高的,只有在殿试当中取得"二甲"成绩,获得赐"进士出身"的称号后,才有资格走进翰林院的大门——"非进士不入翰林"。并且,不是谁进了翰林院就意味着有资格留在里边了,它还有一个实习期,就像我们今天去一家公司求职一样。只有一个人可以例外,可以"不用实习,直接录用",那就是殿试当中的"一甲第一名"进士——也就是状元!

被授予翰林院修撰一职的王阳明的父亲王华,就是这么一位牛气冲天、意气风发的状元。当然了,虽然状元郎已经是读书人当中的"极品"了,但在官场当中,这个"翰林院修撰"只是个"从六品"官。所以对一位状元来说,他的官场之旅可以说才刚刚开始,"路漫漫其修远兮"……

无论怎么样,考上状元总是一件可喜可贺的事儿,尤其是可以在帝都北京站稳脚跟了,这对于王华这样一个外省来的"北漂一族"来说已经是一个很好的开始了。于是,在北京城租好房子之后,第二年(也就是1482年),王华就请父亲竹轩公到北京来,以尽孝道。

竹轩公想:京师是人文荟萃、精英云集的繁华之地,那里的教育质量一定比小地方好上不止一个档次了;并且北京是朝廷所在之地,去那里一定能大大地开阔眼界、增长见识。出于这两点考虑,他就把刚刚11岁的孙儿王阳明带在了身边,带他一块儿去北京。于是，这爷孙俩就遇水乘船、遇陆坐车，自老家浙江余姚一路北上。

诗：夙慧早发露峥嵘

这一日，祖孙两人走到了江苏镇江的金山寺，竹轩公的一些老朋友在这里设酒宴招待他们。酒过三巡，这些多年未见的老朋友们都打开了话匣子。不过我们别误会，古人聚会可不像我们今天这样，就是吃吃喝喝、瞎侃瞎聊。要知道，竹轩公这帮人都是"斗酒诗百篇"的文人骚客啊，有酒无诗怎可，那不是乱了读书人的规矩嘛！于是乎，这帮年过半百的老人家们都开始诗兴大发，一个个是俯首捻须、字斟句酌、低吟浅诵，好不风雅。

"我也来作一首如何？"

大家正喝着酒、吟着诗，突然从酒桌间传来这样一声充满童稚的声音。大家一看，原来是一直沉默不语的王阳明。竹轩公只顾着跟老友们喝酒、对诗，差点儿把这个小人儿给忘了。

"哈哈，好啊，咱们今天就让这个娃娃作首诗给大伙听听。"

待众人安静下来，王阳明望着眼前浩渺的江水，看着头顶孤悬的明月，在微醉的和风中不疾不徐地吟道：

金山一点大如拳，打破维扬水底天。

醉倚妙高台上月，玉箫吹彻洞龙眠。

诗意是:这浩浩长江中的金山岛就如一只从地底下伸出的拳头一般,一下子打破了扬州水域的沉寂、宁静。今夜,我们在这金山之巅的妙高台上倚着清风与月对饮,吹着玉箫与龙共眠,何等潇洒、惬意!

看着一个11岁的小孩随口诵出如此气概非凡、境界高远的七绝,在场诸公无不大为惊异。但这真是他"随口诵出"的吗,还是……早有准备?一位老先生想考一考这位"小诗仙",看他是不是真才实学。

"小小年纪竟有如此才学、胸襟,真是后生可畏啊!你看这江水如练,水天若洗,而这当空的皓月却被那边的山房遮住了一部分,你就以'蔽月山房'为题,再赋诗一首,何如?"

王阳明看着朗月照空,山房含黛,又望向远处的水天一色,四野交合,随即吟道:

　　山近月远觉月小,便道此山大于月。
　　若人有眼大如天,还见山小月更阔。

这首诗说的是:这山间的房舍伫立在人与月之间,一角屋檐便遮去了大半个月亮。从我们这里放眼望去,会觉得这山房、这金山比那高悬的月亮大多了。

但若有人飞升到浩渺的太空,彻底摆脱这山房的遮蔽,那当他从高空向下俯瞰,又一定会觉得月阔山小了吧!

王阳明这诗句虽浅显如白话，但一个 11 岁的小小少年，他就能想到从不同的角度观察事物一定会得出不同的结论，想到只有我们站在一个更高的高度，不为眼前事物所局限的时候，才有可能真正看清事物的"本来面目"，看到繁芜表象之后的至简真理——没有一定的灵性和早慧，怕他是无法产生这种思维的。这首诗虽然很简单，但其气吞寰宇之气概、洞察万物之哲思，可以说一位未来哲学家已经初露了端倪。

当然，我们不应该把这首诗挖得太深，把它说得如何玄妙深刻，那就有穿凿附会的嫌疑了。但我们确实无法否认，这个 11 岁的小小少年绝对是不同于一般人的，用佛家的话来说，这孩子"有些慧根"。

志： 少年聊做圣贤梦

几个月之后，凤慧早发的王阳明跟着爷爷竹轩公来到了大明朝的皇都北京。第二年，作为新科状元的王华把自己的儿子送进了一所口碑很响的书馆，开始让王阳明接受儒家经典的系统训练，好为将来的科举打好底子。

但王阳明自小接受的就是祖父竹轩公那样的宽松、自然的教学方式，几点上课、几点下课、一天背几篇文章、临摹多少字帖，等等，都没有一个严格的规定。但进了书馆可就不一样了，一切都是先生事先规定好了的，只要照着做就行了。王阳明显得

有些不适应,有些"另类",他并不像班里边其他学子那样唯师命是从、不敢越雷池半步,而是显得顽皮、戏谑,经常跟同学打闹、嬉笑;但又有些时候,他就那么呆呆地坐着,旁若无人而若有所思,仿佛回到了5岁之前不会说话的沉默岁月。

有一次,书馆里的先生正在上课,王阳明突然想起什么似的,嚯地站起身问老师道:"先生,您说人生的头等大事是什么呢?"

这位老师也算是"老江湖"了,什么场面没见过,只见他应变道:"人生的头等大事就是好好读书,然后将来像你父亲那样做状元。"

"做状元?这恐怕不是人生当中最重要的吧。"

"呵呵,那你倒说说看,做什么才最有意义呢?"

"读书,然后做圣贤,这应该才是一个人的价值所在吧。"

一个12岁的少年竟然以"做圣贤"为人生使命,这乍听之下不免让人产生一种滑稽、幽默的感觉。"圣贤"是什么呢,一个12岁的小孩能懂吗?!要想像孔子那样"博施于民而能济众",像孟子那样"杀身成仁,舍身取义",像张子那样"为天地立心,为生民立命,为往圣继绝学,为万世开太平",需要付出多大的努力、忍受多大的屈辱,一个12岁的小孩能懂吗?!

12的王阳明诚然不懂,但不懂并不代表他不能以圣贤自期,在这个世间,事实往往是:心有多大,舞台就有多大;你期望自己成为什么样子,你就会成为什么样子。吸引力法则虽然不一定100%有效,但谁能否认"意识决定行为,行为决定结果"呢?

正所谓"取乎其上,得乎其中;取乎其中,得乎其下;取乎其下,则无所得矣",人生立志,一定要立高远之志。尤其对于少年人来说,志向的大小往往会决定他成就的大小。《阿凡达》的导演卡梅隆说:"把目标定高一些。如果你定一个高得离谱的目标,就算失败了,那你的失败也在任何人的成功之上。"此语诚然。小孩子才会为了一颗糖争吵不休,大人是不会的。若有高远的目标,一时的称讥毁誉、利害得失便无足轻重了。

人生在世,大到人的一生应该如何度过,小到生活中每一件事情的选择,都与人的"终极目标"息息相关,而一个人的目标又与他的价值观紧密相连。所以在忙碌的生活当中,我们应该定期找时间让自己"暂时停下来",然后静心思考一下:什么样的人生才是最有意义的?什么样的事情才是真正值得自己用生命去追求的?

对于一艘没有航向的船来说,来自任何方向的风都是逆风。

寻找心中的圣贤

王阳明在12岁的时候就立志说:"读书做圣贤,方为人生第一等事。"但具体怎么样才能成为圣贤呢?需要做些什么呢?

那么,先说王阳明处在一个怎样的时代。

明朝自1368年朱元璋建都南京到1644年崇祯帝煤山自缢,历经16位皇帝(也有少数学者认为是17位皇帝,加上南明时期的弘光帝),国祚276年。王阳明出生于1472年,当时的皇帝是

明宪宗朱见深,他是明朝的第八位皇帝,所以王阳明大致生活于明朝中叶。这个时候,虽然明朝已经取代元朝一百多年了,但已经失势的蒙古人并不消停,经常在游牧之余骚扰明朝北部边境,干些打家劫舍、杀人越货的勾当。就在王阳明15岁这一年(1486年),蒙古的各个部落在"小王子"达延汗的统一领导下入侵了明朝边境的甘州(也就是今天的甘肃省张掖市),杀了不少明朝百姓、士兵和将领。

而王阳明当时生活在京城,城里很多人都在议论这件事。并且当时王阳明的父亲王华是在翰林院工作,所以回到家里肯定少不了跟自己的父亲竹轩公聊些政治方面的事情。由此我们可以推测,无论在书馆、大街上、家里,王阳明可以说时时刻刻都能听到人们义愤填膺地议论这件事,所以这件事对他触动挺大的。王阳明不是一直立志要做圣贤吗,一个圣贤,他总该有能力保境安民,使自己的国民安居乐业吧?于是怀着这样的信念,王明阳就开始研读兵法,练习武艺,并开始关心起明朝的边境局势。

光是关注、研究还不够,王阳明觉着要想真正为国家的边防事业做出点儿贡献,就不能整天坐在书斋里,一定要去边境实地考察一番——没有实践就没有发言权嘛。

既然已经做了决定,那就抓紧行动吧,光说不练假把式。1486年秋天的一天,15岁的王阳明就去做他的"边境考察"去了,并且去之前根本没跟家里人说一声。这大概是因为王阳明觉着如果跟自己的老爹说想出去做一个"边境考察",那他爹铁定不让去——去敌人那里,多危险啊。年少轻狂的王阳明可不管什么危不危险,他是拍拍屁股就走人了,只身打马去了"居庸三关"。

一开始，王华根本没把这当回事儿，他知道自己这儿子是调皮捣蛋大王，谁知道又跑哪儿撒欢儿去了，过个一两天肯定就回来了。可三四天过去了，还是不见王阳明的人影儿，王华就赶紧派人出去找。找了几天还是一无所获，似乎自己的儿子是"离家出走"了，"失踪"了！

直到一个多月之后，风尘仆仆的王阳明才骑着马回来了：人变得又黑又瘦，腰里边还挂着一把宝剑，简直成了一位江湖侠客！

王阳明这一个多月都干嘛了？

还真是去考察边境了。他骑着马去了"居庸三关"，也就是居庸关、紫荆关、倒马关，这些都是明朝北部边境的重要关口，历来是兵家必争之地，是防御北方少数民族入侵的重镇。当年，燕王朱棣通过靖难之役夺取大明政权几年之后，就把明都从南京迁到了北京。一来，这里是他的大本营，是属于他的地盘，安全上有保障，住在这里他比较放心（当时，不少对他谋朝篡位不满的人想对他"下黑手"）；二来，就是为了更好地对经常南下骚扰的蒙古人进行军事打击，利于巩固国防、稳定政局。王阳明登上居庸关，看着明朝初年新修的长城随着群山蜿蜒起伏，看着层峦叠翠的大好河山，一种守卫边塞、经略四方的豪迈之气油然而生。

为了将保家卫国以成圣的理想变成现实，王阳明用一个多月的时间向在关内住着的老百姓了解关外少数民族的种族、历史、生活习惯，以及在历史上人们是如何防御这些蛮族的。他还详细

调查了居庸关一带的地理地貌、山川形势、道路交通情况，以及附近各个关塞要隘的兵备防御情况。只是调查了解情况还不够，他还走出关外，跟当地的少数民族群众进行零距离接触，跟那儿的青少年们一起骑马射箭、摔跤比武。由于王阳明从小就喜欢舞刀弄枪，再加上他的身体素质不错，结果没几天，他的高超箭术就令少数民族青年对他肃然起敬！

就这样过了一个多月，学了一身"武艺"的王阳明意气风发地回到了北京城。见儿子安全回来了，王华也不说什么，回来就好。但王阳明身虽然在北京，心却在塞外，他一心想着骑射，想着率兵杀敌，想着成为一代儒侠，以至于有一天他竟然梦游伏波将军庙，并在醒后赋诗道：

卷甲归来马伏波，早年兵法鬓毛皤，

云埋铜柱雷轰折，六字题文尚不磨。

马伏波是东汉光武帝的大将，立有男儿当"以马革裹尸还"的志向，以后屡建奇功，最后在讨伐五溪蛮（东汉至宋时对分布于今天的湘西及黔、川、鄂三省交界地，沅水上游若干少数民族的总称，因其地有五条溪流而得名。西汉初曾在此地设置武陵郡，东汉时当地少数民族不断进行起义，马伏波将军就是在镇压起义的时候病死军中的）时果然以马革裹尸而还。

四十多年后的嘉靖七年（1528年）十月，57岁的王阳明平定了广西境内的农民暴乱，在归越的途中过梧州拜谒马伏波庙，忆及15岁时曾梦游伏波庙，不觉感慨万千，遂题诗二首，以抒感慨和对伏波将军的敬仰。

一个少年时代的梦到晚年竟变成了事实，这给王阳明的一生平添了不少神秘色彩，他自己认为这是命运的安排："四十年前梦里诗，此行天定岂人为？"

或许冥冥之中，一切自有主宰吧。人在做，天在看。或许我们每个人心中，都有一方属于自己的"圣士"；我们一生的所作所为，就是走向这个"圣士"的朝圣之旅。

更确切地说，这方"圣士"属于我们每个人自己，那个最真实的自己；而我们的朝圣之旅，就是寻找自己的过程，我们的自我实现，就是成为自己。

刚刚 15 岁的王阳明当然还没有找到他心中的圣士，他只是凭着自己有限的生活经验，本能地觉着保家卫国、成为百姓心中的圣贤是实现自我价值的最好途径。所以第二年，当湖广、河南、陕西三省交界地区由于连年饥荒而爆发以刘通、石龙为首的流民暴动的时候，16 岁的王阳明突发奇想地认为建功立业的机会来了。他把自己关在房间里，洋洋洒洒地写了一篇数千言的给当朝皇帝的"奏折"，其中结合他对居庸关考察的心得发表了一番自己的军事思想，贡献克敌制胜的策略，甚至想请求皇帝让他领兵讨伐刘通、石龙……踌躇满志地写好"奏折"，王阳明把它交给王华，希望父亲能够帮他转呈给明宪宗朱见深。

王华看完自己儿子的这个"奏折"，一瓢冷水就浇了下去："你不好好读书，整天胡思乱想些什么！国家大事，岂能儿戏！乳臭未干还想领兵打仗，真是不知道天高地厚，不知道自己脖子上扛着的东西几斤几两！"

这瓢冷水浇下来，虽然没浇灭王阳明做圣贤的雄心壮志，却也使他清醒地认识到自身的渺小和幼稚。于是他开始在父亲的敦促下收束身心，重新回到书本上。

那么，在明朝中叶，读书人一般都读什么书呢？那个时期的教育体制，对明朝人精神人格的形成，对中国人民族性格的形成，起到了怎样的作用呢？

第三章 "自我"在青春期觉醒

  身处社会当中，我们每时每刻都被集体看待与思考问题的方式所影响，我们日以继夜地都受到集体意识的影响——无论我们是否意识到这一点。

  可以说，我们每个人都是环境的产物：我们的父母，我们的家庭，我们出生、成长的乡村、城市，我们所生活的这个国家——这些既成全了我们，为我们提供了衣食住行等维持生存的必备条件，让我们得以长大成人，得以学习知识、拥有个体的思想；同时，也限制了我们。

  所以有人说：人生而自由，却无往而不在窠臼之中。大时代，大环境，我们身处的社会，我们所接受的教育，这些东西是塑造我们的精神人格、思维方式、意识形态的"精神基因"，它能让我们因适应这个社会而生存下去，也能让我们因失去独立思考能力而沉沦下去。我们的主人公王阳明也一样，他生活在明中叶，所以他接受的教育，他思考问题的角度和深度也都是"明朝式"的。

"格竹" 失败引发的精神危机

明朝的教科书很简单，从幼儿园到博士后，官方制订的教科书自始至终都是《四书》、《五经》以及关于这些经书的注解，尤其是南宋理学大师朱熹的《四书集注》，被明朝政府定为"标准注解"，并且要求天下的读书人必须要按着朱熹的思维方式去思考问题、去写文章。既然如此，王阳明自然要读这位被誉为"孔孟之后最伟大的圣贤"的朱老夫子的书了。既然大家都说朱熹是圣贤，那如果把他的书吃透了，自己不也就有机会成为圣贤了！抱着这样的想法，王阳明开始废寝忘食地系统阅读朱熹的著作。

我们前面说过，王阳明是一个很注重理论联系实际，很有实践精神的人。所以只是读朱熹的书，只是了解他的思想，这远不能满足王阳明的需求。所谓"纸上得来终觉浅，绝知此事要躬行"，为了理解朱熹思想的精髓，王阳明就开始身体力行。去身体力行什么呢？

就是朱熹思想当中最著名也最流行的一个观点，"格物致知"。

这四个字的意思，大致说来就是，任何事物的存在都是暗含深意的，都是有一定道理的，所以我们应该在日常生活当中用心弄明白每一个具体事物当中蕴含的道理。然后通过不断积累，当我们认识的事物越来越多，就有可能由量变达到质变，最终帮助我们看清世间繁杂表象背后的那个终极真理，知道为什么春暖花开、冬日花败，知道为什么我们会诞生、存在、离开，知道超越时空的宇宙人生的真相——也就是成为了一个无所不知的智者，成为了一个真正活得明白的人。

王阳明很想成为这样的圣贤、智者，所以他就准备"格物"，准备体验一下某种境界，在我们现在看来应该类似威廉·布莱克所说的"一花一世界，一沙一天国"。但从"格"什么开始呢？

正好父亲王华住的官府里边有一个园子，园子里种着一丛竹子，王阳明就准备"格竹"。听说王阳明要"格竹"，他的一个姓钱的朋友觉着这主意不错，于是俩人就开始整天盯着这个竹子看，看这竹子里边到底隐藏着什么玄妙的道理，看这一根根竹子是怎么包含整个地球的……

俩人就这么目不转睛地盯着竹子看啊看，结果到了第三天，可能由于用心过度、积劳成疾，王阳明这位姓钱的朋友竟然病倒了。

王阳明想，可能是因为朋友的身子骨儿太弱了，于是他继续一个人跟这个竹子"面对面"，继续"格"，继续"看"。结果，他没从竹子当中看到"天堂"，而是在第七天像自己的朋友一样，病倒了，不仅出现了幻觉，还伴有间歇性发作的恶心。

"格竹"失败这件事发生在王阳明16岁的时候，这件事对他

的影响非常大。他本来是像当时的大多数读书人一样,唯朱熹马首是瞻的,但当他全心全意按着这位圣贤的教导去做、去实践之后,结果却换来大病一场。于是王阳明就开始对朱熹这种从外部去认识这个世界的学说产生了某种怀疑,他隐隐约约感觉到"格物"并不是成为圣贤的康庄大道,这为他日后提出系统的心学观点埋下了伏笔。除了在精神上的影响,这件事对王阳明的身体也产生了永久性的负面影响。王阳明成年之后经常闹病,落下了咳嗽的老毛病,有时候还会咳血,就是因格竹大病而落下的病根儿。

到这里,我们可以做一个小小的总结。

从12岁开始,王阳明就以"做圣贤"为人生使命。为了实现这个理想,他只身打马去了关外,实地考察、骑马练箭、摔跤比武,他给皇帝上书,想率兵打仗,结果被父亲狠狠批了一顿;"武的"不成,他又来"文的"。为了成为朱熹那样的大圣人,他一丝不苟地"格物穷理",结果不但没发现什么人生的真谛,反而大病一场。可以想见,这个时候的王阳明是十分郁闷的,正值青春期的他落落寡欢、苦闷彷徨。已经16岁的他早已具备了自主意识,他想探索生活的奥秘、生命的奥秘,他想为自己的存在找到有说服力的理由,他不想再让父亲瞧不起自己,他想证明自己的价值。但一切努力都落空了,面对偌大的北京城,面对未知的生活、未知的世界,他甚而产生了一股很多年轻人都曾体验过的"青春幻灭感"。或许就像人们说的那样:青春,是理性的热病。

看着王阳明的这副样子，父亲王华和祖父竹轩公都有些担心。他们知道，自己家的这个孩子非常聪明，动手能力也很强，如果善加引导，将来考取功名、进入仕途是不成问题的。但这个孩子又过于聪明、敏感了，他思考的问题已经远远超越了他的经验和年龄，他想立刻发掘出那个隐藏于生活表象之下的永恒真相，但事实似乎试图告诉他：人生是急不得的，不能像主观希望的时间表一样，他必须接受凡事来临的时间，不能强求——每件事在该来的时候就会来。

印度哲人克里希那穆提说："那些敏感的人可能比不敏感的人更痛苦，但是如果他们懂得并且超越了自己的痛苦，他们会发现不可思议的东西。智慧的本性正是敏感性。"天性敏感的王阳明无疑正经受着有生以来的最大痛苦，在理性精神已经朦胧觉醒的青春期，他试图思考并发现一些"不可思议的东西"，结果换来了人生第一次精神危机。如何度过这次危机呢？王阳明不知道。当身陷痛苦当中，当我们被某股强烈的情绪、情感攫住的时候，我们往往只能本能地做困兽之斗，别无他途；对痛苦的超越，只能在这痛苦结束之后。

看着王阳明这么难受，王华和竹轩公可不会袖手旁观，他们爱这个孩子。为了让王阳明不再整天不务正业、胡思乱想，为了改变这样糟糕的现状，他们想出了一个法子——给王阳明娶个媳妇。

没有新郎的新婚之夜

明孝宗弘治元年（1488年），刚刚17岁的王阳明要结婚了，女方是江西布政司参议诸介庵的女儿诸小姐。按照古代的礼仪，男方要亲自到女方家里下聘礼并迎娶妻子的，所以这一年的七月份，王阳明就到了江西南昌未来岳父的家里。

需要提及的是，在去南昌之前，王阳明在老家住了一些日子（这时候，王家已经从浙江余姚搬到了绍兴）。我们前面说过，王华在考取状元之后就把父亲竹轩公和儿子王阳明接到了北京城，把母亲竹轩夫人和妻子郑氏留在了老家。而在四年前，郑氏就去世了。当时，年仅13岁的王阳明在京听闻这个噩耗自然是哭得痛不欲生，但只有回到家，他才能切肤感受到母亲不在人间对自己究竟意味着什么！

因父亲中了状元而大事增建的"家"，此刻只剩下祖母竹轩夫人这个唯一的亲人了。看着空空荡荡的王家大宅，看着母亲曾经住过的房间、睡过的床榻、坐过的椅子，王阳明心中的幻灭感愈发强烈了：一个人汲汲营营一辈子，究竟为了什么呢？功名利禄、富贵荣华，敌得过阎王的锁链吗？生死之间，不过一纸相隔，谁知道阎王什么时候会把这层纸捅破呢！这世间怕是没有什么东西比死亡更加残酷的了，当一个人离开之后，他完成的任何丰功伟业都将随风飘散，如果有阎王，那么在他眼中，人在人世间做成的任何事都太渺小了……外界的东西再多、再好，又与我心，与我们的生命有何相干？！

带着满腔的怀疑与困惑，王阳明踏上了前往南昌的旅途。随着离家越来越远，沿途的风光逐渐取代了心中的阴霾。到了未来岳父家里，更是整天忙着交际应酬、筹备婚事，死亡与幻灭不知何时消了踪迹。青春，很难有真正的绝望吧，那蓬勃的生命激情会自动驱散一切阴霾，就如澎湃的大海总能自我净化一般。死亡永恒存在，生命，亦永恒存在。谁人离去，谁人归来？这世间，可有长生久视、超越生死之道？

精神向往天空，身体行走在大地。转眼间，大喜的日子到了，该停下那些显然"不合时宜"的玄思妙想了，去履行属于自己的责任和义务吧。人们说人生有四大喜事：久旱逢甘霖，他乡遇故知，洞房花烛夜，金榜题名时。洞房花烛夜是什么呢，王阳明不知道，他只感觉自己在婚礼上像个木偶一样被人牵来牵去，像个木偶一样拜天拜地拜父母，然后带着一张已经笑得僵硬发麻的脸跟众多客人谈笑、道谢、喝酒……

看着周围那一张张喜气洋洋的脸，王阳明心中突然冒出一个荒诞离奇的想法："这婚礼，这喜气，这热闹，跟我有任何关系吗？眼前这个已经成为我妻子的蒙着红盖头的女人，跟我有任何关系吗？我是谁呢？"

随着婚礼、酒席的继续，王阳明也许越来越感觉自己是生活

在类似萨尔瓦多·达利的超现实主义画作那样的世界里，一切是这样陌生、怪诞，让人难以理解。渐渐地，这种奇怪、茫然的情绪转换为一种对即将展开的婚姻生活，对不可知的未来日子的恐惧，对自身身份的焦虑。

或许就像有人说的那样，正是因为一个人内心没有爱，所以他不停地从外面寻找爱来填满自己。这种爱的缺乏就是他的孤独。而当他看到这个真相，就再也不会试图用外在的人或事来填补了……大部分人结婚或寻求其他的社会关系，是因为他们不知道如何单独去活。极少有人超越了这种对于孤独的巨大恐惧，但是人必须超越它，因为超越它之后才能发现至宝，才能找到真理和自己……忍受孤独的程度，显示出一个人心灵的深度……

王阳明就像个游魂一样，不知道什么时候离开了热闹的人群，来到了外边的大街上。正所谓"沉醉不知归路，误入藕花深处"，王阳明猛一抬头，只见眼前一个道观，匾额上写着：铁柱宫。往里边望去，但见道观里坐着一个闭目养神、呼吸吐纳的道士，其神态静谧安详、怡然自得。

王阳明不由自主地走了进去，一问之下得知此人懂得却病延年的养生之术。王阳明正因母亲之死深感"爱情诚可贵，生命价更高"，便开始虚心请教。这个神秘道士究竟说了些什么，我们今人已无从得知，唯一知道的是王阳明在那个道观里待了一宿，直到东方既白。自此，王阳明与道家，与红尘外的修行人结下了不解之缘。这深深影响了他的一生，使他将外在事功与内心求索融合在了一起,更促进了阳明心学的发轫、流传与勃兴。

这下可急坏了诸介庵一家,还没圆房就开始玩冷暴力,诸老爷很生气!正要派人去寻,王阳明却自个儿回来了,众人问明缘由,个个哭笑不得。在众人的簇拥下,我们这位"落跑新郎"来到了婚房里。待众人散去,面对着同样一夜无眠的诸氏脸上的两行泪痕,王阳明不由地深深谴责起了自己的自私,并暗暗发誓要一辈子都对她好。

到了第二年冬天,王阳明携妇返乡。听着船头激起的哗哗水声,他感觉心里贮满了一种新奇的东西,似乎是柔情,似乎是爱,这种感觉,还是他第一次体验到。看着诸氏偎依在自己怀里,他也被她一汪清澈的水般的柔情融化了。

当船经过上饶的时候,听说著名理学大师娄一斋就住在这里,王阳明就带着妻子一同去拜访。

据说,长久的静坐已经使娄一斋有了神奇的力量,他的眼睛可以穿透古今,看到常人看不到的东西。二十多年前娄一斋进京参加会试,走到杭州却突然返回。大家问他怎么回事,他非常神秘地说道:"此行非但不第,且有危祸。"结果没过几天,会试的贡院竟然起火,烧死了很多举人。后来,黄宗羲在《明儒学案》中经过"科学论证",解释说这是因为娄一斋"静久而明",通过静坐凝神获得了预测未来的超能力。

这一传说使王阳明在未见娄一斋时把他想象成了一个三国时诸葛孔明一样潇洒出尘的人物,却没想到这位大儒很是平易近

人。娄一斋在书房里热情接待了王阳明，并以自身的求道经验告诉他：圣人必可学而至。这正好契合了王阳明的胃口，更加坚定了他的人生理想。

但理想只是空中楼阁，如何让梦想照进现实呢？

参加科举，进入仕途，保国安民，成圣成贤。

第四章　会试三变：从诗人到行者

弘治三年（1490年），竹轩公王伦去世，王华按照朝廷惯例回老家丁忧守丧三年。三年可不是一段很短的时间，所以王华不可能整天守在父亲的坟头上，长时间处于悲痛当中，人是会受不了的。丁忧守丧之余，王华就给族里的子弟们讲四书五经，讲程朱理学，好让他们将来应对科举。

王阳明也一样，虽然他自小就跟祖父的感情很好，但几个月的伤心欲绝之后，他也渐渐从伤痛当中走了出来。去的人尽管去了，活着的人还得继续活着，什么时候都是这样。

前面我们说过，王阳明想通过参加科举来实现自己成圣成贤的人生理想，所以他也参加了父亲开设的"科举培训班"。跟其他人不同的是，除了白天随大家正常上课，背诵教材，学习八股，他在晚上还旁搜经史子集秉烛夜读，可以说是非常用功。王家子弟时常切磋交流，众人见王阳明文字功底一日千里，大惊道："彼已游心于举业之外，吾辈不及也！"其实王阳明对应试教育既不排斥也不沉溺，别人死记硬背、冲刺高考，他就探究儒学、理学的内在机理；别人只是为了应付科举而学习死的知识，他却是为了读书明理、转识成智而钻研圣人自胸中流出的亘古不

易的人类智慧。

功夫不负有心人，1492年，21岁的王阳明顺利地通过了浙江乡试，考中了举人。正好这一年王华也是丁忧期满、官复原职，于是父子俩都来到了北京城。在京城，可以更好地准备来年的会试。通过了会试，就是进士了，就有资格进仕途、拿俸禄了。对于人生出路非常有限的古人来说，读书的目的往往是"学而优则仕"，通过考取功名来进入朝廷，来做官。君不闻"天子重英豪，文章教尔曹；万般皆下品，唯有读书高"，君不闻"富家不用买良田，书中自有千钟粟。安居不用架高楼，书中自有黄金屋。娶妻莫恨无良媒，书中自有颜如玉。出门莫恨无人随，书中车马多如簇。男儿欲遂平生志，五经勤向窗前读"……

身在滚滚红尘，王阳明自然也很难"免俗"，他也是铆足了劲儿奔着"进士"这个头衔而去，并且是信心满满、志在必得！

但人算不如天算，虽然王阳明才华出众、用功备考，结果却在第二年的会试中名落孙山。这对22岁的王阳明来说，可是一次不小的打击。这还不算，三年之后他再次参加会试（会试每三年举行一次），结果又是铩羽而归。直到第三次参加会试才总算如愿以偿，那一年是1499年，王阳明28岁。当然，这么说只是总结性的说法，这三次会试当中还有很多故事。

风流公子办诗社

首先说第一次会试。虽然王阳明是落第了,但对他来说考进士、做大官、平天下只是成圣成贤的一条途径而已,这条路走不通,还有别的路可以走嘛——就算做不成官儿,做个在野的文人,做个杀敌立功的武将,做个山中的隐者也成啊。所以当周围落第的同学哭天抢地、寻死觅活的时候,不为外物所屈的王阳明说:"世以不得第为耻,吾以不得第动心为耻。"

王华的同僚们早就听说王阳明的各种逸事,见他这次落榜,都来鼓励他。内阁首辅、当朝宰相、文坛领袖李东阳就对王阳明开玩笑说:"汝今岁不第,来科必为状元,试作来科状元赋。"其实李东阳这么说不过是想帮受挫的王阳明找回信心,众人也没当真。谁知道王阳明提笔就写,并且是文思泉涌、一蹴而就!大伙把这个名字起得不伦不类的《来科状元赋》拿来一看,呵,这文章写得,真是"比肩李杜,力抗苏辛",不得了啊。

《易经》的象辞当中有一个词叫"潜龙勿用",意思是说如果时机未到,应该像龙一样深潜深渊,藏锋守拙,待机而动;如果轻举妄动,可能就会招致祸害。古人这么说其实是很有先见之明的,所谓"木秀于林,风必摧之;堆出于岸,流必湍之;行高于人,众必非之",要知道有人的地方就会有斗争,扬才露己向来招人嫉恨。所以古人才苦口婆心地教导我们:刚出道的时候一定

要低调，低调，再低调。但我们看王阳明是怎么做的，明明已经落第了，你自己心里不在意也就罢了，还偏偏要写一个什么《来科状元赋》，真是自信得有点儿过了……就算您老爸是前途无量的状元郎，就算您是才华横溢的"官二代"，您也不能这么张狂啊。结果，自然就有人不服气了，并且在暗地里嚼舌头："此子如中第，目中不会有我辈矣。"这为才华"过分"横溢的王阳明的第二次落第埋下了伏笔。

那么，22岁的王阳明在落第之后干嘛去了呢？

他回浙江老家了，不是回去卧薪尝胆，一门心思准备三年后的会试，而是回去组织了一个"龙泉山诗社"，没事儿就跟三五好友游山玩水、寻幽访古、下棋对弈、吟诗作赋，好不风流快活。

这段时期是王阳明文学创作灵感的迸发期，他以诗言志，独抒性灵：

山寺从来十九秋，旧僧零落老比丘。
帘松尽长青冥干，瀑水犹悬翠壁流。
人住层崖嫌洞浅，鸟鸣春涧觉山幽。
年来别有闲寻意，不似当时孟浪游。

尽日岩头坐落花，不知何处是吾家。
静听谷鸟迁乔木，闲看林蜂散午衙。
翠壁泉声穿乱石，碧潭云影透晴沙。
痴儿公事真难了，须信吾生自有涯。

倦鸟投枝已乱飞，林间暝色渐霏微。

春山日暮成孤坐，游子天涯正忆归。

古洞湿云含宿雨，碧溪明月弄清辉。

桃花不管人间事，只笑山人未拂衣。

看王阳明这诗，他已经俨然成为笑看落花、静观水月的尘嚣外的隐者了。但过了这样一段"吟风月，弄花草"的诗人生活之后，王阳明又觉得这不是他想要的生活。吟诗作赋，即使成为李白、苏东坡那样的人物，又如何呢？依旧是诗人而已，绝非"圣人"。这样想着，于是王阳明离开了那班吟风弄月的诗人朋友，离开了自己组建的诗社，重又回到了那个承载着他的"圣人梦"的北京城。

很快，第二次会试的时间到了，就像我们前面曾经说过的那样，王阳明这一次又是"乘兴而来，败兴而归"，他这个复读生又一次高考落榜了。这一年，王阳明25岁。

短暂的伤怀、失意之后，王阳明很快调整好了心态，其实科举做官原本就不是他的生活目的，这只是他通往圣人之路的一座浮桥。现在，既然这座浮桥把他"抛弃"了，那就另觅他途吧，条条大路通罗马嘛，何必单恋一枝花！

当然了，王阳明之所以能"挥一挥衣袖，不带走一片云彩"，之所以能这么风流、潇洒，这么拿得起、放得下，跟他的家境也是有很大关系的。试想，如果他老爹不是位高权重的官员，如果不是衣食无忧、雨雪不愁，如果他也像当时社会上的其他绝大多数参加会试的读书人一样——考不中就会被家人、亲戚、朋友唾弃，考不中就只能继续穷困潦倒、苦闷彷徨、毫无出路——他还能洒脱得起来吗？！除非他真的看破名利了，苦乐无心了，王阳

明可一辈子都没达到这样的境界。

那么，这次考试失利之后，王阳明又把兴趣点转移到了什么地方呢？

借雄成圣学兵法

《王阳明年谱》载他 26 岁在京师学兵法，"当时边报甚急，朝廷推举将才，莫不遑遽。先生念武举之设，仅得骑射搏击之士，而不能收韬略统驭之才，于是留情武事，凡兵家秘书，莫不精究"。我们可以看出来，这时候的王阳明不仅从武艺层面上留心武事，而且从战略层面上留意武事了。这比起他 15 岁的时候出居庸关"逐胡儿骑射"来说，在思想上的确是个大飞跃。

王阳明搜罗来了各种传世的兵法秘籍，主要是《武经七书》，这是北宋政府颁行的"官方版"兵法丛书，是我国古代第一部军事教科书。它由《孙子兵法》、《吴子兵法》、《六韬》、《司马法》、《三略》、《尉缭子》、《李卫公问对》七部著名兵书汇编而成。为了进行系统深入的研究，他是一边阅读一边作批注，随时写下自己的心得体会，几乎达到如痴如醉的地步。

王阳明对《司马法》的点评颇具儒家的王道风范："用兵之道，犹必以礼与法相表里，文与武相左右。"我们可以看出来，王阳明认为兴兵作战是国家大事，关系到民族存亡、国家兴衰，如果不用正义做统帅，兵就会变成祸国殃民的"凶器"。他是站在"天下"这一高度看待战争的,而不是宥于一役之胜负。在王阳明看来,兵是以暴止暴的利器,而杀戮是有违天地道义的,所以兵绝不可以滥用,兴兵作战是不得已而为之,是下下策。

他评价《吴子兵法》时又有点知行合一的意思:"彼《孙子兵法》较《吴》岂不深远,而实用则难言矣。想孙子特有意著书成名,而吴子第就行事言之,故其效如此。"王阳明这一段对孙武和吴起的对比非常精准,《孙子兵法》喜欢谈理论,《吴子兵法》则不同,它绝不说任何大而无当的话,通篇只讲"山谷应该怎么布兵,森林应该怎么行军",可以说《孙子》是战略,《吴子》是战术。

我们前面说过,王阳明是一个很注重实践的人,他认为"未有不履其事而能造其理者",所以他学习任何东西都是要学以致用的。在兵法上也是如此,他不仅仅热心于在理论上探讨兵法,而且试图把它用于实践。《王阳明年谱》载他"每遇宾宴,尝聚果核列阵势为戏",就是说家里来了客人,王阳明在拿出花生、瓜子等东西招待他们的同时,还会用这些东西在桌子上布列兵阵。并且是一边布阵演示,一边给客人讲解兵法,真正是如痴如醉、旁若无人。我们可以想象一下这样的场景,一个26岁的举人老爷在宾客面前玩这种小孩子的游戏,并且是玩得不亦乐乎……了解他的人,知道王阳明志向远大;不知道的,一定会以为这位状元家的大公子精神上有那么一点点问题。

王阳明这种对武艺和军事的热爱可不是心血来潮、三分钟热度,他的阳明心学之所以能对后世有这么大的影响力,跟他在军事上取得的成就是分不开的,他的后半辈子可以说就是在马背上、战场上度过的。也正是由于他顺利平定了赣南之乱、宁王之叛、两广

之乱,他的学说才得以风靡明朝及后世,为世人所钦敬。

除了用花生、瓜子演习兵法,在正式率兵作战之前,还有一次"演习"。那是王阳明顺利通过第三次会试、成为进士之后,官府派他到工部去实习,然后就分给他一个任务,要他去监督建造威宁伯王越(王越是这个人的名字,威宁伯是他死后的谥号)的坟墓。这位王越是河南人,是明朝的一位将军,官至兵部尚书,因为官职很高,所以这个人死后就由官府负责给他修坟。据传,王越这个人比较神,虽然他是皇帝的亲属,但很有追求、很爱学习,他跟王阳明一样,也是个进士。话说当年他参加会试的时候,不知为何,狂风突起,结果将他刚刚答好的试卷给吹到天上去了。眼睁睁看着自己的卷子"fly away",王越是欲哭无泪、暗自骂娘。不过因为他是皇帝的亲戚,所以主考官法外开恩,又给了他一张卷子,让他答完交了。没想到这年秋天高丽国使节来京进贡的时候,竟然带来了他那张随风而逝的卷子,说是朝鲜国王一天视朝的时候,一物从天而降,定睛一看,却是天朝学生的试卷,这岂敢怠慢,赶忙让使者把它带回北京。一张卷子跋山涉水从北京飘到朝鲜已然够神了,但这还不算什么,据《王阳明年谱》考证,在官府下令派王阳明负责监造王越墓之后,刚死不久的王越竟然"托梦"给王阳明,让他好好修这个墓,并送给他一把弓箭。

而王阳明也是"不负所托",作为这次修墓工程的御定负责人,他是格外用心,并且他还别出心裁,将那些建造坟墓的"农民工"当做士兵,将他们按"什伍之法",也就是基本的军事单位组织起来,并用训练士兵的方法来训练他们,按时作息、协同工作。劳动之余,王阳明把这些农民招集起来,指挥他们演练诸葛亮的"八阵图"。结果，这种以军事方法管理工程建造的创举大获成功，使得所有人的工作效率都大大提高，王越的坟墓不但保质保量交工了，而且还比预定的工期提前了好些天。

看着这座新修成的简直可以用"富丽堂皇"来形容的坟墓，王越的家人对王阳明十分感激，非要送他几千两银子作为小费，王阳明是宁死不要。后来，王越的家人又把王越生前佩戴的宝剑拿了出来。王阳明一看这位大将军这柄宝剑，真是吹毛断发、削铁如泥，将来如果拿着这柄剑驰骋疆场……啧啧，好不威武！再加上来之前王越已经"托梦"给自己了，示意要送一件兵器给自己，所以王阳明也就当仁不让、欣然纳受了。

腰挂宝剑回到家里，回想指挥"民工"演练"八阵图"的情形，王阳明觉着这可比在桌子上摆弄花生、瓜子神气多了。这次的监工经历还让王阳明明白了一个道理：权力越大，指挥的人越多；指挥的人越多，越能成就大事。

王阳明为什么苦学诸家兵法，随时随地找机会演练？

就是为了成就大事，就是为了圆自己那个"圣人梦"，他要像伊尹、姜尚、诸葛亮那样，"借雄成圣"。

九华山上性灵游

明弘治十二年（1499年），28岁的王阳明终于在第三次会试后扬眉吐气了，"赐二甲进士出身第七人，观政工部"。二甲第七名相当于全国第十名，虽然跟王华的状元没法比，但对王阳明来

说已经很不错,三次会试、九载寒窗,终于美梦成真了。

观政工部就是到工部去实习,工部属于六部(吏部、户部、礼部、兵部、刑部、工部)之一,上管皇家建设,下管植树造林,对想发财的人来说是大大的肥缺美差。不过,王阳明一不缺钱,二不贪财,志不在此的他不甘庸碌,争分夺秒地向着自己的理想前进前进前进进。所以即使只是实习,他也是热情似火、斗志昂扬。辛辛苦苦等了十几年,终于等到今天了,他怎么能不激动、不昂扬呢!比如我们前面提到,工部派他去监督建造威宁伯王越的坟墓,这其实不算什么重要工作,但他却干得很认真、很起劲儿。刚刚参加工作的同志,都是如此吧,想我们当初大学毕业的时候,谁不是满腔热情、一腔斗志呢?

此刻的王阳明当然还没有成熟,所以当他真正踏入官场,当他亲眼目睹朝中大臣是如何结党营私、卖官鬻爵,当他看到老百姓生存的艰辛、为政者巧取豪夺的奸诈,当他看到国民上缴的税款是如何被掌权者无度挥霍,他有些愤怒了。从政者对内应该为老百姓服务,对外应该巩固国防、抵抗侵略,但现在这帮人却只知道欺负百姓、谄媚蒙古鞑子,人家侵占咱们的国土了、杀戮咱们的国民了,连吭一声都不敢!于是,王阳明在刚刚踏入仕途不久,就给当朝的明孝宗朱祐樘上了一道长达三四千字的《陈言边务疏》,期盼以一己之力来改变大明朝的颓势。他在奏疏里边这样痛心疾首地说道:

臣愚以为今之大患,在于为大臣者外托慎重老成之名,而内为固禄希宠之计;为左右者内挟交蟠蔽壅之资,而外肆招权纳贿之恶。习以成俗，互相为奸。忧世者，谓之迂狂；进言者，目以浮躁；沮抑正大刚直之气，而养成怯懦因循之风。故其衰耗颓塌，将至于不可支持而不自觉。今幸上天仁爱，适有边陲之患，是忧虑警省，易辕改辙之机也。此在陛下，必宜自有所以痛革弊源、惩艾而振作之者矣。

接着，他又提出八项具体措施供皇帝参考，内容涉及到经济、政治和军事，所虑甚深，所思甚广。但问题是他作为一个刚刚进入官场的"见习生"，位卑言轻，他说的话有谁会听呢？所以这篇奏章虽然写的是义正辞严、在情在理，但朱祐樘根本没理他这个茬儿，说不定皇帝老子根本就没看到他这篇奏章！

经过在工部一段时间的实习，弘治十三年（1500年）六月，王阳明"转正"了，正式成为了官场中的一员。这次，他被授予"刑部云南清吏司主事"的职务。刑部相当于现代的司法部，主管全国司法和刑狱，并负责复核各地送部的刑名案件。刑部的内部组织机构的设置是按省设司，王阳明就主管云南省的司法案件（明朝各部的司前都冠以"清吏"字样，所以这俩字并无实际意义）。当然了，王阳明并不去云南，只是在北京的刑部分管来自云南的案件。但既然是部里的人，也有各种临时的差遣，第二年的八月份，王阳明就被派到直隶、江苏淮安等地提督狱事，就是到这些地方的法院、监狱里边去调查一下，看有没有什么冤假错案。王阳明虽然官职不高，但由于是朝廷官员，所以在法庭上有决议权，可以跟当地法官共同审理案件并做出判决。王阳明这个人做事一向是认真、负责的，更何况是审理各种人命关天的案

件,就更得用心了,《年谱》说他"所录囚多所平反"。

到了1502年春天,所有案件都审完了,王阳明决定到安徽九华山旅游一下,放松放松心情。古语言:天下名山僧占多,世间清幽道常临。名山胜景、清幽之地,历来是和尚、道士等方外之人的天堂,那么,为什么这些修行人不在人群聚集之地待着,偏要跑到深山老林里去呢?中国禅宗五祖弘忍大师曾经做过一个很精辟的解释,他说:"大厦之材,本出幽谷,不向人间有也。以远离人故,不被刀斧损斫,一一长成大物,后乃堪为栋梁之用。故知栖神幽谷,远避嚣尘,养性山中,长辞俗事,目前无物,心自安宁。从此道树花开,禅林果出也。"

在嚣嚣尘世中奔走,人很难获得内心的宁静,而如果他的心是充满矛盾、混乱的,是不可能凭借这颗乱心思考出什么真正有价值的东西的。比如文学作品,从终极的角度来讲,绝大多数诗歌、散文、小说什么的都只表达了作者的困惑、以及在困惑中的思索而已——别无其他。真理,只会在我们的心完全沉静下来之后,才有可能出现。正是在这个意义上,梭罗才说:我步入丛林,因为我希望活得有意义,我希望活得深刻。

让心沉潜下来,其实就是一种蛰伏。不但修身养性、参禅悟道是这样,我们做任何事情,很难一开始就做得炉火纯青、恰到好处,在人生和事业的初始阶段,我们必然会经历一个漫长的蛰伏期。所谓"十年蛰伏,一日破茧",这正是我们每个人不断成长蜕变的最好隐喻。

九华山就是一个这样的"蛰伏之地",这里不但寺庙、道观、茅棚、山洞众多,它还是中国佛教四大名山之一,是"地狱未空誓不成佛，众生度尽方证菩提"的大愿地藏王菩萨的道场。王阳明沿着九华山上的羊肠小道涉险寻幽，探奇览胜，访问了许多安身此处的名人、隐士。

有人说"大自然是最好的解毒药"，诚非虚言。尽管王阳明不是个以山水为功课的人，但静观山中的草木枯荣，细看晨昏之际蒸腾的云霞，还是让他大有今是昨非之感。再看看静谧的寺院，淡泊超脱的僧人，心无旁骛的道人，他们可不像俗士那般汲汲于声色名利。于是，海拔的高度似乎也连带着提升了精神的高度，京师远了，朝廷远了，那蝇营狗苟的小官僚的生活愈发显出围城一般的可笑。双峰、莲花峰、列仙峰、云门峰、芙蓉阁……一路走下来，王阳明似乎越来越清晰地听到一个声音：不如归去，不如归去。夜宿九华山巅无相寺的一个晚上，他梦见了苏东坡，东坡对他说了一句话就在佛堂的照壁后消失了。醒来后他才想起，东坡是吟唱了两句诗歌：小舟从此去，江海度余生。

"桃花流水杳然去，别有天地非人间"，越是待在山中，王阳明越是感到一种出世之思。长恨此身非我有，问何时忘却营营？就在今日忘却那琐碎、庸常的尘嚣之思吧，人生犹似西山日，富贵终如瓦上霜，就在此刻做个了结吧！

怀着这样的心情，王阳明感慨地写下了这样的诗句：

游九华山赋

……吾其鞭风霆而骑日月，被九霞之翠袍。搏鹏翼于北溟，钓三山之巨鳌。道昆仑而息驾，听王母之云璈。呼浮丘于子晋，拘句曲之三茅。长遨游于碧落，共太虚而逍遥……

化城寺

云里轩窗半上钩，望中千里见江流。
交林日出三更晓，幽谷风多六月秋。
仙骨自怜何日化，尘缘翻觉此生浮。
夜深忽起蓬莱兴，飞上青天十二楼。

题四老围棋图

世外烟霞亦许时，至今风致后人思。
却怀刘项当年事，不及山中一著棋。

与参悟天地、通晓古今比起来，人间的事业，哪怕是刘邦、项羽那样的帝王之业也显得微不足道了——这就是此刻王阳明的心情。而这，也是中国古代士大夫们的典型性格特点：进则儒法，退则释道。如果不能在人世间成圣成雄，做出一番功业，那就在精神上与天地合一，成佛成仙，获得永恒与解脱吧。

其实我们很多人都有这种超尘之念，我们感觉生命不应像现实这般平庸、琐碎，日复一日地重复昨天的事情、扮演曾经的自己，但这种郁郁不平往往不过刹那即逝：扑面而来的养子奉老、结婚争吵、柴米油盐会顷刻间将人拉回现实！所以佛家说：学佛乃大丈夫事，非帝王将相所能为；你很难克制多生习气，千年欲望，此即为何悟道如此之难。

成为帝王将相，这的确是王阳明的梦想，但此刻，他认为长生不死似乎更值得追求。能够长生久视、全知全能的人，才算得是真正的圣人吧。怀着这样的心情，王阳明专程去拜访了住在九华山的仙家蔡蓬头。

他在道观前堂恭恭敬敬地咨询成仙之道，道士只淡淡地答以时机不成熟。过了一会儿，王阳明又避开左右，跟着道士到了后亭，恭恭敬敬施了一礼再请教，道士依然说时机不成熟。

于是王阳明再三恳求是不是能再点拨一二，道士说："我看你虽然前堂后亭执礼甚恭，可总是忘不了一副官相。"说完一笑而别。

看着含笑而去的蔡蓬头，王阳明感到怏怏若有所失。

我们分析这位道士的话外之音，大概是说：你这个人的"底子"可望成仙，你很聪明，一点就通；但你又太想当官了，想当官的人往往都是"聪明的傻瓜"。你的聪明跟你的傻相资相用、互相抵消，所以像你这样的人是绝难度化的，比单纯的傻瓜难度化多了！

正因为道士知道自己帮不上王阳明什么忙，知道自己对眼前这个人说什么都没用，所以他才一笑而别。

此刻的王阳明当然不明白这道士是什么意思，属于他的时代还没有到来，他还得继续经受他必须去经受的痛苦。

后来，王阳明又听说九华山的地藏洞里住着一位虔诚修道的"异僧"，此人坐卧松毛，不食人间烟火，只吃像松子、瓜果之类的天然的东西。王阳明攀绝壁走险峰，好不容易才找到他。王阳明进到洞里，见异僧正在熟睡（其实是在装睡，以检验来者的道行。所谓"气满不思饮食，神全不思睡眠"，真正的得道高人是可以长时间不睡觉的。并且他们的感觉器官已经变得极为敏锐，可以听到雪落花开的声音，所以在王阳明进去之前，这位异僧一定已经听到了他的脚步声），他就坐在一边抚摸异僧的脚。

异僧觉得这个人还可以,就"醒"了,问:"路险何得至此?"

王阳明没有回答他,只说自己想讨教如何修炼最上乘的佛法。

大概这位异僧跟蔡蓬头一样,知道王阳明终不能跳出红尘、一心修行,不足与之讨论灵修之术,所以他不理王阳明的话茬儿,只说道:"周濂溪,程明道是儒家两个好秀才。"说完又闭上眼睛"睡"了。

王阳明见这位高人不想多言,拜过之后就默默离开了。几天后,王阳明再次造访地藏洞,想继续向这位高人求教,结果发现那位异僧已不知去向。看来,异僧是不愿让别人打扰自己清修,所以就"搬家"了。看着空空如也的山洞,王阳明再次感到怏怏若有所失。

纵观王阳明这两次"求道之旅",可以说是不约而同地吃了"闭门羹",和尚道士都"不理他"。这很可能是因为得道之人能看出因缘始末,他们知道眼前这个聪明人是个尘缘未了的慧业文人,他在世间还有许多事情要做,所以即便他们跟王阳明说一些吐纳导引、静坐入定的方法,也是没法帮他"入道"的,这就是白居易在诗中所说的"世缘未了治不得"。对于想修道之人,如果时机不成熟,再高明的老师也帮不上他什么忙。反过来说,如果学生准备好了,老师必会悄然而至。所以一切还得靠修行人自己,老师只能发挥辅助性作用。

那么,没有老师的点拨、指导,王阳明是否能继续他的"修道之旅"呢?

第五章 皈依之旅:从行者到儒者

1502年春天,31岁的王阳明游览了修行宝地九华山,在那里,他看到了一群与他所熟悉的官员、衙役、商人、农民完全不同的人。他深深被和尚、道士们那种一尘不染、飘飘欲仙的生活态度和人生境界所感染,他突然发现在这个胭脂红、琉璃翠、花开花谢无人会的世界上竟然还生活着这样一群人:

他们什么都不想要,只想过一种简单而纯粹的生活。在云中,在松下,在尘嚣外,靠着月光、芋头和大麻过活。除了山之外,他们所需不多:一些泥土,几把茅草,一块瓜田,数株茶树,一篱菊花,风雨晦冥之时的片刻小憩。

对于这样的隐士来说,独自一人远比众人围绕来得充实:当我沉默着的时候,我觉得充实;我将开口,同时感到空虚。

虽然羡慕那种闲云野鹤式的隐逸生活,但王阳明还有王命在身,刑部还等着他回去汇报这次出差的情况呢。于是,从九华山下来后,王阳明就回到了京城复命。但没过多久,由于公务繁重、工作紧张,王阳明咳嗽的老毛病又复发了,并且呈加重的趋势,最后转成了咳血。所以到了这一年的秋天,王阳明就向朝廷

请了病假,希望批准他回老家养病。这时候的王阳明只是一个芝麻官,多他一个不多、少他一个不少,爱回去就回去吧,他的病假很快被批准了。

阳明洞天小炼形

回到绍兴之后,王阳明在会稽山上找了一个地方——一个山洞,并把它叫做"王阳明洞天",就在那里练习道家的吐纳养生之法、佛家的静坐入定之功。一来,是为了养病;二来,是为了向蔡蓬头道人以及地藏洞中的异僧学习,通过修行来提升自己的精神境界。

前面我们说过,王阳明这个人做事还是挺认真的,他的实践能力很强,经过一段时间的调养、修行,不但病好了大半,还通过修炼获得了神通,有了"预见未来"的超能力。

据说,有一天王阳明正坐在洞里打坐、调息,突然对身边的仆人说:"有朋友来这里看我了,你赶紧到山下去接他们一下。他们是四个人,是谁谁谁、谁谁谁,你都见过,都认识,现在已经走到山下的凉亭那儿了。"

听王阳明这么说,仆人很是诧异,但既然是主人的吩咐,那就照办吧,仆人就半信半疑地下山去了。结果刚走到半山腰的时候,正好遇上王阳明说的那四个人!

听仆人如此这般一解释,王阳明这几个朋友也很诧异,怎回事这是，未卜先知啊？！

这件事传开之后，很多人都认为王阳明这是"得道"了，并且在王阳明的一生当中，类似的事情还有很多。所以在王阳明的朋友、学生心目中，都认定他是一个"修为很高"的人，直到他创立的阳明心学在全国广泛传播的时候，还有不少学生向他讨教灵修方面的事情。但那时候的王阳明对这些"超自然"现象却是闭口不谈，认为那不过是"簸弄精神，非道也"。

对于王阳明这段隐居、灵修岁月，其学生王龙溪这样追记道：王阳明在洞天精庐日夕勤修，练习伏藏，洞悉机要，对道教的见性抱一之旨，不但能通其义，盖已得其髓。能于静中内照形躯如水晶宫，忘己忘物、忘天忘地，与空虚为体，光耀神奇、恍惚变幻，似欲言而忘其所以言，乃真境象也。

排除其中自圆其说、自神其话的成分，我们也能感到王阳明的确摸着了神秘超凡的灵悟境界。这种感受是他龙场悟道的基础，也是后来他始终坚持先让学生在听课之前静坐以"收放心"这种教法的来源——真知源于实践。

关于超能力，有人认为只有少数"特异人士"才拥有这种神奇力量。其实我们每个人都具备这种能力，只不过人类因为压抑潜意识的大脑皮层过于发达，使得很多人的"超感知觉"能力被"封存了起来"。关于这一点，印度灵修者斯瓦米·帕拉瓦南达说："超能力存在于每个人体内，并能通过不断修习而得到开发。面对这一事实，绝大多数人做出了不同的选择，我们更关注机械的成果，而非心理方面的力量。所以，我们有了电话，而不是心灵感应；有了直升机，而不是腾空术；有了电视

机,而不是千里眼……超能力存在于每个人体内,并能通过不断修习而得到开发。当我们的心达到非常高的'纯净状态'时,无需任何专念,超感知力量也会不邀自来。通过特殊的修炼,我们不仅能变得小如原子,还能变得大如山脉、重如铅锤、轻如空气……所有元素都阻碍不了我们,我们能穿石而过,能在飓风中安稳站立,能手入火堆而不被烧伤,能行于水面而不被弄湿。"

无论我们是否相信斯瓦米的话,谁都无法完全否认,在我们生活其中的这个"现实世界"之外,还存在着另一个"未知世界"。毕竟,我们每个人的所知都是非常有限的;而对于自己不知道的事情,我们是没有发言权的,我们不能因为自己"看不见",就说它"不存在"。

从某种意义上说,"看不见"不代表"不存在"。要知道,在浩瀚无垠的宇宙当中,我们能够用肉眼"看见"的部分只占极小极小的比重,绝大部分宇宙空间是"没有光"的,是"隐形"的,比如黑洞,比如暗物质,比如多维空间。

"看不见",它真正的意思是:在现有的科技水平条件下,我们还没法证明它的"存在"。随着科学技术的不断发展,随着我们对这个宇宙、对人体自身了解的不断深入,天知道我们究竟会发现多少千奇百怪的事物,见证什么不可思议的奇迹!对这些未知的事物,我们应该抱着一种全然开放的理性态度去迎接它们,既不盲目相信,更不一味排斥。

当然,我们说王阳明"修为很高",说他已经"得道",这只是站在普通人的角度来说。以我们常人看来,能够拥有未卜先知这种超能力，这已经很厉害了。但真正的灵修者是不会去关注这些所谓的"超能力"、"神通"的，他们知道，在一般人看来这些是美妙的"力量"，但对于真正想获得真理的人来说，这些只是"障碍"——其他什么都不是。王阳明自然也很明白这个道理，所以他才闭口不谈这些事情。当然，王阳明也知道，自己根本就没有"得道"，因为自己心里有很多困惑和烦恼。

在洞中修行，王阳明感觉很不错，真是神清气朗、元气充沛，这使他再次产生了出家修道不再入世的念头：人间酷暑避不得，清风都在深山中。池边一坐即三日，忽见岩头碧树红。但转念他又想到年迈的祖母、略显老态的父亲，以及已经在不知不觉中陪伴自己十多年的妻子。更何况，他还没为老王家延续香火呢，不孝有三无后为大，怎么着也得有个儿子啊！

王阳明就这样徘徊在出世修行与入世尽孝的想法之间，一边是长生久视、超凡脱俗，一边是至亲骨肉、家庭责任，该如何抉择呢？

王阳明不知道。

哪一条才是属于他的"成圣之路"呢？

寻寻觅觅成圣路

1503年,王阳明来到了山青水媚的杭州西湖,这里的气候很适合静修疗养。游览着这人间天堂的山水、古刹,嗅着空气中若有若无的桂花香,王阳明的心情和病情都好了起来,难怪元朝时来到中国的马可·波罗要把它称作"世界上最美丽华贵之城"了。

这一天,王阳明去西湖边上著名的大慈定慧禅寺寻僧访道。这座寺庙一般被俗称为"虎跑寺",民国时期的高僧弘一法师就是在这里剃度出家的,"虎跑"之名因"梦泉"而来。传说唐代高僧性空住在这里,后来因水源短缺,准备迁走。有一天,他在梦中得到神的指示:南岳衡山有童子泉,当遣二虎移来。第二天"果见二虎跑地作穴,泉遂涌出,甘冽胜常。"

"跑地作穴"里边的这个"跑"字是"以足爬地"的意思,通"刨",意思就是两只老虎用脚爪爬挖出了一个洞穴,泉水就从这个洞穴里流了出来。所以"虎跑寺"就是"虎刨寺",关于这一点,明末清初文学家张岱在《西湖寻梦》中这样记述道:

虎跑寺本名定慧寺，唐元和十四年性空师所建。宪宗赐号曰广福院。大中八年改大慈寺，僖宗乾符三年加"定慧"二字。宋末毁。元大德七年重建。又毁。明正德十四年，宝掌禅师重建。嘉靖十九年又毁。二十四年，山西僧永果再造。今人皆以泉名其寺云。

先是，性空师为蒲坂卢氏子，得法于百丈海，来游此山，乐其灵气郁盘，栖禅其中。苦于无水，意欲他徙。梦神人语曰："师毋患水，南岳有童子泉，当遣二虎驱来。"翼日，果见二虎跑地出泉，清香甘冽。大师遂留。

明洪武十一年，学士宋濂朝京，道山下。主僧邀濂观泉，寺僧披衣同举梵咒，泉觱沸而出，空中雪舞。濂心异之，为作铭以记。城中好事者取以烹茶，日去千担。

可见，这个虎跑寺是很有些来历的。当王阳明在这里游玩，兴尽将返的时候看到寺里的一间禅室紧关着门，他忽然起了好奇心，就问这间禅室是做什么用的。

陪同的小沙弥说："一位僧人已经在里面闭关三年了，终日闭目静坐，不说一句话，也不睁开眼看一看周围，真是个怪人呐！"

闻听此言，王阳明来了兴致，他倒想看看里边是何等高人。他推开门，等眼睛适应了室内的黑暗，只看到一个坐得像一块石头一样一动不动的和尚。这和尚兀自闭着眼，不顾不问，好像天要塌下来也与他没有关系。

见此，王阳明猛喝一声道："你这个和尚！终日嘴巴里叽里

咕噜说些什么！终日睁睁看些什么！"

三年间不闻不问的和尚大吃一惊，站起来向王阳明合十施了一礼："贫僧在这里不言不视已经有三年时间了，施主此话又从何说起呢？"

"你是哪里人？离家多少年了？"

"我是河南人，离家有十多年了。"

"家中亲属还有什么人吗？"

"就一个老母亲，也不知道如今是否依然在世。"

"你还想念吗？"

"不能不想啊。"

"既然不能不想，那你虽然终日不说，心里却一直在说；虽然终日不视，心里却已经在看了。"

听王阳明这么说，和尚猛地合拢双掌，又重重施了一礼："施主真是妙言惊人，还望开示。"

"人生于世，想念父母乃是天性，怎么能够断灭。你说不能不想，那是你的真性发现，俗话说得好，爹娘便是灵山佛，不敬爹娘敬何人。你既然还被这思念苦苦折磨着，那就不如听从内心的召唤回家去，又何必终日呆坐在这里，徒乱心曲？所谓'口念弥陀心散乱，喊破喉咙也枉然'，内心不净，呆坐何益！"

没等王阳明把话说完，和尚咧嘴大哭起来："施主说得对啊，我明天一早就回家，去看望我老娘。"只见和尚从蒲团上跃起身子就要去准备行囊，一边还在用衣袖胡乱擦着泪，一边脸上已在笑了。

第二天，王阳明又去虎跑寺。寺僧告诉他，那和尚五更天的时候就挑着行囊回老家去了。

在跟这位闭关三年的和尚对话之前，王阳明原本也是非常困惑的，他也在亲情跟修道之间徘徊着。但没想到这和尚竟被他三言两语就说回家了，放弃了多年的修行，这让王阳明有些"醒悟"了："爱亲乃人的本性，此念生于孩提，此念可去，是断灭种性矣！不可灭性学佛。"

在这时的王阳明看来，如果一个人连骨肉亲情都可以抛却，那这个人就真是毫无人性、沦为禽兽了。相比于离家出世的佛家、道家，王阳明自此以立足现实的儒家为自己的信仰，圣人的境界就是"博施于民而能济众"的道德境界，就是"以天下万物为一体"的精神境界。

寻寻觅觅这么多年，32岁的王阳明终于找到自己的皈依之处了："儒学"才是他心目中的"圣学"，成为立德立功立言三不朽的"三立完人"才是真正的"成圣之路"，这才是自己的人生方向！

这以后，王阳明曾多次谈及自己这一出入佛老而归于孔儒的思想经历：

颜子没而圣人之学亡。曾子唯一贯之旨传之孟轲，终又二千余年而周、程续。自是而后，言益详，道益晦；析理益精，学益支离无本，而事于外者益繁以难。盖孟氏患杨、墨；周、程之际，释、老大行。今世学者，皆知宗孔、孟，贱杨、墨，摈释、老，圣人之道，若大明于世。然吾从而求之，圣人不得而见之

矣……夫求以自得，而后可与之言学圣人之道。某幼不问学，陷溺于邪僻者二十年，而始究心于老、释。赖天之灵，因有所觉，始乃沿周、程之说求之，而若有得焉。

……

守仁早岁业举，溺志词章之习，既乃稍知从事正学，而苦于众说之纷扰疲迹，茫无可入，因求诸老、释，欣然有会于心，以为圣人之学在此矣！然于孔子之教间相出入，而措之日用，往往缺漏无归；依违往返，且信且疑。其后谪官龙场，居夷处困，动心忍性之余，恍若有悟，体验探求，再更寒暑，证诸《五经》《四书》，沛然若决江河而放诸海也。然后叹圣人之道坦如大路，而视之儒者妄开窦迳，蹈荆棘，堕坑堑，究其为说，反出二氏之下。宜乎世之高明之士厌此而趋彼也！此岂二氏之罪哉！

……

果有志于心性之学，以颜闵（颜回、闵损）为期，非第一德业乎？

这些自述，说的都是王阳明对佛老由迷恋而醒悟的过程。随着儒学修养的不断加深，他对孔孟之道愈是深信不疑。并且在他看来，儒释道三家本是一体的，只要切实按着各自的原理、方法去实践、体证，最后都可以身心脱落、入道证道，都可以成圣成贤。而王阳明之所以排斥佛老，是因为它们放弃人伦、抛弃家人——如果天下人都出家修道去了，那不就家将不家、国将不国了，那不就天下大乱了？

当然，对于王阳明这种观点是否正确，是否合理，可以是仁者见仁、智者见智的。

王阳明在与佛老分道扬镳之后，一头扎进了孔孟儒学、程朱理学当中，并把这叫做"圣学"，且立志要成为"圣人"。到了1505年的时候，34岁的王阳明开始正式开门授徒，宣讲成圣成贤的身心之学，他的门下也渐渐聚集了一批很有志向的青年。同样是在这一年，他结识了这辈子最相契的朋友——湛若水。不用说我们也应该知道了，这个湛若水也是一位喜欢讲"圣学"的人，不然，俩人怎么会成为志同道合的知音呢！

人是一种很奇怪的动物，只要有一个人真正懂自己、真正了解自己，就不会觉得孤独；但如果一个人没有一个可以在精神上"无障碍沟通"的朋友，那就算所有的人都尊重你、景仰你，你依然会感觉自己"并不完整"。

显然，无论对于王阳明还是湛若水来说，能够结识对方都是一件令人庆幸的事。他们将在今后的岁月互相砥砺、互相扶植，共同为了"圣人之道"而奋斗。后来，当王阳明在1529年去世之后，他的墓志铭就是由这位平生最了解他的朋友写的。在墓志铭当中，湛若水这样总结王阳明走过的，自12岁欲以"做圣贤"为人生使命至32岁决心以儒学为皈依的整整20年的"寻寻觅觅成圣路"：

初溺于任侠之习，再溺于骑射之习，三溺于辞章之习，四溺于神仙之习，五溺于佛氏之习。正德丙寅，始归正于圣贤之学。会甘泉子于京师，语人曰："守仁从宦三十年，未见此人。"甘泉

子语人亦曰:"若水泛观于四方,未见此人。"遂相与定交讲学,一宗程氏"仁者浑然与天地万物同体"之指(旨)。

　　虽然此刻的王阳明是想继承真正的孔孟心脉,但他现在对儒学还谈不上"学有所得"。他对孔孟"学有所得",是在经历了贬谪龙场的惨痛生活以后,这就是阳明心学的开端——龙场悟道。

第六章 官场风暴，助我闻道

从弘治十二年（1499年）考中进士、踏进官场到弘治十八年（1505年）被授予兵部武选司主事（国防部人力司处长，正六品），不知不觉中，王阳明已经献身官场六年有余了。官场是一个靠关系、混资历、论辈分的地方，那些手握大权的朝中重臣，基本都是五六十岁、一脸世故。可以说做官就跟做粥一样，都得慢慢熬，这就是老人政治。

对于一心想着通过政治来安身立命、辅国治民的刚刚34岁的王阳明来说，没有抱怨是不可能的，他发牢骚道："此（指做官）亦甚难矣。铢铢而积之，皓首而无成者，加半焉。幸而有成，得及其富盛之年，以自奋于崇赫之地者几人？是几人者之中，方起而踬，半途而废，垂成而毁者，又往往有之。可不谓之难乎？"在王阳明看来，大明帝国庞大的文官系统就像一座金字塔，他这撮塔下的沙子抬头看看它的高度都会头晕。光阴无涯，吾生有涯，这样按部就班地往上挨，怕是挨白了头也到不了多高。

不可否认，官僚生活是桎梏人性的牢笼，是消磨斗志的磨盘，它在喝茶看报、日升月落中暗暗将人曾经的雄心壮志磨平，直到一个人最后成为一颗失去独立意志的、组成这牢笼的螺丝钉。

为了排遣这心中的郁结之气,王阳明整日与刚刚结识的好友湛若水出入孔孟,游弋佛老,试图用精神上的超拔来忘却这现实的呆板、无趣。然而,现实虽然有时候显得毫无新意,但它往往又最能出其不意——你永远不知道下一秒钟会发生什么。正当王阳明沉醉于精神盛宴的时候,一场风云突变的官场风暴来临了。

"潇洒帝" 朱厚照

弘治十八年(1505年)五月七日,明朝第九位皇帝明孝宗朱祐樘病逝于乾清宫,享年36岁。朱祐樘可以说是明代中叶最为励精图治的贤君,他自幼生于微寒,在位期间"更新庶政,言路大开",使英宗朝以来奸佞当道的局面得以改观,被誉为"中兴之令主"。

朱祐樘即位后,首先裁抑宦官及佞幸之臣,太监梁芳、外戚万喜及其党羽均被治罪。并任用徐溥、刘健、李东阳、谢迁、王恕、马文升和伦文叙等人,这些人都是正直忠诚的大臣,在弘治一朝发挥了较大作用。朱祐樘常召阁臣至文华殿,让大家共议大臣的章奏,写出批词后,自己再批改颁发。所以,阁臣李东阳高兴地说:"天顺以来,三十余年间,皇帝召见大臣,都只问上一二句话,而现在却是反复询问,讨论详明,真是前所未有啊!"弘治十三年(1500年),大学士刘健上奏说,晚朝散归后,天色已黑,各处送来的文件往往积压内阁,来不及处理,如有四方灾情、各边报警等事务,就有耽搁的可能。于是,朱祐樘特定除早、晚朝外，每日两次在平台召见有关大臣议事，从此出现了"平台召见"这一新的朝参方式。

朱祐樘在生活上也能注意节俭，不近声色，他一生只有张皇后一位妻子，不曾有其他妃嫔。如果这个记载属实的话，那他真是中国历史上唯一一个切实奉行"一夫一妻制"的皇帝了！

由于朱祐樘的励精图治，当时明朝政治清明，经济繁荣，百姓富裕，天下小康，被称为"弘治中兴"。当然，也有史学家认为这里所谓的"中兴"是掺杂了某种水分的。无论如何，在明朝16位皇帝里边，朱祐樘确实还算是比较靠谱的一位，虽然他本人没什么雄才大略，但相对那些认为"朕即国家"的集权（极权）领导者来说，他不由着性子乱来就算是万幸万万幸了！一个国家最倒霉的，就是赶上了一个"勤勉"的昏君，那是最能祸国殃民的。很不幸，朱祐樘的儿子朱厚照就是这样一位祸国殃民、很能闹腾的皇帝。

朱厚照是朱祐樘跟老婆张皇后的嫡长子，像他这样既为嫡子又是长子的情况在封建礼法社会中是天然的皇位继承人，所以他的出生不论对于国家社稷还是宗族血脉方面都意义非凡。在明朝历史上，只有朱棣的嫡长子明仁宗朱高炽和我们这位朱厚照是嫡长子继位。并且这个朱厚照还是朱祐樘的独生子（朱厚照还有一个弟弟，但很小就夭折了），在这样的情况下，他自然是从小就非常受宠了。

史载朱厚照小时候"粹质比冰玉，神采焕发"，性情仁和宽厚，颇有帝王风范。8岁时，朱厚照正式出阁读书，接受严格的教育。朱厚照年少时以聪明见称，前一天讲官所授之书，次日他便能掩卷背诵，数月之间对宫廷内繁琐的礼节他就了然于胸。朱祐樘几

次前来问视学业,他率领宫僚趋走迎送,娴于礼节。朱祐樘和大臣们都相信,眼前的这位皇太子将来会成为一代贤明之君,朱祐樘更是一心想把自己这个"独苗儿"培养成太祖朱元璋那样的文武兼备的旷世圣君,所以朱厚照不但是知书达理,还有尚武之习,像少年时候的王阳明一样喜欢骑射游戏。朱祐樘自然也注意到了这一点,他恐儿子玩物丧志,在病逝前一天,特意把内阁大臣刘健、谢迁、李东阳召至乾清宫暖阁,委以托孤的重任:"东宫聪明,但年尚幼,好逸乐,先生辈常劝之读书,辅为贤主。"

但朱祐樘不知道,在一套恶的体制中,在毫无监督和制约的权力下,不变坏是很难的——人很难遏制心中的恶,特别是这恶能带给自己非同寻常的满足与快感。

15岁的朱厚照即位后,改1506年为明武宗正德元年,从此开始了他闹剧般的帝王生涯。凭借手中至高无上的权力,朱厚照自然不用装样子给别人看,可以随心所欲、为所欲为了,其贪玩好动的本性不久就暴露了出来。他废除了尚寝官和文书房侍从皇帝的内官,以减少对自己行动的限制。为皇帝而设的经筵日讲,他更是以各种借口逃脱,根本就没听几次。后来更是连早朝也不愿上了,为再后来世宗、神宗的长期"罢朝"开了先河。诸位大臣轮番上奏,甚至以请辞相威胁,但小皇帝总摆出一副宽厚仁慈的样子,认真地回答说"知道了",实际上依旧我行我素。大臣们也无可奈何,到了后来,只要朱厚照不作出什么出格的事,大臣们干脆不再管他,可见少年朱厚照之顽劣。

朱厚照就是这样一个皇帝:他想打破加在他身上的某些禁锢,想按照自己的真实想法办事,即使这违背了历朝祖训、社会习惯也在所不惜。当然，狼与狈从来都是"并肩作战"的，朱厚照之所以会从一个知书达理、聪明懂事的小皇子"蜕变"为一个无所不用其极的享乐主义者，除了体制上的原因，跟他身边的"狈"也是大有关系的：前者是主因，后者是诱因。

太子东宫的随侍太监中，有八个太监号称"八虎"，其中以刘瑾为首，为了巴结朱厚照这位日后的新皇帝，每天都进一些奇特的玩具。还经常组织各式各样的演出，各种体育活动，以致当时的东宫被人们戏称为"百戏场"。试想年幼的武宗如何能抵御这些东西的诱惑，于是就沉溺于其中，而且终其一生没有自拔，学业和政事当然也就荒废了。

在刘瑾的引导下，朱厚照玩得越来越离谱。先是在宫中模仿街市的样子建了许多店铺，让太监扮做老板、百姓，自己则扮做富商，在其中取乐。后来又觉得不过瘾，于是又模仿妓院，让许多宫女扮做粉头，朱厚照则挨家进去听曲、淫乐，偌大一个皇宫被搞得乌烟瘴气。

对于这些，《明史·刘瑾传》当中是这样记载的："（刘瑾）与马永成、高凤、罗祥、魏彬、丘聚、谷大用、张永并以旧恩得幸，人号'八虎'。而瑾尤狡狠。尝慕王振之为人，日进鹰犬、歌舞、角觝之戏，导帝微行，帝大欢乐之，渐信用瑾，进内官监，总督团营。孝宗遗诏罢中官监枪及各城门监局，瑾皆格不行，而劝帝令内臣镇守者各贡万金。又奏置皇庄，渐增至三百余所，畿内大忧。"

朝中大臣们见自己的主子变成了一个混不吝的"潇洒帝"，很为国家的前途担心，照这样发展下去，国将不国啊！于是，一场忠心耿耿的大臣与"地痞流氓"组成的太监之间的生死战一触即发。

失败的"斩虎行动"

话说以刘瑾为首的"八虎"对朱厚照的挑唆利诱引起了忠心爱国的大臣们的强烈不满,于是刘健、谢迁、李东阳等朝中大佬相继上书请杀刘瑾:皇上视朝太迟,免朝太数,奏事渐晚,游戏渐广……经筵、日讲都停了,只是玩鹰、犬、狐、兔,使圣学久旷,正人不亲,直言不闻,下情不达,民生困苦而莫伸,政事弊坏而莫救。现在,风雨飘荡,雷霆震怒。正殿枭吻及太庙脊兽,天坛树木、禁门房柱各有摧折或致烧毁。天心示警,伏愿陛下惕然醒悟。

正德说,知道了。然而,半句也听不进去。

于是,大臣们再上疏:近者地动天鸣,五星侵犯,星斗昼见,白虹贯日,群灾叠现,并在一时。诸司弊政,日益月增,百孔千疮,随补随漏……任情作弊,谗谤公行,奸邪得计,变乱黑白,颠倒是非!人怨于下而不知,天变于上而不畏。结论是赶紧罢黜宦官。

但朱厚照哪里肯听,不但不听,他是感觉听烦了、听厌了。于是他决定甩开这些讨人嫌的老古董们,由心腹宦官们直接办事。大臣们再上抗议书,朱厚照是理都不理了。

一次退朝之后,户部尚书韩文竟然一个人在紫禁城门口呜呜哭了起来:"想我身为朝廷命官,却被一帮太监打压欺负,连皇上也听不进我的劝告，我活着还有什么用啊……"

户部郎中（财政部司长）李梦阳看到此情此景，有些气不打一处来："想咱们科举当官，就是为了为国家出谋划策，为百姓管理事务，你哭有个鸟用啊！"

"那你有什么计策？"

李梦阳高声道："只要言官联名上疏、弹劾刘瑾，朝中大臣死力坚持、诛杀阉党，区区几个没毛儿的太监，有什么好害怕的！"

第二天退朝，韩文和六部九卿大小官员密议，众人同仇敌忾，都认为天下兴亡匹官有责，便展开了新一轮的联名上疏。朱厚照拿着由文坛领袖李梦阳起草的奏疏，看了又看，当场被华丽且严厉的奏疏征服，饭也吃不下去了。在和司礼监几个宦官商量一番之后，决定把刘瑾逐出京城、遣送南京。

刘健等人听说后反复陈述不可，一定要斩草除根。兵部尚书许进说："狗急跳墙，咱们可不能把那些狗太监们逼得太急了，事情最好一步一步来。"刘健还是坚持要处死刘瑾，不留后患。一向比较正直的司礼监太监王岳将刘健等人的意见转告朱厚照，并力挺这些大臣。在舆论的强大压力下，朱厚照只好答应次日早朝下旨逮捕刘瑾。刘健听说后，与众人约定早朝时伏阙面争，诛杀刘瑾，王岳为内应。

然而，所有的奏章都得经过吏部签署，此时的吏部尚书正是对刘健、谢迁等人恨之入骨的焦芳。于是，他立刻派人向刘瑾报警。大惊失色的刘瑾带着"八虎"连夜进宫，环跪于朱厚照四周，磕头痛哭，说："非上恩，奴才们都得去喂狗。"见朱厚照有

些心动,刘瑾趁机反咬一口:"王岳想害奴等,狗、马、鹰、兔,王岳献过没有?现在单追究我们。其实他勾结朝中大臣,目的是要制约皇上您的进出行动。为此,他必须先除掉奴等对皇上忠心耿耿之人,扫除障碍。"

朱厚照听说有人要限制他自由,立马变色,当即任命刘瑾为司礼监掌印,马永成掌东厂,谷大用掌西厂,抓捕王岳,解送南京孝陵种菜。

次日,即1506年10月28日,群臣早朝,大太监李荣出来告诉大学士和其他廷臣,皇帝说刘瑾等把皇帝从小服侍到现在,不忍立即处理,以后慢慢亲自决定八个太监的命运。大学士们自然知道个中含义,便集体提出辞职,说:"夫人君之于小人,若不知而误用,其失犹小,天下尚望其能知而去之。若既知而不治,则小人狎玩,愈肆奸邪,正人危疑,被其离间,天下之事无可复为,必至乱亡而后已。且邪、正必不两立。今满朝文武、公卿科道,皆欲急去数人,而使之尚在左右,非但朝臣尽怀疑惧,而此数人亦恐不能自安。上下相疑,内外不协,祸乱之机,皆自此始。"

说的既对且好,但凡有点责任心的人都会被感动、说服。但朱厚照就有魄力批示:李东阳得留任,刘健、谢迁等其他大臣都回家种地去吧。李东阳再次上疏乞退,圣旨下:"自陈休政,臣下职也。黜陟人才,朝廷公论,卿勿再辞。"为什么不让李东阳走呢?这是刘瑾的主意。第一,李东阳在倒刘活动中态度并不激烈;第二,前朝老臣要是一个不留确实也有些过分。

在送别昔日的战友时,李东阳泣涕涟涟,刘健正色道:"你哭个什么劲儿！如果当时你跟我们一块力争，咱们今天不就可以一起离开了！"不过后来的事实证明，留下的作用远远大于离开，直面黑暗所需要的智慧和勇气远胜于逃避。

北京的官员经此打击大都噤若寒蝉，沉默是金了。南京的六科给事中接过大旗，全部站了出来，集体提出辞职。刘瑾恼羞成怒，竟派锦衣卫前往南京，将为首的戴铣等二十多人押解至京，集体享受廷杖待遇，戴铣被活活打死。

接着，以蒋钦、薄彦徽牵头的南京十三道御史跳了出来，联名上疏，要求朱厚照罢免刘瑾，委任大臣。已经得势的刘瑾大手一挥，一律"廷杖除名"。按照明朝的传统，廷杖时可以用棉絮裹身的，但在刘瑾这儿必须脱了裤子打。而且，刘瑾训练打手很有一套，对狠手的要求是：做个皮人，里面塞上砖头，打下去皮子完好砖头粉碎；对轻手的要求是：在皮人外面裹上一层纸，重重地打下去，纸不许破。行刑时就看监刑太监的暗示：脚站成外八字就往轻了打，站成内八字就往死里打。于是，"蒋钦"这个名字从浩如烟海的历史残卷中脱颖而出，让人在无尽的黑暗中看到了一丝希望。

御史蒋钦在给朱厚照的奏疏中说："现在全国都感到寒心，惟独陛下你还把他放在身边使用，这是不知道左右有贼而把贼当成了心腹。请陛下亟诛刘瑾以谢天下，然后杀臣以谢刘瑾。使朝廷以正，万邪不入，则系臣之所愿！"

这是要一命赔一命，刘瑾在看到奏疏后恼羞成怒，马上蒋钦就又被打了三十大板，扔进监狱。在监狱中蒋钦继续写道："请陛下将臣与刘瑾比较一下，是臣忠还是刘瑾忠？臣的骨肉都被打

烂,涕泗交流,72 岁的老父也顾不上赡养。然臣死不足惜,所惜者,陛下随时可能遭受亡国丧家之祸!望陛下杀掉刘瑾,悬首于午门,使天下都知道臣蒋钦直言敢谏,知道陛下英明果断。如果陛下不杀此贼,就请先杀臣,臣宁可与龙逢、比干同游于地下,亦不愿与此贼并生于世!"

蒋钦此疏,字字泣血,忠心毕现,览之者无不动容。可惜他遇到的是一个流氓皇帝和一个流氓太监,结果这奏疏又换来三十军棍,三日后蒋钦卒于狱中。至此,忧国忧民的明朝官员们发动的"斩虎行动"是彻底失败了,明朝也迎来了它历史上最为黑暗的一段岁月,一个由被金钱与权力扭曲的人所把持的"异度空间"。

越是有才华的人,越是得不到朝廷的重用,越是鸡鸣狗盗之辈,越能在官场吃得开,这几乎已经成为一条"官场铁律"。有人说,这是因为读过几本书的文人们,他们是过于狂妄了,竟然不把皇帝老子看在眼里,竟然不懂得怎么拍马屁,怎么讨好主子——得不到重用也是活该,被乱棍打死也是活该!但我想说,就是因为趋炎附势、溜须拍马的御用文人们太多了,所以那些才智出众的文人才很难得志。

从某种角度来说,王阳明其实是幸运的,他生活的那个时代虽然不乏朱厚照、刘瑾式的鸡鸣狗盗、蝇营狗苟,但终究还没到万马齐喑、一片沉默的程度。明朝的文官还是有些铁骨的,虽然他们生活于极权之下,虽然时代的局限使他们并不知道如何从根源上去终结这千年的极权与暴力,但他们相信良心,相信正义,他们有真正的信仰!任何真正的信仰,总是以尊重每个人的人格与生命为前提的，任何真正的信仰，总是关乎爱与慈悲、智慧与救赎的。如果一种"信仰"，它认为暴力和杀戮可以从根源上解决我们人类社会当中的所有问题，并最终让所有人获得平等、自由与幸福——那毫无疑问，它一定是法西斯式的"解决方案"。

中国古代的文人们、官员们多是信仰儒家的，虽然历朝历代的统治者为了禁锢人民的思想，为了消弭人民头脑当中的造反意识，为了造就逆来顺受的顺民而屡次改造儒家学说，使它离孔孟颜曾越来越远，但公平与正义，可以说一直是高悬在所有中国人头顶的达摩克利斯之剑。如果这最后的公平与正义也消失了，如果对天命与自然（或者说诸神）的敬畏也彻底消失了，可以想见，那必然会造就一个唯金钱与权力至上的、毫无道德与正义的时代，一个很难自我维持的时代。

那么，看着朝廷上下鸡飞狗跳，看着朝中大佬们失业的失业，跑路的跑路，中层官僚上书的上书，拼命的拼命，一片热火朝天，你死我活，王阳明这时候在干嘛呢？

心中无碍，监狱何在

看着朝中风云突变的形势，时任兵部主事的王阳明一直在冷静观察。他不想像蒋钦那样一条道走到黑，也不想像戴铣等人那样无辜送命，跟刘瑾、朱厚照这样的流氓无赖硬碰硬显然是不成的，那只会激怒他们，激化问题和矛盾。刘瑾、朱厚照等人现在

是手握重权，军队东西厂监狱等国家机器都是他们手里的武器，面对这样的强大对手，如果其他人手里没有能够进行有效反击的武器，那就只能智取了，千万不能硬来。

王阳明是如何进行反击的呢？

在戴铣等人被押赴进京之前，他上了一道精彩绝伦的奏疏——《乞宥言官去权奸以章圣德疏》：

> 臣闻君仁则臣直。大舜之所以圣，以能隐恶而扬善也。臣迹者窃见陛下以南京户科给事中戴铣等上言时事，特敕锦衣卫差官校拿解赴京。臣不知所言之当理与否，意其间必有触冒忌讳，上干雷霆之怒者。但铣等职居谏司，以言为责；其言而善，自宜嘉纳施行；如其未善，亦宜包容隐覆，以开忠谠之路。乃今赫然下令，远事拘囚，在陛下之心，不过少示惩创，使其后日不敢轻率妄有论列，非果有意怒绝之也。下民无知，妄生疑惧，臣切惜之！今在廷之臣，莫不以此举为非宜，然而莫敢为陛下言者，岂其无忧国爱君之心哉？惧陛下复以罪铣等者罪之，则非惟无补于国事，而徒足以增陛下之过举耳。然则自是而后，虽有上关宗社危疑不制之事，陛下孰从而闻之？陛下聪明超绝，苟念及此，宁不寒心！况今天时冻沍，万一差去官校督束过严，铣等在道或致失所，遂填沟壑，使陛下有杀谏臣之名，兴群臣纷纷之议，其时陛下必将追咎左右莫有言者，则既晚矣。伏愿陛下追收前旨，使铣等仍旧供职；扩大公无我之仁，明改过不吝之勇；圣德昭布远迩，人民胥悦，岂不休哉！
>
> 臣又惟君者，元首也；臣者，耳目手足也。陛下思耳目之不可

使壅塞，手足之不可使痿痹，必将恻然而有所不忍。臣承乏下僚，僭言实罪。伏睹陛下明旨有"政事得失，许诸人直言无隐"之条，故敢昧死为陛下一言。伏惟俯垂宥察，不胜干冒战栗之至！

纵观这封奏折，它表面用语委婉，言辞平和，基本上是很和谐的，实则暗藏玄机，绵里藏针。而且，王阳明绝口不提刘瑾俩字，只说戴铣等人触怒了皇上是不应该的，但作为言官，他们的职责就是劝诫您，即使说错了，您也要多包涵包涵，以开忠说之路。现在您派锦衣卫（虽然天下人都知道这是刘瑾的主意，但王阳明不能明说）把他们拿解赴京，群臣皆以为不当，却无人敢言，是怕得罪了您，受到相同的处罚而增加您的过错（真有同理心，真能切实为他人着想）。但长此以往，再有关乎国家安危的事情，皇上还能从哪儿听到谏议？全文没有一句"去权奸"的话，没有作任何声讨宦官的努力。显然，王阳明走的是一条"曲线救国"的迂回之路——保护了言官，自然就压制了权奸。

虽然王阳明这道奏疏写得是潇洒、漂亮，很懂得说话的政治艺术，那个分寸拿捏得恰到好处，既搔到了朱厚照的痒处又避开了刘瑾恶狠狠的目光，但王阳明显然看错了刘瑾——他不是政客，而是流氓。耍流氓还用讲道理吗？我是流氓我怕谁！如果给你讲道理，那简直是"玷污"了流氓俩字，那就不配被称作流氓了！

奏折送上去不久，态度并不激烈的王阳明就被"廷杖四十"，也就是在午门外当着众人的面光着屁股挨四十军棍，既折磨你的肉体又羞辱你的灵魂，双管齐下。只见四十军棍下去，那打的真是皮开肉绽、好不实在。紧接着，出气多、入气少的王阳明就被

扔进了诏狱——关押政敌、持不同政见者的监狱。

说来凄惨,王阳明自1499年考中进士,先是观政工部,然后授刑部主事,1502年告病而归,1504年返京,1506年下狱,在官场的时间总共不过六年,却因一次态度并不怎么激烈的上疏而被打、被下狱,实在令人寒心!

朝为堂上客,暮为阶下囚,社会身份的巨大反差让王阳明有些发懵,他突然之间有点儿不明白这一切是怎么回事了。12月的北京寒风刺骨、哈气成冰,望着监狱的四壁,嗅着空气中弥漫着的令人绝望的冷酷味道,微弱的月光从狭小的窗口洒进阵阵寒意。这是王阳明生平头一遭进局子,当然也是唯一的一次,他第一次体验到了失去自由的滋味。或许人就是这样,唯有失去,才能懂得珍惜;唯有历经磨难,才能看清什么才是真正值得自己去追求的东西。

因在狱中,王阳明想起了疼爱自己的祖母,想起了刚直不阿的父亲,想起了柔情似水的妻子:在平凡的日常生活中,你已经习惯了和你所爱的人的相处,仿佛日子会这样无限地延续下去。忽然有一天,你心头一惊,想起时光在飞快流逝,正无可挽回地把你、自己所爱的人以及你们共同拥有的一切带走。于是,你心中升起一种柔情,想要保护你的爱人免遭时光的劫掠。你还深刻感到,平凡生活中这些最简单的幸福是多么宝贵,有着稍纵即逝的惊人的美……

想着过往的点滴,想着家人的期盼,想着国家的未来,王阳明久久不能入睡,于是在狱中写下了《不寐》这首诗:

天寒岁云暮，冰雪关河迥。
幽室魍魉生，不寐知夜永。
惊风起林木，骤若波浪汹。
我心良匪石，讵为戚欣动！
滔滔眼前事，逝者去相踵。
崖穷犹可陟，水深犹可泳。
焉知非日月，胡为乱予衷？
深谷自逶迤，烟霞日悠永。
匪时在贤达，归哉盍耕垅！

"归去来兮！田园将芜，胡不归？"

在苦难当中，人的第一反应莫不是逃离这苦难。但若逃无可逃呢？就只能承受那苦难了，无论你甘心与否。在承受这苦难的过程中，你可能被摧毁，也可能完成属于你的"进化"：痛苦是性格的催化剂，它使强者更强，弱者更弱；仁者更仁，暴者更暴；智者更智，愚者更愚。苦难可以激发生机，也可以扼杀生机；可以磨炼意志，也可以摧垮意志；可以启迪智慧，也可以蒙蔽智慧；可以高扬人格，也可以贬抑人格——这全看受苦者的素质如何。

苦难一方面能加速人的成熟，另一方面也会消磨人的意志，它可以使你获得"第一手"的人生经验，也可以使你因痛苦而趋于麻木。正是这"受苦者素质"的不同，造就了"英雄"与"龌龊"之结果的不同。

在狱中，王阳明想到了曾经坐过牢的周文王，曾经断过炊的

孔夫子，想到那遭到放逐的屈原，那承受腐刑的太史公……就像孟子说的："天将降大任于是人也，必先苦其心志，劳其筋骨，饿其体肤，空乏其身，行拂乱其所为，所以动心忍性，曾益其所不能。人恒过，然后能改；困于心，衡于虑，而后作；征于色，发于声，而后喻。入则无法家拂士，出则无敌国外患者，国恒亡。然后知生于忧患，而死于安乐也。""生于忧患，死于安乐"，诚哉斯言！

想到这里，王阳明竟然有些释然了，从苦难中奋发、崛起，这不正是自古以来的圣贤们所共同走过的道路吗？今天，终于轮到自己来走这条路了，所以又有什么好抱怨、好委屈的呢？时代赐予我的苦难，正是时代赐予我的财富。

……

王阳明静静坐在暗无天日的监狱当中，但在他心中，似乎春风和阳光就在那里，不来不去。他感觉自己的心似乎越变越大了，大得跟整个宇宙连为了一体，"俯仰天地间，触目俱浩浩"，他似乎懵懵懂懂明白了陆九渊所说的"我心即宇宙，宇宙即我心"是什么意思。

人的感觉是很奇怪的，一旦你心中的困惑消失了，似乎所有的问题都只是一场梦幻，是你"无中生有"把它们臆造出来的。一旦梦醒了，它们也就随风消散了。

"朝闻道，夕死可矣。"原来孔子这句话竟毫无夸张之处，事实就是如此，一旦胸中块垒浇除了，一切就是这么简单、自然、安乐……

第七章 生死之间，龙场悟道

1507 年夏天，因身受廷杖而导致重伤的王阳明在监狱里待了五六个月之后，终于出狱了。说他出狱不是说他没事儿了，不是说刘瑾放过他了，而是朝廷对他的最终判决书下来了：贬为龙场驿驿丞。在解释这个"龙场驿驿丞"之前，我们先插一句，刘瑾确实曾打算放过王阳明，但有一个前提，那就是王阳明必须"弃明投暗"，必须选择站在阉党这一边。

刘瑾在严酷打击文官的同时，也急需树立"投诚"的标兵，以分化敌人。当时，只要王阳明提笔给刘瑾写一封悔过书、效忠信，那之前的事儿就能一笔勾销，不但可以即刻出狱，而且还能升官晋爵。但以做圣贤为己任的王阳明怎么可能做出这种违背天地道义、心中良知的事儿呢！

见王阳明是铁板一块，刘瑾打算从王华身上打开缺口，虎毒不食子，做老子的不可能对自己的孩子见死不救吧？于是刘瑾几次暗示王华，只要王华去刘府一趟，好好唠唠，不仅王阳明可以平安无事，他父子俩还可以得到升迁。但生性耿直的王华就是不去，这终于惹恼了刘瑾，他不但把王阳明痛打一顿后投进了大牢，还将王华贬官南京。

生死未卜逃生路

这个"龙场驿驿丞"是个什么官职呢？

"驿"就是驿站，就是古时候供传递文书的人员、官员来往以及运输等中途暂时休息、住宿的地方，就相当于我们现在政府开设的招待所。"驿丞"很简单，就是招待所所长，一个连品级都没有，连七品芝麻官都算不上的不入流的官职。"龙场"是地名，在现在的贵州省修文县，离贵阳大概40公里，在明朝的时候，这个地方属于那种"蛮荒之地"，说把一个人发配边疆，就是发配到这样的地方去（用现在的话说，就叫做"鸟不拉屎的地方"）。

虽然是被发配边疆，但比起被刘瑾害死的戴铣、蒋钦等人，王阳明确实是幸运多了，能够活下来，这本身就是一种胜利——任何艰难困苦对于志在成圣成雄的人来说都只是培训进修——只要能活下来。

据说，不死的囚徒比任何人都富有梦想。出狱之后的王阳明沿着京杭大运河乘船一路南下，来到杭州，他本想先回余姚老家看望年已88岁的老祖母，但刘瑾没给他这个尽孝的机会。刚到杭州，王阳明就感到自己被刘瑾派来的锦衣卫盯上了。既然"合法"的廷杖没有把你打死，那就用"非法"的暗杀吧，刘瑾是"不相信眼泪的"，他的逻辑很明确是黑社会规矩：要么是我的朋友，立即升迁；要么是我的敌人，必置于死地。或许我们不知道，刘瑾这个人其实还有一个优点，那就是爱才。在当年他还是太子朱厚照身边的一个普通小太监的时候，他就听说了状元王华的大名，得势之后，便想将其归为己用。虽然王华、王阳明父子是可用之才，但既然他们不能为我所用，那就杀之而后快。

而刘瑾之所以在王阳明出京之后才决定追杀他，极有可能是王阳明出狱后的一系列活动使刘瑾感到腻歪，要不然，恐怕王阳明早就死在狱中了：王阳明出狱后与湛若水、汪抑之、崔子钟等文人诗酒唱和、感慨时事，并写下了"林风正萧瑟，惊鹊无宁枝"等影射太监乱政的诗句；并且像日后的任何大独裁者反对文人抱团一样，太监刘瑾也是最腻烦文人结团成党的。

权力是绝对的，思想是相对的；权力是钳制的，思想是敞开的；权力是守成的，思想是改革的。可以说，对于传统社会而言，任何独立性的思想都带有"颠覆性质"。所以，真正的思想者，就其本质来说都是"异端"。他们虽然各各借了文字符号的形式，无声地显示单个存在，然而，一旦破译出来，仍然无法逃脱"国民之敌"的恶名，从而遭到合理的诛杀——思想是危险的，无论对于统治者，还是思想者自身。

现在，抨击时政的王阳明显然是一个"异端"，是应该将其诛杀的。而王阳明为了避免连累家人，他到杭州之后叫家童先回余姚报信，自己则暂避城外的胜果寺。

月黑风高夜，杀人放火天。想着凶险莫测的前路，回想36载的人生路，王阳明辗转反侧，难以入眠，于是他索性起身，凝神默思。蓦地，他来到墙边，大笔一挥，一首《绝命诗》写在了壁上：

> 学道无成岁月虚，天乎至此欲何如。
> 生曾许国渐无补，死不忘亲恨不余。
> 自信孤忠悬日月，岂论遗骨葬江鱼。
> 百年臣子悲何极，日夜潮声泣子胥。

　　是非之地不宜久留，写完诗，王阳明立刻穿戴整齐，来到了钱塘江边。他将冠戴朝靴等脱下，然后乘上一艘事先约好的商船，急速往东海驶去。第二天天色放亮，两名锦衣卫进房察看，已不见了王阳明的踪影。四下搜寻，来至江边，见到王阳明的衣帽鞋袜，又联想到壁上题诗，便断定王阳明已投水自尽，于是匆忙返回，报告刘瑾。

　　却说商船驶出杭州湾，在舟山停泊。这一夜狂风大作，波浪连天，商船被刮到了福建沿海，在福州东郊的鼓山停了下来。王阳明没敢久留，立即弃舟登陆，循着小路往西狂奔而去。天色渐晚，一座寺院出现在眼前。晨钟暮鼓总是能让人找到心灵的归宿，王阳明稍稍心安，上前拍打山门，请求留宿。没承想开门的和尚正眼都没瞧他一下，就一口回绝了。人家不收留，就只能继续赶路了。也不知过了多久，夜色朦胧中，一座墙塌壁残的破庙出现在眼前，奔波了一整天的王阳明早已筋疲力尽，根本顾不上害怕了，他大步迈进庙中，双腿一软，倒头便睡。

　　梦里不知身是客，一晌贪欢。王阳明睡得很熟，如果就这样一直睡下去再不醒来倒也不错，至少不用亡命天涯、担惊受怕了。从被廷杖到入狱，从离开京城到躲避追杀，他实在是太累了，身体上的，精神上的。官场如战场，王阳明的心已是千疮百孔，疲惫不堪，只沉沉入了梦境……

突然，一声低沉的吼叫将王阳明从梦中惊醒。他定睛一看，却是一只斑斓猛虎，正朝自己一步步逼近！王阳明绝望了，他只能闭上眼睛，听天由命了。一秒，两秒，三秒……随着时间一点一滴过去，王阳明心中的恐惧也一点一滴加深。

老虎的吼声是越来越近、越来越近……王阳明根本不敢去想眼前的情形，一种从未经历过的巨大恐惧似乎要将他碾碎，他紧紧地闭着眼睛。老虎越来越近、越来越近……王阳明感觉全身的肌肉都僵住了，呼吸似乎也停止了，脑子里只剩下一片空白——除了前所未有的恐惧。

"你在害怕什么呢？"

"我怕死！"

"面对死亡，你无处可逃，无论你是否害怕。"

"是啊，我是无处可逃。"

这样想着，王阳明似乎忘记了恐惧。

"死亡，在哪里呢？"

"死亡在哪里？死亡……"王阳明喃喃着。

"死亡，就在你身体里面，从你生下来就早已注定。"

听到这里，王阳明的整个观念似乎完全翻转过来："是啊，出生，就注定着死亡，我们能逃到哪里去呢？无处可逃！死亡，它是一种深黑的空无，当然，这种空无是在活着的时候就可以体认到的。你不需要等到肉体死亡，只需放下对身体的执着就对了。你将会发现真正的死亡是什么，你会认清你根本不是你的身

体,然后你对身体的执着就不见了。你会明白不再跟肉身联结的滋味是什么。就算真的面临死亡,你也会清楚地觉知你并不是自己的身体,因为你的意识仍然健在,只是肉身不见了。然后你就会明白——死亡也只是一个转化过程。"

想到这里,一刹那间,王阳明心中的恐惧彻底消失了,他只感觉自己的心愈升愈高、愈升愈高,最后,仿佛置身云端,笼罩在一片强烈而又温柔的光明当中。

……

不知道过了多长时间,似乎是一辈子那么久,又似乎只一眨眼的功夫,王阳明睁开了眼睛。奇迹发生了,老虎并没有伤害他,只叼着他的行李走开了。

这一番死里逃生,王阳明再也难以入睡,好不容易挨到天亮,昨夜将他拒之寺外的和尚却来了:"近日常有歹徒在山中抢劫,是以寺中不敢收留陌生人过夜。"接着又问他昨晚是否遇到老虎。原来,山中时有猛虎出没,这座破庙早已成为虎穴。

王阳明暗暗生气:你早知此地凶险,却硬不让我进寺。如今并非来向我道歉,而是看我是否已入虎口,好取我行李罢了!便将昨夜遭遇添油加醋描述了一番,只惊得和尚目瞪口呆,嘟囔道:"你一定不是常人!"说着,连拉带扯将王阳明拉出破庙外,来到寺中。

这是一座很大的寺庙,一边靠海,一边临江,林木参天,建筑古朴。王阳明突然醒悟:这不是千年古刹涌泉寺吗?没想到名寺之中也有如此卑劣的僧人,可见世道人心到了何等不堪的地步。王阳明在僧人的引导下来至后殿,却见一个道士盘腿而坐,屏息凝神。王阳明一愣：这不是二十年前，自己新婚之夜跑去铁柱宫，与之彻夜长谈的那个道士吗！

"万里他乡遇故知，道人还识在下否？"

道士听见动静睁开双眼，一见是王阳明，眸子里露出惊喜的神色，随即淡淡一笑，起身下榻："二十年前曾见君，今来消息我先闻。"

和尚莫名其妙地瞅瞅王阳明，又看看道士，真是丈二和尚摸不着头脑，一脸狐疑地下去张罗饭菜了。和尚一走，王阳明便将自己的遭遇如此这般地说了一番，道士不断点头，道："那你今后有何打算？"

王阳明叹了口气："孔子言，'危邦不入，乱邦不居'，我打算从此隐姓埋名，远遁深山，在这绿水青山处枕石漱流，参悟造化，独善其身——移家便住烟霞壑，绿水青山长对吟。"

道士摇头笑道："即使你能独善其身，你的全家老幼呢？若刘瑾迁怒于他们，将你父亲下狱，严刑拷打，如之奈何？"

王阳明闻言额上渗出汗来。道士又道："你志存高远，胸怀天下，区区微祸，又何足道哉？！"

王阳明说要浪迹江湖原本就是气话，听道士这么说不禁雄心又起，但觉长风破浪，直挂云帆，满腔豪气汹涌而出。于是王阳明毅然决定出山，重返充满荒诞和希望的人间，并当即提笔濡墨，向着白壁书道：

    险夷原不滞胸中，何异浮云过太空。
    夜静海涛三万里，月明飞锡下天风。

只要活着,就有希望

却说王阳明别过道士,经武夷山到鄱阳湖北上,然后到南京去看望父亲。此时,京城里正流传着"挺身斗虎"的王阳明在钱塘江投水,又在福建起死回生的神话。信以为真的人告诉王阳明的好友湛若水,湛哑然失笑,说"此佯狂避世也",他同时也笑世人喜欢"夸虚执有以为神奇",哪里能懂得王阳明这一套虚虚实实的艺术。湛还作诗总结王阳明的这种"艺术":佯狂欲浮海,说梦痴人前。他显然是不相信王阳明沉江至福建复出的神话的。

王阳明的家人显然很为他的生死担心,数月不见,经历了官场变故和"丧子之痛"的王华明显老了许多。望着父亲斑白的鬓角,王阳明深感愧疚,自己少时顽劣,现在又身遭此祸,真不知道父亲为自己操了多少心。刚正不阿的王华当然不会怪儿子"挺身斗虎"了,曾经嫌"小阳明"太调皮的王华倒对眼前这个"大阳明"相当满意,他甚至为拥有一个这样的儿子而骄傲。于是"父不怨子惹事,子不怪父不救",父子相见,尤其是经历了几乎是生死变故的重逢,当然会感慨万千。

见王阳明与自己交谈时咳嗽不止,王华有些担心:"你的肺病越发厉害了,以目前的情况,去贵州这样的边地做个小吏肯定是送命。既然处分已经下达,风头早已过去,倒不如从容些,养好了病再去,肺病只宜静养。"

王阳明听从了父亲的建议，他折回杭州，先住在南屏山的静慈寺，再后来又移居到胜果寺，在凉爽宜人的松林、寺庙中度过了这一年的春和夏。在这人间天堂过心魂相守的宁静的书生日子，是王阳明发自内心的愿望。"把卷有时眠白石，解缨随意濯清漪"，这种冰雪文字是心存富贵的功利人写不出来的。"便欲携书从此老"是他此刻真实的心声，若没有这种淡泊的心境，恐怕他也做不出惊天动地的功业，淡泊养"义"，因义生的"利"才是好"利"。当然，也只有这样静静养心，才能养病。

　　在杭州，余姚的三个年轻人有幸成为王门第一批弟子，他们是徐爱、蔡宗兖、朱节，并且正式举行了拜师礼（在当时，只有举行了这种拜师礼才算正式入门为弟子，否则只能算私淑，算业余的学生）。因为当时，王阳明的事迹早就在余姚等地流传开了，此次上书遭贬，一番奇遇，更增加了他的传奇色彩，所以三个年轻人决定拜王阳明为师。王阳明见三人均是可造之材，便答应了。当然，王阳明正式授徒的更深切的原因是他已意识到，官方的做法、死板的科举制度已经将孔孟圣学异化为学子进身仕途的应试教材、敲门砖，儒学的精义已经被彻底遗忘了。只有自己另起炉灶，创立自己的学说，并在这种学说的指引下建立一支具备良好价值观的干部队伍，才能使孔孟圣学真正复兴起来。王阳明正式授徒，这是阳明心学开始在社会上流传的标志，并在之后的岁月中逐渐壮大。

　　诸事已毕，王阳明再无挂念，领着三个仆人直奔贵州龙场。虽然古代效率极低，时间感觉与我们现代大不相同，但依然"事不过年"，所以他一定要赶在年底之前到达龙场，不然没法向朝

廷交代。一路跋山涉水，翻山越岭，当然不会那么舒服，王阳明自我调侃道：山行风雪瘦能当，会喜江花照野航。

虽说这风尘仆仆的滋味并不好受，但沿途还是有许多正直的地方官员、士大夫、求学士子邀请已经在官场中有些口碑和名望的英雄王阳明喝酒、聊天、讲学、论道。这使王阳明深感"我道不孤"，虽然前路漫漫，虽然他对龙场这个陌生的地名一无所知，但只要活着，就有希望。

到了湖南长沙之后，王阳明的情绪很好。他的学术名声因传奇性的政治遭遇而远播，湖南的学子有向他请教的，这其实搔着了王阳明的痒处。心学家染有"好为人师"这种"人之患"，湛若水笑王阳明"病在好讲学"，算知音之言。此刻的王阳明虽然"旅倦憩江观，病齿废讲诵"，但他不顾病倦，向青年们讲"贵在立志"的重要性，讲不要急功近利，"养心在寡欲"，讲要先"静"下来以培养颜回、曾点那样的境界，"孔圣故惶惶，与点乐归咏；回也王佐才，闭户避邻闼"，明白"大厦之材，必出幽谷"的道理。这是王阳明为了对治明人好名，奔竞大于沉潜的毛病而特别标举的方针。他勉励长沙学子，宋学的基地就在你们湖南，周濂溪、朱熹在湖南留下了良好的学风、学统，应该立志继承并发扬这一宝贵的"圣脉"。

极重师友之道的王阳明满怀着对宋儒的尊仰之情，决心造访大名鼎鼎的岳麓书院："昔贤此修藏，我来实仰止。"从小就志在成圣的王阳明现在已经由青年走到了中年，现在总算找着了成圣的门径，总算在患难之中尝到圣学的"精神疗救"的滋味。随着体会的加深，他对孔孟圣学越发深信不疑。他屡次提起曾点和颜

> 灵濑响朝湍，深林凝暮色。
>
> 群僚环聚讯，语庞意颇质。
>
> 鹿豕且同游，兹类犹人属。
>
> 污樽映瓦豆，尽醉不知夕。
>
> 缅怀黄唐化，略称茅茨迹。

但很快，他就没有这种闲情逸致了。王阳明没料到三个随从比自己还脆弱，没过几天就因水土不服而纷纷病倒，他得"反主为客"，反过来照顾他们。不过，王阳明并不太在意那些世俗的尊卑贵贱，他以能助人为美。仁，或者说人道情怀始终是他的人格底色，所以他一视同仁，真心对待这些下人，为他们熬药、煮粥。单是这些还不够，他又怕他们心中苦闷，给他们"歌诗"；还是闷闷不乐，他又给他们唱越地小调，家乡的声音足慰乡愁；他又给他们讲笑话、逗闷子，终于使他们忘记了疾病、乡愁、身处异国他乡的苦闷——王阳明和他们共同度过了这艰难的"适应期"，而这也训练了他后来广授门徒，因材施教，因病发药，随机点拨的特殊"教法"。

从这当中，我们也能看出王阳明这个人实干家的质地。他能够随遇而安，能够在任何条件下化险为夷，奇迹般地活下来；他既把自己当"人"，但又不像屈原、贾谊一样自视甚高，从而无法与现实妥协而自速其死。无疑，王阳明的心是豁达的、开通的，通才能不痛。即使不是自觉的，他也在暗暗应用着老子"虚己应物，应物而不伤"的"以柔克刚"法则。不得不说，虽然在行迹上，王阳明是一个借雄成圣的儒者，但在内心深处，他是一

个探心本源、遨游太虚的道人,是一个应化世间、普度众生的行者。

虽然王阳明的心是豁达的、开通的,但身处这言语不通的蛮荒之地,没有一个人可以跟他进行思想上的交流,没有一个人可以理解他的所思所想。西山采蕨,寒夜枯坐,王阳明不止一次感受到了灵魂深处的孤独,到哪里去为这颗心找个安歇之处呢?

元宵之夜,雨雪霏霏,遥想江南和北京的盛景,又添几丝愁情,王阳明兀自吟叹道:

> 故园今夕是元宵,独向蛮村坐寂寥。
> 赖有遗经堪作伴,喜无车马过相邀。
> 春还草阁梅先动,月满虚庭雪未消。
> 堂上花灯诸弟集,重闱应念一身遥。

正兀自感慨,草丛中几个探头探脑的苗彝土著走了过来。土著们已经暗中观察了王阳明很长时间,随着了解的深入,他们一致认定这个新来的驿丞还是比较靠谱的,虽然这个人经常念一些他们听不懂的句子。于是,一番叽里呱啦、手脚比划,语言不通的王阳明竟和土著们成了朋友。闲暇时,王阳明就跟这些野蛮而淳朴的新朋友们把酒言欢、一醉方休,跟流亡至此的汉人们谈天说地、论古道今。看当地人的住所都非常简陋,王阳明又利用自己当年在工部上班时学到的建筑方面的知识教他们伐木建屋,替他们排忧解难。

当地居民心地单纯、知恩图报,他们利用王阳明教给他们的方法在龙场东北的龙冈山上破土奠基、砍竹伐木，不到一个月就为这位驿丞建成了颇具规模的"驿丞之家"，里边客厅、凉亭、卧室一应俱全。

有了"家"，王阳明的"客人"也渐渐多了起来——附近的学子们听说那个"挺身斗虎，死而复生"的"神人"王阳明被贬谪至此，纷纷前来求学。这让一生热爱讲学论道的王阳明大感欣慰，不久，他就把自己这个"驿丞之家"更名为"龙冈书院"，把自己的卧室取名为"何陋轩"，取自孔子所说的"君子居之，何陋之有"。为了记述这件事，王阳明还洋洋洒洒写了一篇很长的《何陋轩记》：

昔孔子欲居九夷，人以为陋。孔子曰："君子居之，何陋之有？"守仁以罪谪龙场。龙场，古夷蔡之外，于今为要绥，而习类尚因其故。人皆以予自上国往，将陋其地，弗能居也。而予处之旬月，安而乐之，求其所谓甚陋者而莫得。

……

夷之民，方若未琢之璞，未绳之木，虽粗砺顽梗，而椎斧尚有施也，安可以陋之？

就这样，龙冈书院成了王阳明的讲坛，成了他的精神寄托。强者自度，圣者度人，王阳明用他的思想一点一滴地影响着大明朝最为偏远的山区的人们，在这里，他似乎成为了传递文明的使者。渐渐地，当地的男女老幼事无巨细都跑来请教王阳明。于是，在这深山老林里，他成了医生、讼师、职业规划师、恋爱咨

询师,成了算命先生、万能科学家……

虽然这些人问的问题千奇百怪,但王阳明一一细心解答、耐心开导,直到有一天,一位热爱真理的青年向他提出的疑问让他彻底沉默了。

这位青年向王阳明提了两个问题:其一,人到底能不能长生不老;其二,这世界上究竟有没有神。

圣人之道, 吾性自足

生与死,幻灭与永恒,想到这种终极性问题,王阳明有些怅然了。虽然他曾经超越了对死亡的恐惧,但死亡,究竟是什么呢?

锦衣玉食,功名富贵,这些世间的荣耀显然无法让一个人免于死亡,在死亡面前,似乎一切努力都是徒劳的。虽然孔子说"未知生,焉知死",但死亡,不就是生命的一部分吗?如果不弄清楚这个问题,又谈何与天地参,彻悟生命呢?

王阳明摒绝诸人,独自静坐在龙场的一个山洞内。他试图为人生做出一个完满无缺的解释,但又感觉有些力不从心。

是啊。衰老与死亡,确乎是冷酷无情的。一个人,他确乎是无法想象更无法承受自己消失之后,这个世界将继续运转下去的。有人说,人的一生就是在永恒的黑暗当中划出的一颗流星,在流星开始闪烁之前,整个世界是一片黑色的神秘,在流星湮灭之后，整个世界又将重归孤寂。

天地幽幽，物序流转，每个人都是一个渺小的、转瞬即逝的生命。

但一个人，他应该如何去认识自己呢？

想到这里，王阳明又有些茫然了。

《大学》里说："知止而后有定，定而后能静，静而后能安，安而后能虑，虑而后能得。"还是先让这颗躁动的心安静下来吧，如果一个人在森林里迷路了，他需要做的第一件事是什么？他应该停下来，并查看四周，而不是毫无目的地四处狂奔。

这样想着，王阳明感觉有些头绪了。

身体在一天当中，只是每隔一段时间才需要进食，而心却时时刻刻都需要新的刺激；若是没有刺激，心识之流片刻也无法继续下去，这种思绪完全停歇的心，就是一颗安静的心。

想到这里，王阳明感觉自己的心正变得越来越宁静，越来越安详。

他只是静静地坐着，什么都不做，什么都不想。就只是这样静静地坐着，纯粹地坐着，任思绪飘舞，任思绪停歇——只是去看着这些来而又去、去而又来的思绪，不试图终止它们，也不试图从中发现什么。

这样坐着，王阳明头脑中突然浮现出虎跑寺的一位禅师曾经对他说过的一段话：如果你的心不再对外界的事物做比较、批判和区分，你的心就有能力在每一个刹那看见事情的真相，而不企图去做什么改变。在这种观察中便存在着永恒。如果你能不思考、不评估、无好恶、不评判地看着，那么就有一双没有被过去

污染的眼睛在看。那是寂静中的观察，没有思想的噪音。

……

不知道从什么时候开始，王阳明心中的所有思绪都停止了。他像在清醒中睡着了一样，虽然无思无虑，但又能感知周遭的一切；虽然有感知，但他又不会对这感知产生任何想法，只是纯粹地坐着，感知……王阳明感到些许的怪异——仿佛自己被带进某种东西里面，正在碰触某种未知的力量……

王阳明开始为人类那些微不足道的悲伤哭泣起来，在接下来的好几个小时里他又忍不住一直微笑，后来干脆纵声大笑。他发现原来这一切是这么完美，只要我们敞开心灵如实地观照，那么每一个瞬间都是开悟。发生在他生命中的每件事、每次挣扎和恐惧，在此刻都豁然开朗——一切存在自有其意义。

接连好几天，王阳明都安住于这永恒的宁静中，他的身体飘浮，心识一片虚空。有时醒转且清明，并感受到爱与喜悦的波流不断流贯他的意识，然后内在便不断涌现清澈的体悟。

此刻，他明白自己应该做的不是弃绝世界，而是拥抱世界，尽情生活——强者自救，圣者度人。

第八章　参透生死，红尘传道

幸福的本质是自我实现，龙场悟道让王阳明找到了人生的归宿，参透了生命的奥妙。但这种开悟的狂喜能够永远维持下去吗？只要开悟，然后就可以像童话故事里说的那样：从此，他们过着幸福快乐的生活？

世上没有这样便宜的事，在描述灵修开悟之后会发生什么事儿的《狂喜之后》这本书中，作者如是说道：

开悟的确存在。人确实有可能证悟而体验到无边的自由和喜悦，进入天人合一状态，心灵融入永恒的恩宠中——这些狂喜经验比你想象的来得常见，它们并非遥不可及，同样的，它们也不会久留。悟道和觉醒让我们窥见了世界的实相，它们带来心灵的提升与转化，但它们终究过去。

当然，或许你曾读过某些经典，提到东方出现过完全证道的圣哲，或在西方有一些完美的圣人和神秘主义者。但这些理想化的故事可能会误导大众。事实上，在内心觉醒这件事上，并没有永远维持开悟这种一劳永逸的事情。在我们身上发生的悟境并非如此。

……

东方有许多受人敬重的高僧大德都说过，自己仍是求道的学

生,总是在错误中学习。就连禅学大师铃木大拙也不敢自夸已经悟道。铃木大师反而说,"严格来说,世上没有开悟之人,有的只是开悟的活动。"这句不凡的话告诉我们开悟本身无法被拥有,它只是存在于当下那稍纵即逝的自由。

……

我们都知道情人甜蜜热恋后,接着就进入婚姻过平实生活;在选举的激情过后,就要面临执政的艰难考验。烧柴洗衣灵修的生活也是如此:在体验天人合一的悟道狂喜之后,还得烧柴洗衣。

大部分灵修的故事都只描述修行者那灵光乍现的片刻或开悟,且点到为止。如果我们追问接下来的光景呢,当这些开悟之人回家去跟老婆和孩子一起生活时,会发生什么事?他能否把自己的开悟经验融入生活,保持一颗完整的心看待世界?

显然,人生如逆水行舟,不进则退:悟道只是一个开始,没有结束。

那么,龙场悟道之后,王阳明的心理状态和生活状态发生了怎样的变化呢?

知行合一的布道者

悟道之后,就该传道了。正德四年(1509年),38岁的王阳明终于度过了他在龙场的最艰难的岁月,这一年春天,贵州提学副使(相当于现在的贵州省教育厅副厅长)席书来到已是稍有名气的龙冈书院考察。

话说这个席书原来也是个不大不小的京官，但这个人书本味儿太浓，根本搞不懂这波诡云谲的官场究竟是怎么回事，结果由于触犯了官场潜规则而被"下放"到了地方。到了贵州这个蛮荒之地，席书依旧是不改书生本色，一心想着"建国君民，教学为先"，一心想提高当地老百姓的科学文化素质。于是，他就在贵阳开办了一所"全日制省重点大学"——文明书院，一心想为国家培养出一批文明人、谦谦君子、儒雅绅士。但教学大楼盖好了，席书又犯愁了：所谓大学者，非谓有大楼之谓也，有大师之谓也。但在贵州这种不毛之地，到哪里去找这教化百姓，管理学子，继往开来的大师呢？

思来想去，席书就想到了当时也在贵州的王阳明。其实俩人当年在北京城的时候就是同僚，虽说只是见面打招呼的那种，但在这里相遇还是倍感唏嘘，一起回忆起当年的峥嵘岁月。回忆完了美好的过去，就该直面惨痛的当下了，虽然俩人都是官场当中的"失意人"，正所谓"愁人莫向无愁说，说与无愁总不知"，但正因为俩人相似的处境，他们才更能理解彼此的心境，更能惺惺惜惺惺，更加珍惜这"革命友情"。于是，一脸书生气的席书就向王阳明请教"朱陆异同"，意思是考一下王阳明的学识，看他配不配当个大学教授。

看着一脸期待的席书，具有"以无厚入有间"之智慧的王阳明不正面回答他的问题，也不谈论朱陆各自的学理，他跳出那些旧框框，直接开讲自己新悟的境界，他只说了一句话："圣人之道，吾性自足，不必外求。"

席书闻言顿时目瞪口呆:"乖乖,圣人可以不学自成?!"席书一时半会儿很难领悟王阳明早已思索了三十年的问题,只好带着满腔疑问回去消化、反思了。

第二天席书骑着马又来了,又来讨教,此刻,他心中有所动,又不明白王阳明的话到底是个什么意思。显然,王阳明说的那一套搔着了他的痒处,但他又怀疑王是在用自己杜撰的意想天开的东西来故意标新立异。王阳明解释说:"我自己起初也怕有悖圣学,遂与经书相验看,结果不但与经典和合,还正得圣人本意。比如《大学》讲'止于至善'、'明德'、'亲民',其实,只要能尽其心之本体,就自然能做到这些。我们还常说君子跟小人,其实君子小人之分,只是能诚意不能诚意。一部《大学》反复讲修身工夫只是诚意,修齐治平的起点是修身。格物致知的关键在于能否意无所欺,心无所放,正其不正以归于正。人之心体惟不能廓然大公,便不得不随其情之所发而破碎了本心。能廓然大公而随物顺应的人,几乎没有罢。"

席书这次多少有点"入",但终究还是不明白,了解得不透彻,于是他又带着感悟和迷惘回去琢磨。如此往返四次,一次比一次深入,终于,席书豁然大悟,激动地说:"圣人之学复睹于今日!朱陆异同,各有得失,没必要辨析再纠缠下去,求之吾性本自可以明了。"

就这样,席书成为王阳明悟道之后第一个受教之人,他很快延请王阳明担任文明书院的"主讲教授",并率领全体师生向王阳明行拜师大礼。席书原本年长于王阳明,官高于王阳明,却终生以师礼待王阳明,此足可见阳明心学的巨大魅力。于是,一个真正属于王阳明的时代到来了。

想当年王阳明在京城讲圣学，风头完全被李梦阳等文坛领袖盖过，而此刻，自己却在贵州重放异彩。看来这人生真是福祸相依，如果不是上疏营救戴铣，便不会贬谪贵州；不贬谪贵州，便不会悟出"圣人之道，吾性自足"；不悟道，谈何"传道"呢？！

那么，王阳明在贵州传的究竟是什么"道"呢？

"知行合一"之道。对于这个观点，《传习录》中有详细记载，王阳明最喜欢的弟子徐爱曾经向他讨教这个问题：

爱（徐爱）因未会先生（王阳明）"知行合一"之训，与宗贤、惟贤往复辩论，未能决，以问于先生。先生曰："试举看。"

爱曰："如今人尽有知得父当孝、兄当弟者，却不能孝、不能弟，便是知与行分明是两件。"

先生曰："此已被私欲隔断，不是知行的本体了。未有知而不行者。知而不行，只是未知。圣贤教人知行，正是安复那本体，不是着你只恁的便罢。故《大学》指个真知行与人看，说'如好好色，如恶恶臭'。见好色属知，好好色属行。只见那好色时已自好了，不是见了后又立个心去好。闻恶臭属知，恶恶臭属行。只闻那恶臭时已自恶了，不是闻了后别立个心去恶。如鼻塞人虽见恶臭在前，鼻中不曾闻得，便亦不甚恶，亦只是不曾知臭。就如称某人知孝、某人知弟，必是其人已曾行孝行弟，方可称他知孝知弟，不成只是晓得说些孝弟的话，便可称为知孝弟。又如知痛，必已自痛了方知痛，知寒，必已自寒了；知饥，必已自饥了；知行如何分得开？此便是知行的本体，不曾有私意隔断

的。圣人教人，必要是如此，方可谓之知，不然，只是不曾知。此却是何等紧切着实的工夫！如今苦苦定要说知行做两个，是甚么意？某要说做一个是甚么意？若不知立言宗旨，只管说一个两个，亦有甚用？"

爱曰："古人说知行做两个，亦是要人见个分晓，一行做知的功夫，一行做行的功夫，即功夫始有下落。"

先生曰："此却失了古人宗旨也。某尝说知是行的主意，行是知的功夫；知是行之始，行是知之成。若会得时，只说一个知已自有行在，只说一个行已自有知在。古人所以既说一个知又说一个行者，只为世间有一种人，懵懵懂懂地任意去做，全不解思维省察，也只是个冥行妄作，所以必说个知，方才行得是；又有一种人，茫茫荡荡悬空去思索，全不肯着实躬行，也只是个揣摸影响，所以必说一个行，方才知得真。此是古人不得已补偏救弊的说话，若见得这个意时，即一言而足，今人却就将知行分作两件去做，以为必先知了然后能行，我如今且去讲习讨论做知的工夫，待知得真了方去做行的工夫，故遂终身不行，亦遂终身不知。此不是小病痛，其来已非一日矣。某今说个知行合一，正是对病的药。又不是某凿空杜撰，知行本体原是如此。今若知得宗旨时，即说两个亦不妨，亦只是一个；若不会宗旨，便说一个，亦济得甚事？只是闲说话。"

从这师徒二人的对话当中我们可以得知，在知与行的关系上，王阳明反对朱熹的"先知后行"之说。他认为既然知道这个道理，就要去实行这个道理；如果只是自称为"知道"，而不去

"实行"，那就不能称之为真正的知道，真正的知识是离不开实践的。比如，当知道孝顺这个道理的时候，就已经对父母非常的孝顺和关心；知道仁爱的时候，就已经采用仁爱的方式对待周围的朋友，真正的知行合一在于确实按照所知在行动，知和行是同时发生的。他的目的在于"发动处有不善，就将这不善的念克倒了，需要彻根彻底，不使那一念不善潜伏在胸中"。

对于朱熹的"先知后行"等分裂知与行的理论，王阳明认为很多人把大量的时间和精力花费在知上，而忽略了行，这样下去会造成浮夸的风气，于是开始强调要知，更要行。可以看出，王阳明提倡知行合一正是为了救当时朱学之偏——明朝中叶的读书人，夸夸其谈者居多，真学实干的很少，这就造成了当时浮夸、虚伪的不良社会风气。王阳明力倡知行合一，正是为了扭转这种不良风气，希望人们少谈些虚无缥缈的"主义"，多解决实际的社会问题。

王阳明之所以苦口婆心不厌其烦地强调知行合一，还有一点就是他太清楚在这个混乱的世界中，要想做到真正的"知行合一"其实难如登天。

龙场的磨难使王阳明意识到，环境的存在是不以自己的意志为转移的，要想建功立业、成圣成贤，首先必须尊重环境、顺应环境，然后利用环境、改变环境——伟大的人总是想办法改变环境，能干的人总是处处利用环境，凡夫总是说服自己适应环境，庸人总是抱怨环境。

知行合一给我们现代人的启示就是，所有成功都来自行动，只有行动才能改变你自己。

看 "哲学王" 如何当一县之长

王阳明在贵阳文明书院讲学布道差不多有一年的时间,到了1510年春天,他三年的贬谪期满,被升为江西吉安府庐陵县知县(相当于现在的县长),正七品,俗称"七品芝麻官"。

还没高兴多长时间,王阳明又开始犯愁了,原来这个庐陵县民风好讼,没事儿就去县衙里打官司。并且由于明朝的告状程序比较简单,基本不用多少时间、人力、财力成本,加之吉安地区人文荟萃,屁大点事状子能写几千字,上追尧舜、下接孔孟,好像知县不向着他判就成了千古罪人,搞得地方官不胜其烦。而如果地方官不好好处理这些案件,老百姓又会进省城、进京城告状,搞不好这地方官的乌纱帽就丢了。王阳明接手的这个庐陵县,真是一块烫手的山芋啊!

庐陵县频频爆发的上访事件终于激起了江西政坛的"官愤":告状对我省而言实属正常,但不事生产,全民告状,这也"欺官太甚"了吧!于是,大家团结一心,贯彻实施给庐陵县穿小鞋的方针政策:朝廷每年对吉安府的摊派,庐陵都得出大头,经年累月,已成为一笔沉重的负担。

这就更激起了庐陵县的"民愤":作为大明朝的国民,我们自然有纳税的义务,但你这税也不能太离谱了吧,你这不是杀鸡取卵吗!民不畏死,奈何以死惧之!于是,王阳明刚到庐陵县没几天，屁股还没坐热，几千人就哗啦啦一下子涌进来了。

眼看着有可能爆发一场性质严重的集体事件，王阳明清楚以暴制暴、以黑吃黑只会激化官民矛盾，不利于解决实质问题，便向吉安知府和江西布政使提交了一封《庐陵县为乞蠲免以苏民困事》。他在信里摆事实讲道理，请求上级有关部门减免庐陵县的赋税，如果真搞得民怨沸腾、激起民变了，那吉安府、江西省的局势可就堪忧了。到时候朝廷怪罪下来，怕谁也得吃不了兜着走。并承诺，自己可以解决好庐陵县民乱告状的问题。

两个长官本来就没指望对庐陵县的巨额摊派能收上来，主要目的还是想通过威慑迫使县民本分务农，别没事告来告去。再加上他们明白阳明也是一号人物，何不卖个面子给他？倘若真能治理得当，倒也不失为两全之策，于是便减免了庐陵县多余的摊派。县民开始觉得这个新县官还是挺够意思的，但交情归交情、告状归告状——县民该怎么着还怎么着，告状声声依旧，状子上也依旧是些张三偷了李四家两个鸡蛋，光棍儿某甲趁某乙外出而跟其老婆搞暧昧之类的屁事儿（当然，这对作为当事人的某甲和某乙，很可能是天大的事）。

看这状况，王阳明挠挠头皮，盯着飘落的头皮屑沉思了起来。很快，他就下了一道名为《告谕庐陵父老子弟书》的告示，主题就是"息讼"。他说因为我糊涂，不能听断，且气弱多疾，你们非重大事情不要来打官司。来告状的只许诉一事，不得牵连，状子不能超过两行，每行不能超过三十字。超过者不予受理，故意违反者罚。号召谨厚知礼法的老者"以我言归告子弟，务在息讼兴让"。

但告示发出并不能立竿见影,能以"健讼"著名的地方的人哪会那么好说话?舆论哗然,但王阳明就是不开门受理官司,他却发了另外一个告示:现在,瘟疫流行,人们怕传染,至有骨肉不相疗顾,病人反而死于饥饿者。然后又归咎于瘟疫,扩大恐慌。疗救之道,唯在诸父老劝告子弟,敦行孝悌,别再背弃骨肉,将房屋打扫干净,按时喂粥药。有这样的能行孝义者,本官将亲至其家,以示嘉奖。我现在正闹病,请父老先代我慰问存恤。

这种道德感动法大约见了效果,况且瘟疫也不可能一直流行下去,一段时间过后,不见再有类似的告示。这期间,王阳明用更大的精力去解决疑难问题。他访实了各乡的贫富奸良,用朱元璋定的老办法:地方官挑选民间德高望重的老人,方圆一里设一人,呼为"里老",由他们来仲裁纠纷,并有权鞭挞顽劣之徒。不服管教,擅自越级告状者,将受严惩。

同时他又发了一个告示,说:庐陵县自古就是出文人的礼仪之县,现在却变成了讼棍的乐园,我真为你们感到羞耻。我之所以不开门受理官司,并不是因为病不能任事,而是因为现在正是播种季节,如果你们因为忙着告状而误了农时,终岁无望,必将借贷度日。而且一打官司,四处请托送礼,助长刁风,为害更大。你们当中若果有大冤枉事情,我自能访出,我不能尽知者有乡老具实呈报。他们若呈报不实,治他们的罪。我为政日浅,你们还不相信我。未有德治先有法治,我不忍心。但你们要是不听我的,则我也不能保护你们了。你们将来不要后悔。

这回有效果了,来告状的有涕泣而归者,有私下和解者,监狱日见清静。王阳明还施行诬告反坐法,效果也很好,乱哄哄的局面结束了，"使民明其明德"的亲民治理法大见成效。

王阳明还下令严防奸民因火为盗、趁火打劫，勒令军民清出火道来，居民夹道者，各退地五尺。军民互争火巷，他亲去现场指挥、决策。他还恢复了保甲制度，以有效控制盗匪的滋生和作乱。

王阳明担任庐陵县令不过七个月的时间，在这段时间里，他很好地处理了一系列突发性事件：民众聚众上访，旱灾，火灾，瘟疫，盗贼滋生，治安混乱。对这些事情的恰当处理体现了王阳明卓越的"政治才能"，更锻炼了他在复杂情况下"应对突发事件"的能力。他关注民生，致力于地方的长治久安，绝不会为了捞"政绩"而急功近利，他是一个很有远见的人。这七个月，也是他自己的"知行合一"思想在政治活动中的应用与实践。

就在王阳明任庐陵知县期间，政局发生了翻天覆地的变化。1510年秋天，吏部尚书杨一清借刀杀人，利用安化王之乱，借太监张永之手除掉了祸乱朝政的刘瑾（张永原本也是"八虎"之一，后来因为刘瑾专权而与其失和；刘瑾最后被凌迟处死，剐了3357刀，整整剐了三天才死），王阳明的仕途也随之出现了转机。根据明朝制度，地方官每三年要进京一次，朝见皇帝，同时接受吏部和都察院的考察。由于朝觐是统一行动，所以只当了七个月知县的王阳明还是参加了正德六年的朝觐。在湛若水等人的安排下，吏部的委任书下达了：王阳明任南京刑部四川司主事。这等于是官复原职，在贬谪龙场之前，他就是刑部主事。

但从这时开始直到正德十年（1515年）的五六年时间里，他的职务始终处于频繁变动之中，最后做了南京鸿胪寺卿（鸿胪寺负责接待外宾、诸蕃入贡、吉凶仪礼，没有实权），官居正四品。

这些职务都是很清闲的官职,所以这五六年时间也是王阳明一生中讲学活动比较集中的时期。随着他赴各地任职,他讲学的足迹也是遍布北京、南京、滁州、绍兴等地。随着官职越来越高,弟子越来越多,王阳明创立的阳明心学的影响也是越来越大(关于阳明心学,后文当中会有更详细的介绍)。

而随着演说布道的进一步开展,承继圣学的逐步深入,再加上身处闲官闲职,几乎没有建功立业的机会,王阳明逐渐对官场失去了兴趣,心中又升起归隐田园、参究圣学的念头。这从他在南京鸿胪寺卿任上做的一些诗当中可以看出来:

> 湖上群山落照晴,湖边万木起秋声。
> 何年归去阳明洞,独棹扁舟鉴里行。
>
> 五月茅茨静竹扉,论心方洽忽辞归。
> 沧江独棹冲新暑,白发高堂恋夕晖。
> 谩道六经皆注脚,还谁一语悟真机?
> 相知若问年来意,已傍西湖买钓矶。

1515年正月,朝廷举考察之典,王阳明上疏要求辞职归家,但没有得到批准。八月又上疏以疾为由求养病,也没有被同意。到了1516年9月,一项新任命暂时打断了这位明朝"哲学王"的渊默与思辨,暂时打消了他辞职归隐的念头,他即将迎来仕途上的"黄金岁月"——治国戡乱,借雄成圣。

第九章 巡抚南赣：白面书生也疯狂

从1516年至1528年的这12年当中，王阳明基本是在战场上度过的。他带兵打仗，并获得了全部战役的胜利，成为风雨飘摇中的大明王朝的中流砥柱。

话说正德十一年（1516年）九月，由兵部尚书王琼推荐，朝廷将王阳明从南京鸿胪寺卿升为都察院左佥都御史，巡抚南赣汀漳——南：江西南安府，赣：江西赣州府，汀：福建汀州府，漳：福建漳州府；然后还包括湖广的郴州府和广东的韶州府等地。这块地方基本是山区，油水是没有的，乱民是很多的，治安是极差的。山民聚众抢劫在当地属于常态，偶尔心血来潮也会集合起来攻占个把县衙，然后把县长、县长的大老婆、小老婆、姨太太等人游街示众。

由于民风彪悍，不好管理，周围的省份都不想要这块地，于是这片区域就被直接踢出了各省的版图，重新成立了一个特别行政区，行政长官叫南赣巡抚（巡抚相当于现在的省长，总揽地方军政、民政大权）。

王阳明为什么被派去当这个"省长"？

就是因为这里有七个土匪头子，分别是：谢志珊，蓝天凤，

陈曰能，地盘江西；池仲容、高仲仁，地盘广东；龚福全，地盘湖广；詹师富，地盘福建。这些人里个别已经称王，想当朱元璋，即使没称王的也高喊着"不纳粮"、"不当差"等口号，并得到了当地群众的广泛支持。这帮人凭借崇山峻岭、洞穴丛林的掩护，堵死个别山道，官军压根攻不进去。再加上各省互相推诿，局面一发不可收拾，渐成燎原之势。放眼望去，赣南闽西大大小小一脉相连的山麓，千里皆乱。王阳明被派到这里，就是为了让他"镇压起义，拨乱反正"。

内心之战：杀，是为了不杀

1516年9月14日，正在一门心思给弟子们上课的王阳明接到吏部任命他当南赣佥都御史的咨文，他既惊且喜而又有些不知所措。这个任命是大大出乎他的意料的：朝廷怎么会突然让自己这个礼宾司的白面书生去当剿匪的巡抚，去打仗呢?！这不合逻辑啊！

于是，思考几天之后，王阳明给朱厚照皇帝上了一道《辞新任乞以旧职致仕疏》，"致仕"就是辞官，就是退休。他是个语言大师，疏文写的极好，短短的篇幅一波三折，横说竖说，无非是身体不好，才能低下，不敢误国败政。但我们知道，王阳明自小就喜欢武艺、军事的，并一度期望能够借雄成圣，通过建立军功而立身扬名。现在，已经45岁的他终于等来这个机会了，他为什么又要辞职不干呢？

首先，突然让他这个书生去统兵作战，这是朝廷心血来潮想出的鬼点子还是朝中官员真的相信他的军事才能呢？他不知道，所以他必须试探一下官方的口风，看到底是怎么回事。所以说，如果他接到任命状就朝发夕至、屁颠屁颠地赶去上任，那就有点轻率了，太不稳重了。

其次，王阳明是相信人人都可以成为圣人的，民——我同胞也；现在，他却不得不向他们举起屠刀，来镇压本来可以成为圣人的与他一样的人，有悖心学仁者爱人之理。

再者，官府有官府的立场，百姓有百姓的立场，官有清浊，民有顺刁，这些扯旗造反的人一定是被逼无奈，才铤而走险走上这条"不归路"的："乃必欲为此，其间想亦有不得已者。或是为官府所迫，或是为大户所侵，一时错起念头，误入其中，后遂不敢出。此等苦情，亦甚可悯。"现在，朝政昏庸是不争的事实，皇帝老子脑残没人性荼毒百姓，又怎能怪下边的人"不听话"呢？！

最后，剿匪这种活儿容易失败而不易见功效，王阳明前面的御史就是畏难而以病辞职。再前，也有招抚土匪而土匪又反戈，从而落职入狱的。此次前去，虽然自己心中对对付那些流民土寇还是有些自信的，但剿匪怕也不是那么容易吧，自己这个病秧子能熬得住行军打仗之苦吗？

但从另一方面来说，自己现在已经45岁了，上天留给自己的时间恐怕已经不多了，省长可是一个很有实权的位子，如果失去了这次机会……怕就再也没机会建功立业了，那不就成彻头彻尾

的"空想家"了吗?像朱熹那样活着在书斋里啃死人书,死了在孔庙里啃冷猪头,多可怜、多没意思啊,那岂不是辜负了这只能有一次的生命?

这个南赣巡抚虽然苦点累点担风险,但总比在衙门里混吃等死好的多,既能建功立业还能向世人证明——自己的阳明心学是可以"学以致用"的,自己建立起来的这个哲学体系是很有价值的!

孟子主张为了大多数人的最大幸福,像夏桀、商纣那样的帝王都可以诛杀,更何况是一些土匪流氓呢?虽然任何一个具备独立思考、判断能力的成年人都不应该为专制政府、为流氓皇帝卖命,不应该与人民为敌,但现在,南赣的形势早已失控,如果不去,反而会使更多无辜百姓陷入水深火热中!土匪流寇打家劫舍,祸乱天下,已非我民,合当诛之——杀,是为了不杀。

想到这里,王阳明不再犹豫,在朱厚照的再三委任之下,他决定为了百姓,为了国家,也为了自己——即刻出征。

漳南战役:明朝版"无间道"

正德十二年(1517年)正月,王阳明向江西赣州进发,率兵剿匪。但还没等他到达自己的剿匪司令部,还没等他见着自己的兵,就在半路上跟一帮流寇干上了。

话说船过万安,前面就是惶恐滩,该滩为赣江水路中最为险要的一段，船经此处无不惶恐。但正月正是枯水期，所以也没什么好惶恐的了。王阳明的座舟正在江水中缓缓前行，忽见前方江面上许多商船停泊不前，王阳明命舵手将船靠上去，遣人打听，原来是前方的惶恐滩附近来了几百个流贼（或者说海盗），想要打劫。王阳明闻言哑然失笑：十年磨一剑，霜刃未曾试。自己自幼就研读兵法、勤学武艺，现在终于有机会试试身手如何了，没想到的是，这第一仗要拿这一小群流贼试刀。

几百个流贼对统兵作战的武将来说确实是小菜一碟，但问题是现在王阳明手中根本无兵可用——根据明朝官员调动的规矩，王阳明这次赴任基本上是只身一人，只领着几个家人、随从，根本没什么官军护卫，而且他的旧衙门鸿胪寺也是明朝最冷清的一个部门，他也无从带钱、带人。王阳明乘坐的这艘船上有多少人呢？加起来才三十来号人。

这仗可怎么打呢？

所谓"兵者，诡道也"，兵法的特点就是以少胜多、扮猪吃虎。只见王阳明令人竖起南赣巡抚的牙旗，将众商船上的商人召集到一起，一番计议之后，他让商人们将带有商铺标识的东西藏好，把商船伪装成军船。又遣一帮身强力壮的水手上岸随行，遥相呼应。布置妥当后，排成阵势，摇旗呐喊，鼓噪而前。

转瞬即到惶恐滩，但见一排条木截住了江面，岸边一群衣衫褴褛、面黄肌瘦的流贼大呼小叫，向被阻拦的船只喊话威胁。流贼们定睛一看，只见南赣巡抚的牙旗迎风招展，十几只大船组成了一支队列整齐、声势浩大的船队。又突闻军鼓大鸣，这帮流贼登时大惊失色，正要作鸟兽散，却已被岸上的水手们堵住了去

路……这时候,军心大乱的流贼们已是无路可逃,赶紧在岸边跪下,头领向王阳明的座船高声道:"我等皆万安各处饥民,土地遭灾,官府不行赈济,迫不得已才出此下策,还望大人垂怜!"

王阳明自然是顺水推舟,命人向贼众宣告:"江西灾情,本院已知,定有妥善办法赈济。念尔等饥寒所迫,又是初犯,不予追究,就此各回其家,正当谋生,等候官府安顿。"

流贼们本就有组织无纪律,胆大的抢了一些财物,胆小的不过跟着瞎起哄。这次,他们集体邂逅了新上任的威风凛凛的省长王阳明,听说既往不咎,自然是一哄而散。

到了赣州府衙,稍作休息之后王阳明就开始思考剿匪之策。用兵之道,是最典型的用心之道,兵法之妙,妙乎一心。真正的打仗并不在短兵相接、拼杀格斗上,打仗其实是在打谋略、打人心。

王阳明认为治民要先治官,这一带暴民得不到肃清的原因就在于各地都推托观望,不肯协力合作,致使贼情蔓延。他首先照会周边各地必须听他的指挥,做好战前准备,巩固城池,选拔向导,组织大户,开垦边地,兴屯足食。从这些策略当中我们可以看出来,王阳明战略头脑极为远大,他既要治标又要治本,他要根治匪患。他是个政治家,而非兵法家,所以他既能做好眼前的工作又能考虑到长远的效益。

治官好说,王阳明手中有的是权力,但怎么治民呢?他们可不会这么听话的。

治民,最好的办法是有效的让民自治。他推行了十家牌法。具体做法是,编十家为一甲,每甲发一块木牌,从右到左写明各户籍贯、姓名、行业。每天一家轮流执勤，沿门按牌审查，遇面生可疑之人，立即报官。互相监督，互为牵制，如有隐匿，十家连坐。此招彻底切断了良民和山贼之间的联系，不可谓不狠。王阳明也知道此法太过严苛，因此挥动如椽大笔，将《十家牌法告谕各府父老子弟》写得温情脉脉，似不得已而为之：我岂忍心以狡诈待尔等良民，只是为了革弊除奸，防止通匪，不得不然。也是为了确保你们的安全，并提出了一系列让大家当好良民的道德要求。

柔情与暴力，民主与专制，就这样在王阳明的"苦心经营"下媾和到了一起。

在将后院布置停当的同时，王阳明已着手选练"民兵"。他发文周边四省，请求在各县的牢头、捕快、打手中挑选"骁勇绝群"的力士，编练"民兵"。有了这些新鲜血液的加入，平乱有了基本的保障。王阳明对这支"民兵"队伍寄予了很高的期望，称之为"精兵"。

但所谓"兵马未动，粮草先行"，战争虽然拼的是武力，但武力背后拼的是经济实力，有足够的经济实力来支持，你这场仗才能打得久、打得赢。指望朝廷拨饷是不现实的，朱厚照自己吃喝玩乐都不够花，哪有"闲钱"给你打仗呢！王阳明清楚必须得生产自救。然而，地方府库空虚（早被抢光），又不能盘剥民众（逼上梁山），如之奈何？拿盐商开刀。在古代，食盐就是黄金，盐商个个富得流油。"战士军前半死生，美人帐下犹歌舞"，天下兴亡，匹夫有责，王阳明郑重宣布：盐商的冬天到了！以前由于各方利益博弈，广州的盐商在南赣境内只有南安、赣州两个经销

点,现在王阳明将广盐的行销范围扩大到全境,但盐税提高一倍。其次,将以往散落各处的税关统一设在南安的重要关口龟尾角,一方面使盐商无法偷税漏税,另一方面又防止地方官贪污受贿,一石二鸟。

与此同时,王阳明还广布间谍。原来,官军在明处,因为赣州的百姓多有为藏在山洞中的土匪当眼线耳目的,官军尚未行动,那边早有了准备。王阳明发现一个老衙役尤为奸诈,是洞贼的密探。便把他叫到卧室,问他要死还是要活?若要活,就交代联络图、联络点。老役如实坦白。王阳明遂推行十家牌法,同时将计就计,故意让密探传回去错误消息:能而示之不能,打而示以不打——一场明朝版"无间道"火热上演。

很快,一切准备就绪。王阳明集中优势兵力,攻打盘踞在福建的詹师富。七股势力为什么先打詹师富?因为詹师富是个彻头彻尾的软柿子,附近官员,无论大小,从他地盘上过,都忍不住要捏他一把。久而久之,便形成了一种传统。尊重传统的王阳明本着不踩白不踩的指导思想,先取詹师富。结果首战大捷,斩首432人,俘获146人,烧毁房屋四百余间,夺马牛无数;而官方只死了"精兵"6名。

詹师富的残余部队退回地势险要的象湖山拒守,官军攻了多次都无功而返,这时便有几个军官提议调广东的作战勇猛的狼兵前来。王阳明闻言立即下令训斥,要按"失律罪"处分他们,但又并不真处分,只是激励他们去立功赎罪。现在,是王阳明发挥指挥作用的时候了,他说:"兵宜随时,变在呼吸。怎能各持成说?貌似持重,却坐失时机。福建军有立功心,利于速战。敌以为我必等土军狼达，不会出击，却正是出击的好时机。"虚虚实实的契机，全看统兵者怎样把握利用。

王阳明命令假装撤军，扬言秋季再来会剿，暗地里却分兵三路，占据险要，于二月十九日深夜全线突袭，各路并进，直捣象湖山！这就是军事上常说的"出其不意"，造成敌人的相对劣势，我变被动为主动。

官军乘胜追剿，攻破水竹、大重坑等四十三所据点，杀了暴乱首领詹师富、温火烧等共七千余人，把遍布在山中的"贼洞"都捣平了。用正史上的话说：这次"漳南战役"仅用了三个月，福建、广东边界数十年贼寇悉平。王阳明遂于这一年的四月班师，回到司令部所在地赣州。

王阳明在民众那里获得了肯定，在班师途中，他受到了焚香顶礼的跪拜。回到赣州之后，王阳明立即投入到战后民众生活、生产秩序的重建工作中来。他首先对那些从贼人众进行安抚，发出告谕：现在正是春耕时节，你们要安分守己，努力生产，要"勤尔农业，守尔门户，爱尔身命，保尔室家，孝顺尔父母，抚养尔子孙，无有为善而不蒙福，无有为恶而不受殃，毋以众暴寡，毋以强凌弱，尔等务兴礼义之习，永为良善之民"。

为了让时局长治久安，尤其是要百姓教育好后代不再当土匪，王阳明热情响应了下层的请求——在漳南河头地方建立一个平和县。他"教导"皇帝：河头形势，系江西、福建两省贼寨咽喉。今象湖、可塘、大伞、箭灌诸巢虽已破荡，但难保有余党不再啸聚。过去，乱乱相承，皆因县治不立。若于此地开设县治，正可以抚其背而扼其喉，盗将不解自散，化为良民。

建县之后,还要设立学校,通过教化民众,让他们拥护朝廷而永久性地解决问题。如果老百姓一心向着朝廷,又怎么会扯旗造反呢?!宣扬心学的王阳明是最擅长"征心"的,只要征服了百姓的心,他们就永远是"自己的人"了。

后来,王阳明还在横水建立了崇义县,并在那里规划土地建筑民房,鼓励山民修建梯田,以解决山多田少的矛盾。还凿山辟路,以通险阻,用扩大交通的办法达到开化民俗的作用。他的这些举措证明他是诚心让百姓好起来,不是单单镇压了事。所以不能说他是镇压农民起义的刽子手,他还是农民生活的建设者。

兵者诡道:"多诈"的军事家

王阳明在这场"漳南战役"中可以说取得了史无前例的胜利,而朝廷也很配合,给了他"史无前例"的奖赏——白银20两,奖状一张。

王阳明上疏谢恩,说不是我的功劳,是那些做具体工作的人的功劳。尽管这点赏赐还不如朱厚照一次赏给某个和尚、道士、优伶、太监的零头呢,但朝廷还只是先赏他一个人,别人经勘验明白后再说。王阳明本人的确不在乎那点奖励,但"钱不在多,有权就行",他要能够行使赏罚的权力。这时他又要运用法家的理论了,道德教化解决不了燃眉之急,他接二连三地上奏折,给朱厚照上"赏不愈时,罚不后事"的常识课,并从空间和时间两个方面要求更大权限。空间：能够督调南赣全境部队，包括周边四省部分军队。时间：只求作战成功，朝廷不能规定时限。

只要能保住明朝江山，只要能继续让自己耍泼撒欢，其他的就随你吧——朱厚照同志很快同意了。这位权力资源的垄断者授予他提督军务，调配钱粮，处理下级，杀死被捕贼人的全权；可以便宜行事，只是不要像过去的官员那样滥用招抚的办法。

有了朝廷的全力支持，王阳明开始了大刀阔斧的改革。士兵二十五人编为一伍，长官为小甲；二伍为一队，长官为总甲；四队为一哨，长官为哨长；二哨为一营，长官为营官；三营为一阵，长官为偏将；二阵为一军，长官为副将。并设立牌符，上面注明"某军某阵某营某哨某队某伍某甲某人"，平时由各级军官检查，一遇战事，则凭牌符调遣。

此法治众如寡，上下相维，所有将官都由王阳明本人任命，不需上报朝廷。军队实行层层管理，令行禁止，严格有效，成为一台精密而高效的战争机器。后世曾国藩、袁世凯治军之法，殆出于此。

准备停当之后，又该开战了，漳南平了，王阳明将重点转到南康、赣州。这里西接湖南的桂阳、南接广东的乐昌，他认为这一带的桶冈、横水的黑恶势力荼毒三省，威胁极大，若窜入广东，形势更难平定。另外，浰头上、中、下三个山头都是池大鬓的势力范围，他们与横水的谢志珊部同是南赣最大的黑恶势力。王阳明想攻打桶冈、横水，又怕浰头的人过来夹击，所以必须想办法稳住浰头这一头，必须用"招抚"的办法。

当时，有人主张三省会剿，借凶狠的狼兵来作战。但王阳明

不以为然,他跟朱厚照说:广东狼兵所过如剃,毒害民众超过土匪,会激起更大的民变。

王阳明是真心爱民,与过去哄骗朝廷和民众的假招抚不同,他想和平解决而且是真正解决问题。平完漳南之后,他想办法妥善安置"新民"就足见他是实心办事,从利国利民的根本利益出发。现在,他的第一个举措便是派人去招抚乐昌、龙川的浰头人众,他真正的拿手好戏就是攻心术。他不愿多事杀戮,他讲过,杀是为了不杀——身处江湖,每个人都是"各为其主",还能怎么样呢,历史上的清官最高也就是这样了。

王阳明给浰头方面的暴徒们送去牛、酒、银子和布匹,让他们的家属先暂时食用。并写了封可入历代名札选的"告土匪书"——《告谕浰头巢贼书》:

本院巡抚是方,专以弭盗安民为职。莅任之始,即闻尔等积年流劫乡村,杀害良善,民之被害来告者,月无虚日。本欲即调大兵剿除尔等,随往福建督征漳寇,意待回军之日剿荡巢穴。后因漳寇即平,纪验斩获功次七千六百有余,审知当时倡恶之贼不过四五十人,党恶之徒不过四千余众,其余多系一时被胁,不觉惨然兴哀。因念尔等巢穴之内,亦岂无胁从之人。况闻尔等亦多大家子弟,其间固有识达事势,颇知义理者。自吾至此,未尝遣一人抚谕尔等,岂可遽尔兴师剪灭;是亦近于不教而杀,异日吾终有憾于心。故今特遣人告谕尔等,勿自谓兵力之强,更有兵力强者,勿自谓巢穴之险,更有巢穴险者,今皆悉已诛灭无存。尔等岂不闻见?

夫人情之所共耻者，莫过于身被为盗贼之名；人心之所共愤者，莫甚于身遭劫掠之苦。今使有人骂尔等为盗，尔必怫然而怒。尔等岂可心恶其名而身蹈其实？又使有人焚尔室庐，劫尔财货，掠尔妻女，尔必怀恨切骨，宁死必报。尔等以是加人，人其有不怨者乎？人同此心，尔宁独不知；乃必欲为此，其间想亦有不得已者，或是为官府所迫，或是为大户所侵，一时错起念头，误入其中，后遂不敢出。此等苦情，亦甚可悯。然亦皆由尔等悔悟不切。尔等当初去后贼时，乃是生人寻死路，尚且要去便去；今欲改行从善，乃是死人求生路，乃反不敢，何也？若尔等肯如当初去从贼时，拚死出来，求要改行从善，我官府岂有必要杀汝之理？尔等久习恶毒，忍于杀人，心多猜疑。岂知我上人之心，无故杀一鸡犬，尚且不忍；况于人命关天，若轻易杀之，冥冥之中，断有还报，殃祸及于子孙，何苦而必欲为此。我每为尔等思念及此，辄至于终夜不能安寝，亦无非欲为尔等寻一生路。惟是尔等冥顽不化，然后不得已而兴兵，此则非我杀之，乃天杀之也。今谓我全无杀尔之心，亦是诳尔；若谓我必欲杀尔，又非吾之本心。尔等今虽从恶，其始同是朝廷赤子；譬如一父母同生十子，八人为善，二人背逆，要害八人；父母之心须除去二人，然后八人得以安生；均之为子，父母之心何故必欲偏杀二子，不得已也；吾于尔等，亦正如此。若此二子者一旦悔恶迁善，号泣投诚，为父母者亦必哀悯而收之。何者？不忍杀其子者，乃父母之本心也；今得遂其本心，何喜何幸如之；吾于尔等，亦正如此。

闻尔等辛苦为贼，所得苦亦不多，其间尚有衣食不充者。何不以尔为贼之勤苦精力，而用之于耕农，运之于商贾，可以坐致

饶富而安享逸乐,放心纵意,游观城市之中,优游田野之内。岂如今日,担惊受怕,出则畏官避仇,入则防诛惧剿,潜形遁迹,忧苦终身;辛之身灭家破,妻子戮辱,亦有何好?尔等好自思量,若能听吾言改行从善,吾即视尔为良民,抚尔如赤子,更不追咎尔等既往之罪。如叶芳、梅南春、王受、谢钺辈,吾今只与良民一概看待,尔等岂不闻知?尔等若习性已成,难更改动,亦由尔等任意为之;吾南调两广之狼达,西调湖、湘之土兵,亲率大军围尔巢穴,一年不尽至于两年,两年不尽至于三年。尔之财力有限,吾之兵粮无穷,纵尔等皆为有翼之虎,谅亦不能逃于天地之外。

呜呼!吾岂好杀尔等哉?尔等若必欲害吾良民,使吾民寒无衣,饥无食,居无庐,耕无牛,父母死亡,妻子离散;吾欲使吾民避尔,则田业被尔等所侵夺,已无可避之地;欲使吾民贿尔,则家资为尔等所掳掠,已无可贿之财;就使尔等今为我谋,亦必须尽杀尔等而后可。吾今特遣人抚谕尔等,赐尔等牛酒银两布匹,与尔妻子,其余人多不能通及,各与晓谕一道。尔等好自为谋,吾言已无不尽,吾心已无不尽。如此而尔等不听,非我负尔,乃尔负我,我则可以无憾矣。呜呼!民吾同胞,尔等皆吾赤子,吾终不能抚恤尔等而至于杀尔,痛哉痛哉!兴言至此,不觉泪下。

这篇"告土匪书",王阳明写得是如此动情,如此感性,简直像一封温情脉脉的情书了,很有感染力,简直是一颗"催泪弹",任土匪们再是铁石心肠,怕看了这个也会百炼刚化为绕指柔。能写出这样的文字的，只有坚持人性本善的思想家吧。

不出王阳明所料，这颗精神炮弹威力强大，直接让瑶族族长金巢、卢珂等人前来投诚，卢珂还参加了后来的剿匪战斗，在破池大鬓时立了大功，后来王阳明保举他做了官。另外，还使那些"冥顽不灵"的顽固派土匪在思想上产生了动摇，他们且疑且惧，斗志逐渐瓦解。而就在桶冈首领蓝廷凤犹豫要不要投降时，王阳明的部队"从天而降"，将其打了个措手不及。蓝廷凤被杀，横水、桶冈战役胜利结束。至此，王阳明在土匪中落下"多诈"的名声。

但打仗还要讲礼节，讲情面吗？战争就是战争，它原本就是"反人性"的，无论这战争的性质是什么，归根到底——它只是杀戮！所谓"为了和平，我们需要战争"，"杀，是为了不杀"，很多时候只是战争狂人、阴险政客、军火大亨们的皇帝的新衣而已。

攻破了横水、桶冈，王阳明终于可以腾出手来一心对付浰头的池大鬓这块最难啃的骨头了。

池大鬓见到王阳明声情并茂、温情款款的招降书之后说："我等为贼非一年，官府来招非一次，告谕何足凭？先看金巢等受抚后无事，再降不晚。"

金巢投降后，受到王阳明的礼遇和重用——让他带领四百"新民"一起去攻打横水。横水既破，池大鬓紧张了，唇亡齿寒啊，这可如何是好？左思右想，他决定让弟弟池仲安假装投降，一则可以刺探虚实，二则也是缓兵之计。当然，在假装投降的同时，池大鬓也是加紧战备，做好两手准备。

  像王阳明如此心思缜密之人，自然对池大鬓的意图一清二楚。他派人给这个土匪头子送去酒肉，并问他既然已经准备被招安了，为什么还要扩军备战呢？池大鬓说，刚刚归顺朝廷的龙川"新民"卢珂是他的死对头，备战是为了防止他来偷袭。

  王阳明假装相信了池大鬓的话，飞檄怒责卢珂即已弃暗投明，却又擅兵仇杀，不听长官的命令，自己必将派大兵前去讨伐。嘴上是这么说，王阳明暗中却调集各府的兵力准备收拾池大鬓。

  池大鬓对王阳明这套说辞自然也是且信且疑，他又派弟弟做特使来致谢王阳明送去的酒肉，意在刺探真假。恰好在这时候，卢珂来向王阳明报告池大鬓的反意。王阳明决定将计就计，跟卢珂联手演一场苦肉计。

  卢珂向王阳明汇报说，池大鬓其实想造反，根本不想被招安。王阳明听后说，池大鬓的弟弟已经来过好几次了，双方谈得很融洽，对方早就不想当土匪了。卢珂说："这是池大鬓使的计策，万万不可相信。"王阳明闻言很是恼火，说："卢珂你这是想公报私仇、栽赃陷害，池大鬓都已经跟我说过了。"说完命人将卢珂拿下，杖打三十！

  这一场戏，王阳明自然故意让池大鬓的特使们看得真真切切。池大鬓听下属这么一说，才放心了。他哪知道，王阳明这时候已经让卢珂的弟弟回去集兵，不日攻打浰头。当然，打卢珂的那些衙役们事前都经王阳明密嘱，貌似死打其实并不着力，卢珂毫发未伤。

  见池大鬓放松了警惕，王阳明又派人给他们送去大明的历法，表示将让他们像常人一样耕种生活，并邀请他们来观灯、逛庙会，一起过年。池大鬓这回总算相信了王阳明的诚意，人家都盛意邀请了，自己不去那不是不给人家面子嘛，于是他领着93个小头目来到了王阳明的地盘，但只派其中几个人来见王阳明——一旦有诈，自己好撒丫子就跑！

王阳明见状，佯怒以示真诚："你们都是我的新民，现在不入见，是不相信我。"并买通池大鬓的亲信，让他们告诉自己的老大："官意良厚，何不亲自去谢，也让卢珂无话可说。"

听手下人都这么说，池大鬓也不好再做缩头乌龟了："欲伸先屈，赣州伎俩，须自往观之。"

王阳明派人将池大鬓等人领到早已布置好的祥符宫，土匪们见屋宇整洁，喜出望外。王阳明还给他们青衣油靴，教他们演习礼乐，确实察看他们的意向。但发现他们终是贪婪残忍的歹徒，难以教化，又听到百姓说痛恨他们，骂自己这样做是"养寇贻害"、"养虎贻患"。不得已，王阳明最后决定把他们都咔嚓了，同时派卢珂等偷袭他们的大本营——浰头。

几天之后，池大鬓等人还在睡梦中就上了西天。此刻的浰头既无首领又无防备，土匪们见突然从天上掉下来这么多官军，自然惊恐万分，虽奋力抵抗，但毕竟寡不敌众，最终被官兵斩杀了。

于是，1518年的正月还没过完，王阳明便大功告成，浰头一带长年暴动不已的地方被他用最低的成本平定了。他领导着文官和地方兵、乡勇完成了以往大部队完不成的任务，而且他还达到了长久地不再发生暴动的目的，他给投降的"新民"们土地，让

这一带的人用广东的盐,省得受徽州盐商的盘剥,建立乡约、新的县城、社学等等。用《明史》上的话说:"守仁所将皆文吏及偏裨小校,平十年巨寇,远近以为神。"

从1517年正月到达赣州到1518年正月平定全部叛乱,王阳明实际上只用了一年多一点的时间就迅速平定了江西、福建、湖南、广东四省边界地区为害多年的匪患,使当地人民的生活重新归于安宁,这自然使他受到了当地民众的拥戴。

打完了"漳南战役"、"横水、桶冈战役"、"浰头战役"这三大战役,完成了安邦利民、戡乱治国的重任,王阳明以为自己的活儿干完了,于是在1518年的三月份向朝廷递了份情真意切的辞呈——祖母病危,父亲也有病,修证圣道的人生志愿还未完成,我想回家做点儿自己想做的事儿,不想再继续打仗、杀人了。

但朝廷好不容易找到这么一个军事奇才,怎么能轻易放他走呢,以后国家什么地方又闹叛乱、出暴乱了,还得靠他啊!于是朱厚照对王阳明说:朝廷现在需要你,百姓现在需要你,你怎么能在这个时候撂挑子呢?我想你是见打了胜仗,朝廷不给你加官晋爵,所以心里头有怨气吧。没关系,我提拔你为都察院右都御史,这可是一个正二品的官职喔!另外,我赏赐你的儿子为锦衣卫,世袭百户。这下你没什么好说的了吧?就算有,也别说了,沉默是金,知道不!钦此!

第十章 绝地反击擒宁王

1518年6月份,王阳明被朝廷提拔为都察院右都御史,继续留在江西赣州处理地方军政事务。但该剿的土匪都剿了,该安抚的"新民"都安抚了,该教育的百姓都教育了,还作什么好呢?于是,生平爱思考、好讲学的王阳明又"重操旧业"了——这一年的七月份,他刊刻了古本的"未删节版"《大学》(当时流行的《大学》都是朱熹修改过的"删节版",但王阳明对朱熹的这个版本不大感冒,他认为《大学》经朱熹这么一修改,简直是"面目全非",所以他才发布了自己这个"权威版"古本《大学》),还出了本书,名为《朱子晚年定论》。

这个经王阳明"逻辑重组"的《朱子晚年定论》是把朱熹晚年的一些与心学题旨一致的书信言论收集起来,称为朱熹的"最后结论",以前与此相矛盾的话都是他自己也后悔了的"错误言论"。这是一招很"损"的以子之矛攻子之盾的"术",是王阳明在运用打仗的战术来解决学术分歧,不是一般学院派学者能想出来的做法。王阳明这是通过朱熹之口说自己想说的话,以睹天下人之口,最后还把自己说成是与"真朱子"心理攸同的战友。尽管世界哲学史上充满了早年、晚年主旨大变的哲学家,但朱熹绝

对没有必要"大悟旧说之非",以至于"痛悔极艾,至以为自诳诳人之罪不可胜赎"。所以王阳明这种断章取义、拉大旗做虎皮的做法受到了当时及后来很多人的批评。

那么,王阳明为什么非要费尽心机跟已经离开人间很多年的朱熹对着干呢,俩人难道有什么深仇大恨?

认识了自己,就认识了一切

如果王阳明想要成圣,想要证明自己的学说才是"千古圣贤相传一点骨血",是孔孟嫡传,就不可能不越过朱熹这座山。当时,朱熹已成为垄断孔孟之道的"寡头",一个人要么承认他,要么反对他,反正不能装糊涂不理他。为科考读朱注还不算,要想发展圣学或推翻圣学,都必须回答朱子的问题,评价朱子的功过。后来,清初的颜李学派提出"必破一分程朱,始入一分孔孟"是因为如此,明朝的王阳明搞这个《朱子晚年定论》也是因为如此。

要想推广自己创立的阳明心学,光是批判朱熹是远远不够的,若想向世人证明自己,他必须说出自己的理论。有了比较,大家自然会有自己的判断。于是在这一年的八月,王阳明的学生薛侃在赣州刊行了自己老师的语录——《传习录》。需要指出的是,这个《传习录》只是我们今天看到的《传习录·上》,《传习录·中》是嘉靖初南大吉刊行的王阳明论学的书信,《传习录·

下》则是王阳明死后,其弟子钱德洪等纂集许多学生保留的记录而成,未经王阳明过目、审校,所以显得有些乱。薛侃刻的这个《传习录》的主题就是:"《大学》工夫即是明明德;明明德只是个诚意;诚意的工夫只是格物致知……诚意之极便是至善。"

意思就是说,学习孔孟圣学的时候如果以朱熹的"格物"为先,就会追逐外物,步入支离之境,生有涯而知无涯,心劳力拙,越努力离"道"越远。而如果以王阳明所说的"诚意"为起点,则一开始就在"道"上——至道无难,制心一处而已。这里的"制心一处",指的就是"诚意":始终保持内心的清明、祥和,始终不悖离自己的真心、本性;心念归一了,真理自然会从心头浮现。

《传习录》的刊刻流通,以及王阳明在巡抚南赣、剿匪安民当中所完成的功绩都为阳明心学做了"广告",一时形成四方学者云集的局面。于是王阳明又在九月修缮了老濂溪书院,以让这些莘莘学子"安居乐业",以改变当时学子"徒逞口舌之快,毫无躬行之心"的浮夸不实风气。在书院里,王阳明采取开放式教学模式,即通过与学生谈话、讨论、辩论,让学生从具体的事例去思索最一般的原则,从而获得知识,感悟做人的道理。这与我们现在普遍采取的填鸭式教育很不一样,王阳明从不试图将自己的理念、哲学硬塞到学生的脑子里去,而是通过引导、启发让学生自己思考,自己去感悟人生的奥秘。这种教学方法最突出的优点就在于,它能够有效地激发学生的思考活动,促使其积极主动地去寻找正确答案,因而学生的思维非常活跃。传统教学的最大缺陷之一便是学生的思维不够活跃,学得太被动、太沉闷,不够

有原创性、创造性。

王阳明这种开放式教学模式有点类似于苏格拉底独创的教育方法——"精神助产术"。苏格拉底在同别人谈话、辩论、讨论问题的时候，往往采取一种特殊的形式。他不像古希腊其他智者那样，称自己知识丰富，而是说自己一无所知，对任何问题都不懂，所以只好把问题提出来向别人请教。但当别人回答他的问题时，苏格拉底却对别人的答案进行层层反驳，揭示出其自以为正确的理念其实是充满矛盾而使其不攻自破。最后通过启发，诱导别人把苏格拉底的更为正确的观点说出来，但苏格拉底却说这个观点不是自己的，而是对方心灵中本来就有的，只是由于肉体的阻碍，才未能明确显现出来，他的作用不过是通过提问帮助对方把观点明确而已。苏格拉底把最后这个至关重要的环节，形象地称之为"精神助产术"。

苏格拉底之所以认为那个正确的理念是"对方心灵中本来就有的"，是因为他认为人生来灵魂中就蕴含着真理，只是为后天所蒙蔽，通过启发、诱导就可以让心中隐藏的真理呈现，因而智慧不是认识自然，而是"认识你自己"——认识了自己，你就认识了真理，认识了一切。这种认为人生来便有真理的种子的观点，被其学生柏拉图阐发为"回忆"说，柏拉图认为"所有的研究，所有的学习不过只是回忆而已"。

苏格拉底这种认为认识真理即为认识自己的观点与王阳明所倡导的"致其本心之良知"，"圣贤言语，无非欲人识其本心耳。本心既明，即良知亦虚谭也"，"静坐以自悟心体"，可以说有异曲同工之妙。这是一种"由内及外"的认识世界的方式，这与朱熹所主张的通过"格物"而"致知",通过不断认识外在事物而最终认识所有事物当中包含的"共同且共通"的普遍真理的认知方式可以说是截然相反的。这也是王阳明与朱熹的根本分歧所在。

苏格拉底自诩为雅典的"牛虻",以自己的"精神助产术"来保持雅典思想的活力,可以说他是带着近乎宗教般的热情来从事教育活动的。而王阳明专心与学生讲论"明明德"的工夫,指导他们以"诚意"、"自信我心"为本要的修养方法,把"为善去恶"的思想改造变成日常的自然行为——这也就自然而然地把道德修养"准宗教化",学习阳明心学不需要什么外在的仪式,只要诚心诚意。从这一点上来说,王阳明其实也是把自己的心学当作一种"宗教"来传播的。

宁王造反,谁敢不从

从1518年7月到1519年6月,王阳明基本都是在讲学当中度过的,他自然也很享受这段难得的悠闲日子。但所谓"人在忙中老",很快,他不得不又忙碌了起来。

1519年6月,兵部尚书王琼听说福建的驻军想闹兵变,于是他就让王阳明去福建处置兵变事宜。但当王阳明于6月15日到达南昌附近的丰城县的时候,丰城县令告诉他一个惊人的消息:宁王朱宸濠已于昨天起兵造反了!

这宁王朱宸濠究竟何许人也？

话说明朝初年，朱元璋由叫花子成为一国之君之后，为了稳固自己刚刚打下来的江山，他开始分封诸王，就是让自己的一帮儿子们去全国各地做王爷。这当中有一个叫朱权的皇子（朱元璋的第十七子）被封为"宁王"，封地在今天的内蒙古自治区大名城，属于跟蒙古接壤的地段。凭此人能够被封到这么边陲的地方这一点，我们就能基本判断出来，这个人很能打，刚刚被朱元璋赶下台的蒙古鞑子们都不是他的对手。但能打显然不如能算，后来靖难之役时朱权被朱棣挟持到北京助其成事，朱棣给他开了张空头支票——事成之后平分天下。

想着日后平分天下的情景，啧啧……朱权咂吧一下嘴，开始一心一意跟着朱棣闹革命。结果，心黑手辣的朱棣还真把自己的侄子朱允炆搞垮台了。正当朱棣的"完美拍档"朱权一心憧憬着平分天下的美好图景时，朱棣却来了个黑吃黑——事成之后，朱权一毛钱的赃都没分着，还被朱棣赶到了江西南昌。宁王府迁到南昌后，朱权也被严密监控起来，舞刀弄剑基本是不可能了，朱权只能一边舞文弄墨一边向后代讲述自己上当受骗的惨痛经历。

到了弘治十年（1497年）朱权的玄孙朱宸濠成为第四代"宁王"，到了正德年间，看着顽主朱厚照把偌大一个大明朝当做自己的游乐场，朱宸濠是"怒从心头起，恶向胆边生"——怎么能让一个脑残来当皇帝呢，这不是给老朱家丢脸嘛！还不如那个大骗子朱棣呢，都年近三十了，连个娃也造不出来！这一个国家，没有继承人怎么行呢，我看，还是让我来吧，也让你朱厚照看看，皇帝到底应该怎么当！

这样想着，朱宸濠就经营起了扯旗造反的勾当。正当朱宸濠命人打造兵器，积蓄粮饷，准备瞅准时机行动起来的时候，出事儿了——他的宁王府的护卫被朝廷裁撤了（明朝的藩王都配有一万多人的王府护卫，以便北京出事时可以勤王靖难）。真是天下没有不透风的墙啊，消息走漏、没了护卫的朱宸濠很害怕，也很痛苦，为了打消朱厚照心中的疑虑，以免有朝一日被不明不白地干掉，他特意来到京城"说明情况"。朱宸濠还不忘重金收买当时炙手可热的刘瑾为其帮腔，终于恢复了王府护卫。但朱宸濠的运气实在太差，他刚把宝押在刘瑾身上，刘瑾就垮台了，在一帮御使的参劾下，朱宸濠的护卫又被兵部没收了。

正当朱宸濠进入低潮期的时候，他遇到了真正改写他命运的两个人——李士实和刘养正。李士实是个退休的御史，成化二年的进士，已经老眼昏花；而刘养正只是个举人，志大才疏，毫无实学。这两个人不甘心碌碌一生，名不见经传，于是毅然投入朱宸濠旗下，鼓动着朱宸濠早日完成未竟的事业。没想到经俩人这么一忽悠，毫无主见的朱宸濠竟然立刻封李士实、刘养正为左右丞相，并让他们去联络鄱阳湖上的盗贼团伙凌十一和闵廿四，又试图笼络江西境内的地方官为其效命！

但造反的成本实在是太大了，成功的几率又非常渺茫。于是乎，除了盗贼，根本没人愿意跟朱宸濠去搞暴动，江西省的各级官员都对朱宸濠采取了非暴力不合作的态度，并且不断向北京暗中汇报他的"异常举动"。但你向朝廷汇报了，朝廷不一定会"知道"，怎么回事？朱宸濠早已将公关重心从太监转向文官，由于他勇于砸钱，终于买通了吏部尚书陆完，这位陆尚书不但把参

朱宸濠的奏陈全部扣下了，还在自己的努力斡旋之下帮朱宸濠再次恢复了王府护卫……

为了提高造反的成功几率，朱宸濠又花重金买通了朱厚照的"义子"钱宁（不知道为什么，朱厚照竟然没有生育能力，为了弥补内心的缺憾，他像当时的太监一样收了很多"义子"）和江西镇守太监毕真。他又赶制铠甲、武器，还打死了江西都指挥使戴宣。动静搞这么大，朱宸濠想造反成了公开的秘密，被蒙在鼓里的大概只有深居后宫的朱厚照一人。但这不打紧，刘养正很快就让朱厚照知道了，他给朱宸濠支了个臭招儿，竟让人向朱厚照上书称赞宁王贤孝。

朱厚照一看奏折甚是纳闷："保官好升，保宁王贤孝，欲何为耶？"夸知县是为了帮他升知府，夸知府是为了帮他升巡抚，夸藩王是为了帮他……朱厚照再蠢，对政权问题还是相当敏感的。朱宸濠巴结朱厚照宠幸的优伶，行贿万金还送上金丝宝壶，正德惊奇："这么好的东西，宁叔怎么不献我？"因没得到朱宸濠好处心存不满的小宦官说："爷爷尚思宁王物，宁王不思爷爷物就罢了！不记得荐书了？"

原来，正巧此时都察院御史萧淮上疏参劾朱宸濠的不轨行径，朱厚照一听身边的小太监都这么说，就有点慌了，赶紧召集内阁大佬商量对策。商议的结果是，朱宸濠毕竟未反，若处理不当，过激有变，反倒可能将其逼反。不如防患于未然，先削去宁府护卫，使其无兵可反。

这一切当然瞒不过朱宸濠在京城的耳目，但问题是朱厚照虽然贪玩，却也明白丢了江山社稷自己也就玩儿完了，所以他对这件事还是很重视的，内阁会议的内容一概秘不外宣！这就引发坊间诸多想象了，北京城的街头巷尾议论纷纷，都说朝廷要将宁王押解进京。朱宸濠的密探信以为真，日夜兼程赶回南昌报告。

密探回报时，朱宸濠正在为庆祝自己即将到来的43岁生日做准备，闻言立刻找刘养正商议对策。刘养正本来计划两个月后起事，现在看来只有提前行动了，于是他建议朱宸濠，趁明天江西省大小官员前来贺寿之机将其一网打尽，正式起义！在第二天的生日宴会上，朱宸濠胁迫赴宴的官员参与叛乱，都御史孙燧、按察司副使许逵不从，当即被咔嚓了，其他官员也被囚禁了起来。

于是朱宸濠自称"监国"，改年号为"顺德"，伪置官属，以李士实为太师，刘养正为国师，闵廿四为都指挥，参政王伦为兵部尚书，举兵十万，准备数日之内袭破南康、九江，拿下南京！

一时人心惶惶，远近震动。

生擒宸濠，舍我其谁

1519年6月14日，宁王朱宸濠在南昌举兵造反，6月15日王阳明在离南昌一百多里的丰城得知这一消息后立即乘舟返回。一路上躲过了朱宸濠的追捕，经四昼夜而至吉安。

王阳明对当今皇上朱厚照不是没有"意见"，再说他是奉命去福建的，朝廷并没有让他去对付朱宸濠。也许是人们对朱厚照太失望了，也有想依附新君以图腾达的，反正一时间响应宁王的

官民为数不少。面对这种复杂的现状，该怎么做呢？按理说，自己作为朝廷的命官，吃着朝廷的俸禄，就应该为朝廷效力；但如果这个密谋造反已久的朱宸濠是又一个朱棣呢，那最后自己岂不是要人头落地、九族被诛?!

左右为难之际，立志要成圣的王阳明想到了商汤文武、孔孟颜曾，如果这些古圣先贤处在自己这样的境地，他们会怎么做呢？

一定会起义兵，平叛乱！懂得明哲保身不难，难的是懂得什么时候挺身而出！

即已拿定主意，王阳明就不再犹豫，他立即给朱厚照上书言宁王反事，并乘机证据沉重地教导这位"潇洒帝"："陛下在位一十四年，屡经变难，民心骚动，尚尔巡游不已，致使宗室谋动干戈，冀窃大宝。且今天下之觊觎，岂特一宁王？天下之奸雄，岂特在宗室？言念及此，懔骨寒心。昔汉武帝有轮台之悔，而天下向治；唐德宗下奉天之诏，而士民感泣。伏望皇上痛自克责，易辙改弦；罢出奸谀，以回天下豪杰之心；绝迹巡游，以杜天下奸雄之望；则太平尚有可图，群臣不胜幸甚。"

王阳明对前来响应义举的下属说："宸濠若出上策，直趋京师，出其不意，则宗社危矣。若出中策，趋南京，则大江南北亦被其害。但据江西省城，则出下策，勤王易为也。"所以，他的首要任务就是把朱宸濠"留"在江西。但问题是王阳明此时的军事实力与叛军相比不及十分之一，如何"留得住"呢？

王阳明自有王阳明的方法。

他伪造朝廷密旨，并用极其"严肃"的口吻在文中写道：

"奉朝廷密旨,已预料宁府将反。现两广总督、湖广巡抚以及两京兵部已分别出师,埋伏于要害地区,望各地方官员听从号令,配合伏击叛军事宜。"

他又伪造两广机密大牌:"率狼达官兵四十八万江西公干。"

他还到处张贴兵部公移:"准令许泰领边军四万,从凤阳陆路进;刘晖领京边官军四万,从徐淮水陆并进,王守仁领兵两万(因为当时王阳明手里没多少兵,所以"分"在他名下的最少。其实,他当时连两千真正的"兵"也没有),杨旦领兵八万,陈金领兵六万,分道并进,刻期夹攻南昌。"

总结一下这些"朝廷公文",大意就是:"四面八方的军队都在开赴江西,形势一片大好,淡定,淡定。"

然后他又找来一帮亡命之徒,许以厚禄,让他们怀揣着这些"朝廷公文"在江西境内"四处游历"。以朱宸濠的实力,平时跨省追捕个把上访的刁官都不成问题,何况一群在自己眼皮底下跑来跑去的屁民?假公文很快被查获。

这还不算,王阳明还伪造了朱宸濠部下的投降书,"诬陷"其手下的主要谋士李士实正在给他当内应:"信已收到,老先生报国之心令人感动,本职也才知道所谓从贼之事,不过是迫不得已的权宜之计。信中所教机密我与众人商议后都觉得可行,望先生严守机密,注意安全,事成之后定为先生向朝廷请功……"

像这样的信还有几份,内容大同小异,主人公则包揽了刘养正、凌十一和闵廿四等朱宸濠的得力助手,写好之后命人用各种方式散布出去。

有人问：这样管用否？

王阳明说：不论管用不管用，且说他怀疑不怀疑？

答：难免不疑。

王阳明说：只要他一怀疑，就成了。

朱宸濠很配合，他果然疑惧，以为朝廷早就知道了消息。宁府上下也是惶惶不可终日，都以为官军就快杀到了。

结果朱宸濠在南昌的王府宅了半个多月不敢出兵，等到七月三日才看出都是假的，这才开始出兵，实有六万，号称十万大军，想一路打到南京去，只留下很少一部分人守南昌。到这时候，这个"呆王"早已失去了宝贵的战机，而王阳明却赢得了充分的应战时间。朝廷也在兵部尚书王琼的主持下，下了许多诏书，先取消朱宸濠的合法地位，然后调兵勤王。但仗该怎么打却是意见不一，有人主张在江上与朱宸濠会战，以为他经营十余日始出，南昌必难攻打。王阳明认为江上会战必败，应该打南昌，因为朱宸濠对安庆久攻不下，精锐已出，南昌必虚；我攻南昌，朱宸濠知道后院失火，必然回兵来救，其时我军再以逸待劳，定能大获全胜——那时我军已克南昌，敌闻之气夺，无家可归，成擒必矣！

王阳明的这个决策可以说是相当英明的，真得了兵法上说的"运用之妙，存乎一心"的心诀真谛。当时，叛军已占据南康、九江，正在攻打安庆。王阳明若越南康、九江直趋安庆，便是呆子用兵，貌似堂堂正正，然而只是有正无奇、自蹈死地，因为敌人必然回军死斗，王阳明就会腹背受敌，而且是与敌精锐作战，凶多吉少。而直接攻打南昌，在军事上是避实就虚，在政治上是先夺其大，对叛军的心理破坏作用极大，对稳定局面的作用也很大。

这个计划好是好，唯一的问题是安庆能不能扛到王阳明攻破南昌？

据王阳明对安庆知府张文锦的了解，答案是肯定的。张文锦一贯认为所谓敌人，不过是那些迫使自己变得强大的人，因此他招待朱宸濠的东西只有两样——火枪和弓箭。朱宸濠久攻安庆不下，就派张文锦的老乡，投降官员潘鹏前去劝降。张文锦见了潘鹏，一不客套二不叙旧，直接让人砍了，并不厌其烦地碎了尸，从城墙上一块一块扔了下去……遇到这种死磕的主，朱宸濠基本不指望速战速决了，这就为王阳明攻破南昌争取了时间。

结果，智谋不足的朱宸濠几乎是完全按王阳明的安排行动，他在攻打安庆的时候得知南昌吃紧，立即抽兵两万回救。朱宸濠不听谋士放弃南昌直攻南京的建议，他若先取南京，尽管不见得会推翻正德、划江而治，但怕王阳明就不会那么轻松取胜了。事实上南昌的城防比王阳明想象得还要薄弱，其下属吉安知府伍文定领着一队先锋基本就搞定了，等大军到来时直接就入城接收了，朱宸濠的宫眷都在王府纵火自焚，其子成为阶下之囚——攻城容易得有点让人扫兴！

攻取南昌之后，王阳明第一个举动就是抚慰百姓。但攻城的主力多是赣州"新民"，也就是当年被王阳明招安的土匪，他们骁勇善战，但杀人成性，这回终于可以过一把"合法杀人"的瘾，也是抢劫的好时机。他们不遵守纪律，民被杀伤者甚重，王

阳明将几个嚣张的立即斩首，才将这股邪风遏止住。他又打开粮仓，救济城中军民，安慰宗室人员。所有协从人员只要自首，一律不问，受宁王伪官的只要投降，也一律不追究，城中安定下来。

南昌失陷，老巢被端，这让朱宸濠大为光火，立即挥师大战王阳明。敌我双方在鄱阳湖上遭遇，最后的生死决战开始了。

只见朱宸濠的士兵像打了兴奋剂一般，前赴后继地往前冲。这帮人面目狰狞，眼冒金光，人挡杀人，佛挡杀佛，官军抵挡不住，节节败退。朱宸濠确实给他们打了兴奋剂：冲锋赏千金，负伤也有百金，全世界都找不到这么牢靠的保险，只要大胆向前冲，保证稳赚不赔！再加上天公不作美，官军逆风，朱宸濠借着顺风开炮放箭，伍文定的船队霎那间就被火光笼罩。

关键时刻，伍文定不负众望，他屹立于炮火之中，岿然不动。前方几只小船畏战掉头，伍文定大吼一声，将座船靠过去，手起刀落，将船夫一一砍死。在众人惊讶的目光中，伍文定又拔出宝剑，力劈水面，高声道："此地为界，越界者立斩不赦！"

前有叛军，后有伍知府。叛军虽然凶残，可伍知府说杀就杀，剑法极准，思前想后，士兵们还是觉得向前冲更安全一些。于是众人抖擞精神，重新投入战场，局势终于稳定下来。

然而就在此时，湖中突然传来巨响，大大小小的石块、铁弹从天而降，官军防备不及，损失惨重。原来，朱宸濠亮出了王牌武器——炮舰，实施火力压制。这种炮舰不仅杀伤力强，而且其震耳欲聋的爆炸声极具心理威慑作用。天上是遮云蔽日的弓箭和碎片，水上是到处乱窜的火绳枪的弹丸，没人能在这种恶劣的环

境下撑过一分钟。然而,就在士兵们又准备调转船头时,他们看见了身边悲壮的一幕:

伍文定的座船被火炮炸开了一角,燃着熊熊烈火,伍文定立于船头,奋力撑橹,头发胡须都被炮火点燃,却毫无惧色,声嘶力竭地鼓励大家共赴国难!

这大大鼓舞了官军的士气,双方霎时间短兵相接,都杀红了眼,直至日薄西山也难分胜负。放眼望去,只见鄱阳湖上满目都是流血漂橹,浮尸积聚,横亘若洲……

现在,炮舰的弹药已经用尽,朱宸濠已是退无可退,成败在此一举。

王阳明站在座船的箭楼上观战,看着眼前的血战,他知道,绝地反击的时机到了,他要亮出自己的绝密武器了——一艘炮舰。

虽然只有一艘,但到了现在,一艘也已足够。锁定朱宸濠的座船后,只听轰隆一声巨响,霎时间,朱宸濠双耳轰鸣,眼前的景象开始模糊而摇晃,紧接着,他的座船陷入一片火海之中。待清醒过来,望着眼前的残局,朱宸濠长叹一声,准备撤退。朱宸濠一撤,叛军或降或散,被俘者两千余人,落水溺死者不计其数。

朱宸濠退到八字脑,问停舟何地?部下对"黄石矶"。南方人的"黄"读作"王",朱宸濠恨其音为"王失机",杀了对话的人。他在名叫"樵舍"的地方将所有的船连成方阵,把所有的金银拿出来大事赏赐将士,但还是有人逃跑了。

王阳明准备了火攻的应需之物,令队伍从两翼放火,然后火

起兵合,围而歼之。七月二十六日早晨,朱宸濠最后一次接受"群臣朝拜",把那些不肯尽力的拉出去斩首。但一切已成定局,王阳明的大军已经将四面围定,火、炮齐发,朱宸濠的方阵七零八落,溃不成军。又是一炮打中朱宸濠的副舟,他与诸嫔妃抱头痛哭,根据中国的不成文法,女人不能被活捉,她们与自己的丈夫洒泪而别,然后头朝下跳入水中。

最后,朱宸濠和他的世子、宰相、元帅数百人被活捉。《明史·纪事本末·宸濠之叛》载:"斩擒贼党三千余级,溺水死者约三万。弃其衣甲器仗财物,与浮尸积聚,横亘若洲。"

在鄱阳湖生擒朱宸濠,这使王阳明有些踌躇满志,他在《鄱阳战捷》这首诗中以平定了安史之乱的汾阳王郭子仪自比,大有"生擒宸濠,舍我其谁"的气概:

甲马秋惊鼓角风,旌旗晓拂阵云红。
勤王敢在汾淮后,恋阙真随江汉东。
群丑漫劳同吠犬,九重端合是飞龙。
涓埃未遂酬沧海,病懒先须伴赤松。

第十一章 多情总被无情伤

话说活捉朱宸濠后,官兵们押着他去见王阳明。这个朱宸濠虽被押在囚车里,但依然不改王爷的脾气,望见大战过后,南昌远近街道行伍整肃,笑着说:"此我家事,何劳费心如此!"

这话说得让人不禁废书而叹,真是对王阳明的致命嘲弄,一句说尽了家天下的特色:"你王先生真是狗拿耗子,我跟朱厚照争天下,关你姓王的屁事!"

一个人兵败被擒之后还能说出这样的话,想这个宁王朱宸濠应该并不像胜利者所写的"史书"上所形容的那么不堪。但任何历史,总是由胜利者书写、阐释的,欲求历史之真相,难哉难哉。

朱宸濠自1519年6月14日起兵至7月26日被俘,前后不过41天时间。而王阳明在平定叛乱的整个作战过程中所依靠的主要军事力量,自始至终都只是他在江西境内召集起来的、由吉安知府伍文定率领的一支约两三万人的队伍,用王阳明自己的话说,那就是"以万余乌合之兵,而破强寇十万之众",实在算得上是一个军事奇迹!

在前后四十多天的作战过程中,不仅朝廷方面没有派出任何

军队,即使是王阳明所请求派来的邻省之兵也一直没露面。只有福建方面积极响应,但当他们赶来时,战事已经结束了。诚如朱宸濠所说,他发动的这场战争是"朱家的内部事务",既然不是"改朝换代",这些为官的自然不用"太激动,太上心"了,大不了明朝历史上再出一个"朱棣第二"呗,到时候照样可以继续当官……

"潇洒帝"朱厚照其实跟朱宸濠想的是一样一样的:"既然朱宸濠叔叔想跟我斗斗兵法,那我就奉陪到底,俺终于也有机会御驾亲征一次啦!没想到半路上杀出一个王阳明,哪来的鸟人,这么快就把朱叔叔给捉住了,太没眼力价儿了也!哼,就算你打完仗了,我也要继续御驾亲征,捉住了还可以放出来嘛。"

于是我们看到,王阳明在平定叛乱之后不但没得到任何奖赏,反而被人诬告他跟朱宸濠是一伙的,是因为俩人起了内讧才打起来的。

于是我们看到,大功臣王阳明差点被朱厚照以谋反罪、妨碍皇帝游玩罪抓起来。

于是我们看到,在无厘头的专制体制面前,王阳明之前的一切努力都成了一个笑话,一个绝妙的反讽,就像朱宸濠说他的那样:这是我们老朱家的事,干卿啥事!

或许正像索尔·贝娄在《洪堡的礼物》中说的那样:历史是一场噩梦,老子只想好好睡上一觉而已。

或许朱厚照和朱宸濠都想轻轻地告诉王阳明:老王,一切只是个玩笑,这么认真干嘛。

生性爱玩的朱厚照

1519年7月26日，朱宸濠被俘，7月30日，王阳明将这场战争的基本过程和最终结果写成书面文件向朝廷做了详细汇报，这就是《擒获宸濠捷音疏》。

派人将这个战争捷报送去朝廷之后，王阳明像以往一样，立即投入到紧张而忙碌的善后工作当中。他安抚军民，遣散军队，尽力恢复南昌城内及其他作战地区居民的正常生活秩序。同时，他将包括朱宸濠在内的全部俘虏进行登记造册，准备尽快献给朝廷。但在这个时候，一个很无厘头的消息传来：朱厚照已经做好准备，要对朱宸濠"御驾亲征"！并且朱厚照刚离开紫禁城，走到北京房山区良乡这个地方的时候，王阳明的《擒获宸濠捷音疏》就送到了。

按理说，既然叛贼已经被剿灭了，那还劳师动众地御驾亲征干嘛啊，从北京大老远地赶到南昌，多劳民伤财啊。但脑残的朱厚照依旧要搞一次御驾亲征，半途而废怎么成呢！就算党魁朱宸濠已经被捉住了，但其党羽怕还没有完全被消灭吧，所谓"斩草要除根"，咱可不能给大明朝的江山留下什么后患啊！不用犹豫了，犹豫是魔鬼，同志们，继续随我南下剿匪！

这就是荒唐皇帝朱厚照的处事风格：大明江山是我的，我爱怎么玩就怎么玩，你丫管得着吗！

我们前面说过,朱厚照这个人之所以这么不靠谱,跟刘瑾的教唆大有关系。但这个大太监早在1510年就被咔嚓了,现在,历史的车轮都滚到1519年了,将近十年过去了,这个朱厚照怎么还是这么二啊?

刘瑾当然可以被咔嚓,但在一套恶的体制中,只要这皇帝手中的权力没得到有效限制,怎么能阻止有人向这至高无上的皇权谄媚呢?!刘瑾被千刀万剐之后,没人陪自己玩的朱厚照感觉这心里是空落落的,他空虚、寂寞、无聊,于是他又找来了钱宁、江彬等人,让他们继续陪自己游山玩水、寻欢作乐、醉生梦死。而这两人也不负朱厚照之望,跟之前的刘瑾相比是有过之而无不及,刘瑾充其量不过是一个得宠的太监罢了,但这钱宁、江彬却是朱厚照的"义子"。

我们前面说过,朱厚照是没有生育能力的,为了弥补内心的缺憾,他就在在位期间广收"义子",1512年,他一次就收了127个义子,真是旷古奇闻。在这些义子中,最为得宠的就算钱宁、江彬了。

钱宁幼年之时被卖到宦官钱能家为奴,因此为钱姓。钱能死后,钱宁以宦官养子的身份受恩荫进入锦衣卫,并得到"百户"的职位。正德初年因为依附刘瑾而得以接近朱厚照,且大有后来居上之势,让引路人刘瑾都有些黯然失色。他最后做到左都督,执掌著名的锦衣卫和诏狱,成为国家秘密警察头子,就像纳粹党卫军首领希姆莱。能武,是他得宠的一个重要原因,因为朱厚照一生都对征伐冲杀之事抱有白日梦一般的理想,据说钱宁射术骄人,会左右开弓。后来他被朱厚照赐姓"朱",收为义子,并被提升为"千户","历指挥使，掌南镇抚司。累迁左都督，掌锦衣卫事，典诏狱，言无不听。"

豹房新宅的建设，钱宁出力甚多。豹房始修于正德二年（1507 年），至正德七年共添造房屋二百余间，耗银 24 万余两。其实豹房新宅并非养豹之所，又非一般意义上单纯游幸的离宫，实为朱厚照居住和处理朝政之地，有人就认为是当时的政治中心和军事总部。豹房在皇城西北，是朱厚照豢养虎豹等猛兽以供玩乐的地方，生性爱玩的朱厚照登基之后不甘宫内枯燥的生活，后来索性离开了紫禁城，住进了这个豹房新宅。朱厚照曾买来大量猛兽试验，发现豹子最为凶猛，因此多养豹子，称其为"豹房"。豹房新宅多构密室、有如迷宫，不仅养着四域八方进贡的珍禽异兽，更有钱宁为朱厚照悉心挑选的西域、高丽及江南美女，甚至于西藏、回回等地三教九流之徒，专事进奉些诡奇的房中秘术，俨然就是古人所谓的"酒池肉林"复现于大明朝的宫闱之内了。朱厚照每日广招乐妓承应，荒淫无度。

但建设豹房并非钱宁大红大紫的根本原因，对朱厚照与钱宁之间的关系，《明史》语意幽长，读起来总感到有些弦外之音。其中说，豹房之建，便出自钱宁的创意，"请于禁内建豹房、新寺，恣声伎为乐，复诱帝微行。"从这句话当中，我们显然可以读出钱宁作为朱厚照豹房生涯的纵欲象征这个形象。随后又有一句："帝在豹房，常醉枕宁卧。百官候朝，至晡莫得帝起居，密伺宁，宁来，则知驾将出矣。"说两人在豹房睡在一起，且非偶尔为之，是经常如此；以至于百官都掌握了这样一个规律，每天早上只要看见钱宁的身影，就可以知道朱厚照已经起床。两个男

人行迹如此亲昵,一般人不但做不到,恐怕根本就难以忍受。个中隐秘是什么,史无明言,却又老在暗示着什么。

当时有个叫王注的锦衣千户,活活将人鞭挞致死后逃匿,刑部于是发出紧急通缉令;钱宁却把王注藏在自己家,同时让东厂借故找刑部的麻烦。刑部尚书张子麟得知王注有此背景,赶紧亲自登门找钱宁解释,并立即将王案一笔勾销,事情才得平息。那么,钱宁缘何要如此保全这个王注?史家只说出寥寥四字:"注与宁暱(昵)。"昵者,亲也,近也。一般友情不足以称"昵",哪怕好到两肋插刀的地步,也不宜以"昵"字形容——特别是两个男人之间。

不单是这个钱宁,豹房前后"几代红人",跟朱厚照的"关系"都很可疑。后期豹房佞幸的代表人物、边帅江彬经过权力斗争,不但取代了钱宁的地位,也填补了后者与朱厚照的那种"特殊关系"。《明史》和《罪惟录》都明载,江与朱厚照"同卧起","帝宿豹房,彬同卧起"。《明史纪事本末》用词最有趣,写作:"上御豹房,与江彬等同卧起。"这个"御"字有多解,用在生活起居方面的时候与男人的性行为有关,这是在暗示什么呢?

中国古代帝王好"男宠"是有悠久历史的,更不必说朱厚照这样一个喜欢猎奇、毫无禁忌的人。所谓"男宠",其实可以理解成跟后宫那些嫔妃的性质差不多的,不同的是他们是男的。历史上很多国君、很多皇后、妃子都有过男宠,他们因为相貌姣好,妩媚,外形极为像楚楚动人的女性,甚至比女性还要美丽,还要吸引人,因而古代许多皇帝、太后身边都有一些比较女性化的男性跟随在身边，充当嫔妃的身份来侍候他们。

我们前面说过，宁王朱宸濠曾经为了恢复被朝廷裁撤的王府护卫而行贿朱厚照的男宠钱宁。恢复护卫后的朱宸濠为置耳目、求庇护，在朝中广泛交结大臣，"时武宗所宠优人臧贤主锦衣事，钱宁及诸内侍无不宸濠党者，大臣则厚结尚书陆完，使者络绎京师，动则赍数千金为朝臣馈遗，上起居饮食皆报之。"就连大学士杨廷和亦庇护朱宸濠，后来因发现朱宸濠有不轨的图谋，对其态度才稍有改变。正德十二年（1517年），典仪阎顺、内官陈宣等向朱厚照告发朱宸濠的不法行为，但因为有钱宁等人的庇护，朱厚照并未重视。朱宸濠还依托钱宁等人将不附于己的江西官员一一排挤走，羽翼渐趋丰满，直至发动武装叛乱。那么，钱宁作为朱厚照的"爱妃"，为何却倒向藩王朱宸濠呢？

不仅是因为钱宁接受了朱宸濠的大量贿赂，更主要的是由于朱厚照的另一位"爱妃"江彬正如日中天，大有将自己这个昔日的豹房大总管取而代之之势，钱宁"念富贵已极，帝无子，思结强藩自全"。而江彬也在物色外藩的皇位继承人以求自保，正是这两位"爱妃"之间的矛盾将钱宁推向了皇权的对立面，其结果也必然如刘瑾一样彻底退出政治舞台。在江彬的告发下，朱厚照下令将钱宁逮捕，并洞察到朱宸濠的不轨图谋。那么，这个江彬又是何许人也呢？

江彬，原本是名边将，骁勇异常。在镇压刘六、刘七起义时身中三箭，其中一箭更是射中面门，但他毫无惧意，拔之再战。因军功觐见，他于御前大谈兵法，深合任侠尚武的朱厚照的心意，遂被留在朱厚照身边。有一次，朱厚照在豹房内戏耍老虎，

谁知平日温顺的老虎突然野性大发，直扑朱厚照。朱厚照忙呼身旁的钱宁救驾，钱宁畏惧不前，倒是江彬及时将老虎制服。朱厚照虽然嘴上逞能说"吾自足办，安用尔"，心里却是十分感激。也就是在此之后，江彬逐渐取代钱宁而得宠。

江彬深恐钱宁害己，遂向朱厚照吹嘘边军如何英武善战，引诱他将边军与京军互调，借以自固。明朝祖制，边军、京军不许互调。因为如果边军弱，蒙古就会入侵；京军弱，边军就会成为祸患，这是为加强皇权着想的制度。但朱厚照却不顾大臣的激烈反对，打破祖制调边军入京，设东、西官厅，由江彬、许泰统帅。不仅如此，江彬更是鼓动朱厚照离开京城到西北游幸，这对于一向以"雄武"自居的朱厚照颇有吸引力，他一直梦想着能在广阔的草原上一展雄姿，开创不世之业。江彬还告诉他那里多美妇，这自然更增加了朱厚照的兴致。

正德十二年（1517年），朱厚照一行浩浩荡荡来到宣府（在今河北宣化），营建"镇国府"。朱厚照非常喜欢宣府的镇国府，甚至称那里为"家里"。正德十三年（1518年）立春，朱厚照在宣府照例要举行迎春仪式。以往的迎春仪式中，用竹木扎成架子，上面排放些吉祥图案，进献给皇帝，谓之"进春"。这一次，朱厚照亲自设计迎春仪式，花样百出。他命人准备了数十辆马车，上面满载妇女与和尚，行进之时，妇女手中的彩球就和和尚的光头相互撞击，彩球纷纷落下……这次迎春仪式，朱厚照始终兴高采烈，对自己的杰作甚感得意。

在江彬的鼓动下，朱厚照下令大肆修缮镇国府，并将豹房内的珍宝、妇女运来填充镇国府，似乎有常驻宣府的意思。朱厚照之所以有此打算，是与他尚武、想立边功密不可分的。宣府是北边重要的军镇，也是抵御蒙古军队入侵的第一道防线，朱厚照在内心里仰慕太祖朱元璋和成祖朱棣的武功，盼望着自己也能像他们一样立下赫赫军功。并且在这里，他再也不用听大臣们喋喋不休的劝谏。他下令大臣一律不许来宣府，只有豹房的亲随可以随时出入。在豹房和镇国府两处，朱厚照为所欲为、乐不思蜀……

摊上这么一位二到家的皇帝，实在是明朝的不幸，更为直接的则是王阳明的不幸。朱宸濠谋反之初，朱厚照是一点儿都不急，照样在各地游玩，在豹房里玩，在"家里"玩。但等到朱宸濠被王阳明抓住了，他却开始在"家里"跟江彬商讨对付朱宸濠的"征剿方略"，因为他突然想到，这实在是一个千载难逢的"玩军队"的机会！以前只是看人家打仗，现在自己亲自去征战沙场，多过瘾，多有派！当然，除了"玩军队"，还可以顺便玩南方山水，玩绝色美女，玩花样美男……

想到这里，朱厚照不禁开始佩服起自己来了。

游荡无度，荒唐一世

作为心学大师，王阳明这个人是很有计策、很聪明的，对人性也有比较深的了解。但他再聪明，怕他推测不出朱厚照执意御驾亲征的真实意图，就算他再有想象力，怕他也想不到自

己的主子、自己为之卖命的皇帝竟然是一个不堪而喻的龌龊之人。虽然在朱厚照身上,"嫉恶如仇,总是正面向他的'敌人'发起不屈不挠的冲锋"这样的骑士精神是一点也没有的,不过,就以一生生活在梦幻里、不切实际、自以为是和用想象代替自身现实的梦想家这些方面论,他与堂吉诃德实在可以说是一对难兄难弟。

堂吉诃德开始游侠生涯之前,想了八天,决定自称"堂·吉诃德"("堂"字,为贵族专用),自授骑士封号;朱厚照四处东征西讨之前,也重新取名"朱寿",并自封为"威武大将军镇国公朱寿",将镇国公、威武大将军、总兵官等一连串头衔一股脑扣在了自己头上,一点儿不怕这些头衔太沉了。

堂吉诃德五十岁以后在家待不住,立志出门冒险,打遍天下;朱厚照二十来岁起也向往传奇的生涯,屡屡着一身戎装,仅以数骑随,摸出宫去,"巡视三边,督理兵政,冀除房患",甚至顶风冒雪,备历艰险,骑行千余里,"亲征"胡虏。

堂吉诃德把风车当做传说中的巨人,与之搏斗来表示勇敢,朱厚照则跟驯化过的虎豹搏斗来表示勇敢。

堂吉诃德路遇阿尔及利亚总督进献给皇上、载于笼车的狮子,坚持要将狮子放出,让他亲手降服;朱厚照则当叛王朱宸濠明明已被王阳明俘获后,非要将其重新纵放于鄱阳湖,然后再由他亲自捉拿。

如果王阳明知道自己的主子是这样一个有些疯疯癫癫的"堂吉诃德式"的人物,我想,他很有可能跟着朱宸濠一块儿造反了,以朱宸濠的实力加上王阳明的智力,很有可能一举将早已腐朽不堪的明王朝击毁。或者，他会选择遁世而去，管他什么朱宸濠、朱厚照、大明朝，俺只是打酱油的，你们继续斗你们的吧，老子不跟你们玩了！

但王阳明就是王阳明，他是以做圣人为人生使命的，所以就算朝廷对他不义、对百姓不义，他也不能对朝廷不忠，饱受封建伦理道德熏陶的他是"不能"造反的，即便他曾这么想过。同时，他也不能眼看着百姓遭受兵乱的凌虐，他是心怀天下苍生的，所以就算朝廷没让他讨伐朱宸濠，他还是在第一时间兴义兵、讨叛贼。

虽然王阳明自认已尽到了作为臣子与官员的使命，无论对朱厚照还是对黎民百姓，他都问心无愧，但人家朱厚照可不领他的情："谁让你这么快就把叛乱平定了，我还没杀到呢，战争怎么能结束呢！可惜啊，如此难得的扬名立万的机会，居然旁落他人！不成，我无论如何咽不下这口气，老子还没开始玩儿呢，怎么能让游戏就提前结束了！"

于是，从来不惧使出荒唐与耍赖手段的朱厚照发出密旨，让朝廷把叛乱平定、宁王被俘这当世头条新闻压住不予报道，并由一帮太监和江彬等人想出点子，纵放朱宸濠于鄱阳湖，然后让朱厚照亲手将其捉拿。可惜明朝的时候通讯不发达，既没有电报、电话，更没有 E‐mail，这边圣旨发出时，王阳明早已押着朱宸濠一行上路来京，两下里错过。王阳明走的是水路，从江西取道浙江，准备经京杭大运河到达北京。朱厚照得知这个消息后，赶紧派太监张永到杭州截住王阳明，要他把朱宸濠交给皇上，作为臣子，王阳明只得从命——1519年9月16日，朱厚照到达山东

临清,王阳明将朱宸濠押解到南京杭州,交给太监张永。同时,朱厚照指示王阳明把原来写的那个《擒获宸濠捷音疏》改写一下,务将"威武大将军镇国公朱寿"的功劳写进去——这篇公然造伪的文件收在《王阳明全集》里,不妨摘来看看:

重上江西捷音疏

十五年七月十七日遵奉大将军钧帖

照得先因宸濠图危宗社,兴兵作乱,已经具奏请兵征剿。间蒙钦差总督军务威武大将军、总兵官、后军都督府太师、镇国公朱钧帖,钦奉制敕,内开:"一遇有警,务要互相传报,彼此通知,设伏剿捕,务俾地方宁靖,军民安堵。"

……

续蒙钦差总督军务威武大将军、总兵官、后军都督府太师、镇国公朱统率六师,奉天征讨,及统提督等官——司礼监太监魏彬、平虏伯朱彬(也就是江彬,朱厚照赐他姓朱,所以王阳明在这里称他为朱彬)等,并督理粮饷兵部左侍郎王宪等,亦各继至南京。

臣续又节该奉敕:"如或江西别府报有贼情紧急,移文至日,尔要及时遣兵策应,毋得违误,钦此。"俱经钦遵外(官样文字,指皇帝命令全都得到遵行)。

……

王阳明,这位中国历史上数得着的大哲学家,以心学著称于世的明代大儒,在这里被逼说谎。不知他草疏之际,是如何面对自己"致良知"的学说的。

面对造反的朱宸濠，王阳明心无畏惧、冲杀攻掠，但面对当朝天子朱厚照，他只能保持沉默、服从指挥。一个叱咤风云的英雄受这种窝囊气，是个什么滋味？

王阳明此时的《太息》诗影射群小像乱藤缠树一样，要将树的根脉彻底憋死，"一日复一日，中夜坐叹息。庭中有嘉树，落叶何淅沥。蒙翳乱藤缠，宁知绝根脉"。而自己呢，"丈夫贵刚肠，光阴勿虚掷。头白眼昏昏，吁嗟亦何及"，言外之意是后悔自己把心力、精力都徒然掷于虚牝之中了。他在上新河，半夜里坐在河边，见水波拍岸，汩汩有声，深愧白做了一世人，活得这么窝囊，比屈原还冤枉！他也有了死的心思，回归到大自然之中，获永久的平静，人生最难受的是蒙受诬陷，忠而见谤，信而见疑，他从朱厚照这里领受到了这一切。他是刚立过赫赫战功的地方大员，在皇帝眼里，竟然是这么微不足道！

王阳明感觉自己像丧家的乏走狗一样摸门不着，苦情无处诉，他对自己说："以一身蒙谤，死即死耳，只是老父怎么办？"大概，他还放不下他刚出生的小儿子。他对学生说："此时若有一孔可以背上老父逃跑，我就永无怨悔的一去不复返了。"假若当时可以有出国一条道的话，他应该会像后来的朱舜水、康有为等一样出国的。

王阳明很痛苦，朱厚照却玩得很尽兴。将朱宸濠这"战利品"收入囊中，朱厚照便安心在南方游乐，于是我们看到，"讨逆"直接转化为"虐民"，到处搅得鸡飞狗跳。

正德十四年（1519年）九月二十二日，朱厚照自临清北返，

将因病留住在张家湾的美人刘氏接到临清。十月二十二日,朱厚照从临清出发,前往徐州。一路上,朱厚照经常捕鸟捕鱼赏赐臣下,而臣下则献金献帛向朱厚照表示谢意。江彬还不时假传旨意,向当地官员征钱征物。

十二月初一,朱厚照抵达扬州府。第二天,朱厚照率领数人骑马在府城西打猎,从此天天出去打猎。众臣进谏无效,便请刘美人出面,终于劝住了好玩成性的皇帝。

十二月十八日,朱厚照亲自前往妓院看各位妓女,从此,扬州的妓女身价倍增。这是他在"温柔富贵乡"扬州时的情形:

经(太监吴经)矫上意(曲解、假托朱厚照的用意),刷(搜觅)处女、寡妇。民间汹汹,有女者一夕皆适人,乘夜争门逃匿不可禁。

……经遍入其家,捽(揪)诸妇以出,有匿者破垣毁屋,必得乃已(罢休),无一脱(幸免)者,哭声振远。

而《明史》中的记载,除上述情节外,还说"许以金赎(准许被抢的妇女用钱赎身,敲诈),贫者多自经(上吊)"。如此大动干戈,当然不是什么"矫上意",如果没有朱厚照的授意,一个太监,借他个胆儿也不敢!扬州"有女者一夕皆适人"——为了避免自己的女儿被官兵抢了去,一夜之间,扬州没出嫁的姑娘都嫁出去了——这个经典瞬间,被晚明小说家写入故事《韩秀才乘乱聘娇妻》。近代诸多戏曲剧种如粤剧、潮州戏、黄梅戏等,都将此情节搬演成戏,名《拉郎配》。香港亦曾出品根据粤剧改编的故事片，近年又有央视制作的电视剧《拉郎配》。如今，"拉郎配"作为荒唐的同义词，在生活中广为运用，但很少有人知道它的始作俑者便是这位正德皇帝朱厚照。

朱厚照在南方尽兴玩乐，流连忘返。正德十五年（1520年）二月初六，张永押解朱宸濠等钦犯来到南京江口，献俘报命。此后，朱厚照继续在南京一带游玩。八月，乐不思蜀的朱厚照视十万火急的兵书为儿戏，继续在南方巡幸。不久，民间传言朱宸濠的反叛事情有变故，朱厚照开始疑心。而刘美人也力劝朱厚照还京，朱厚照才开始有回京的打算，但迟迟不肯起驾。九月十五日，朱厚照在清江浦驾舟捕鱼，不料跌落水中。朱厚照虽然被救上船，但从此受惊成疾，无法救治。

十月二十六日，朱厚照携着他的"战利品"——朱宸濠回到北京，一路之上，"每令宸濠舟与御舟衔尾而行……及至通州，谓左右曰：'吾必决（亲自审断）此狱！'"对朱厚照来说，这些现已写入自己功劳簿的"战利品"是一生荣耀的顶峰，他必会大张旗鼓地加以张扬，以让世人尽皆拜倒在他的丰功伟绩之下。八月，离开南京之前，他就曾专门搞了一个"献俘仪式"，但他不厌其多，注定会搞第二次——在北京，这个他诞生的地方，他命礼部、鸿胪寺的负责官员，足足用了两个月的时间来研究和准备北京的献俘仪式。待得一切停当，十二月十日，朱厚照以亲自押送俘虏的方式正式回归皇城（此前一直驻跸通州）。

正德十六年（1521年）正月初一，朱厚照赐群臣假，免宴。正月初六，朱厚照病重。正月初十，由于病重，郊祀礼改为占卜。二月初一，朱厚照因病罢朝。二月初二，捕获妖人段及其妻

王满堂，朱厚照见王满堂长得娇美艳丽，抱病临幸，不顾性命。同年三月，朱厚照驾崩，年仅三十一岁。

五月初八，尊谥"毅皇帝"，庙号为武宗。九月二十二日，葬于康陵。自此，酗酒好色、荡游无度、荒唐一世的明武宗朱厚照结束了他无厘头的一生。因无子可继承皇位，朱厚熜即皇帝位，是为世宗。

下篇

知行合一：
神奇的阳明心学智慧

第十二章　立志：
英雄不是没有恐惧，而是敢于正视心中的怯懦

通过第一部分的介绍，我们对王阳明的生平已经有了一个较为详细的了解。接下来，我们就看看王阳明的修身处世智慧，看他在立志、修身、求学、为官等方面有哪些值得我们学习的地方。

我们前面说过，王阳明自小就以做圣人为自己的人生志向，为了切实实践这个目标，他在立身处世的时候可以说始终以圣人的标准严格要求自己，无论身处怎样的境地，他绝不违背天地道义、自己的良心。也正是因为王阳明自始至终坚持自己的做人原则，坚守自己的道德底线，所以他才免于随波逐流、泯然众人，他才成为立德、立功、立言的"三立"完人，成为后世学习的楷模。而王阳明取得的这一切成就，最初都源于一点：立志。

要想成功,首先要找到奋斗的方向

对于"立志"的重要性,确立自己的人生目标的重要性,身为心学大师的王阳明是有着极为深刻的切身体会的。他12岁就立志以"做圣贤"为自己的人生使命,为了实现这个目标,他"实践一生":

为了实现这个目标,他骑马练箭、研究兵法,希望能够借雄成圣。

为了实现这个目标,他求仙访道、参禅学佛,希望能够通过洞彻万物之本源而成为觉悟的智者、圣人。

为了实现这个目标,他参加科举、迈入仕途,希望能够通过手中的权力利国安民、造福一方而成为众人心目中的圣者。

为了实现这个目标,他立志圣学、龙场悟道,并最终成为了孔孟那样的儒门圣哲。

正是坚定的志向为他的人生指明了方向,使他的生活充满了意义。而对于立志的重要性,王阳明也说过很多极为精辟的话:

立志,其本也,志不立始异矣,所谓性近习远者也。

夫学,莫先于立志。志之不立,犹不种其根而徒事培拥灌溉,劳苦无成矣。世之所以因循苟且,随俗习非,而卒归于污下者,凡以志之弗立也。故程子曰:"有求为圣人之志,然后可与共学。"

夫立志亦不易矣。孔子,圣人也,犹曰:"吾十有五而志于学。三十而立。"立者,志立也。虽至于"不逾矩",亦志之不逾矩也。志岂可易而视哉!夫志,气之帅也,人之命也,木之根也,水之源也。源不浚则流息,根不植则木枯,命不续则人死,志不立则气昏。是以君子之学,无时无处而不以立志为事。

君子之于学也,犹农夫之于田也,既善其嘉种矣,又深耕易耨,去其螟莠,时其灌溉,早作而夜思,皇皇惟嘉种之是忧也,而后可望于有秋。夫志犹种也,学问思辩而笃行之,是耕耨灌溉以求于有秋也。志之弗端,是莨稗也。志端矣,而功之弗继,是五谷之弗熟,弗如莨稗也。吾尝见子之求嘉种矣,然犹惧其或莨稗也;见子之勤耕耨矣,然犹惧其莨稗之弗如也。夫农春种而秋成,时也。由志学而至于立,自春而徂夏也;由立而至于不惑,去夏而秋矣。已过其时,犹种之未定,不亦大可惧乎?过时之学,非人一己百,未之敢望,而犹或作辍焉,不亦大可哀乎?从吾游者众矣,虽开说之多,未有出于立志者。故吾于子之行,卒不能舍是而别有所说。子亦可以无疑于用力之方矣。

立志无他焉,致良知焉已矣。何也?圣凡之判迷悟之间也。何云迷?日欺则然也。何云悟?自慊则然也。脱迷就悟,非戒慎恐惧不可也,是故有求焉。圣人之志焉,致良知焉已矣。

立志,就是确立自己的人生目标,就是找到奋斗的方向。成功最大的敌人,就是没有目标。一旦有了目标,我们就有了能量和活力。哪怕是为了一个小小的目标而奋斗,这也是值得我们骄

傲的，因为无数小小的目标积累起来，可能就是伟大的成就。

金字塔也是由每一块石头累积而成的，每一块石头都是很简单的，而金字塔却是宏伟而永恒的。但如果我们把金字塔拆开了，剩下的只不过是一堆散乱的石头。我们的生活也是这样，日子如果过得没有目标，就只是几段散乱的岁月。但如果我们把一种努力凝聚到每一日，去实现一个梦想，散乱的岁月就积成了生命的永恒。

我们不同于一般动物之处，就是我们有智力、会思考。因此，我们是无法像动物那样浑浑噩噩、完全凭借本能去生活的，人活着，必须要有为之不懈奋斗的目标——无论那目标是什么。孔子说："饱食终日而无所用心，难矣哉！"就是说一个人，你让他吃饱了、喝足了什么都不干，那实在是太难为他了！生而为人，我们是习惯"动"的，我们停不下来，我们总是自觉不自觉地在寻求什么——通过寻求、通过奋斗，我们才感觉到自己是"活着"的，才认为自己是具有某种"意义"的。为什么监狱里最严厉的惩罚就是关禁闭？因为在黑暗的小屋里面，没有光、没有任何事做、没有任何人和我们说话，那种彻骨的孤独和恐惧，真的可以把人逼疯。

有些目标，虽然它们可能永远都无法实现，但至少它们可以让我们那颗异常空虚的心充实一点，让我们找到活着的理由，这，就是值得感谢的。为什么我们很多现代人患上了无聊厌世、空虚寂寞、抑郁疯狂的"现代病"？很大程度上，就在于目标的丧失。对于一艘没有方向的船来说，来自任何方向的风都是逆风；人生也是如此，没有方向，没有目标，没有人生的着力点，我们将自己的这双脚——立于何处呢?!漫无目的的生活就像航海而没有指南针,而目标,就是一盏指路明灯,有了灯的指引,我们才不会迷失在人生的十字路口。

当然,有了目标,只是有了一双能够雾里看花、穿云射日的慧目;要真正采摘到那朵梦想中的"彼岸之花",不亲自用这双良足跋山涉水、翻山越岭,一步步走过由此岸到彼岸的路途,心中的梦想就只能是痴心妄想了。

找到兴趣,确定目标,即意味着为了达到目标可能要把自己逼进艰难困苦的境地中去;但如果一个人不能确定自己的目标,他必定是个没有勇气的人。我们不能因为外在的原因而随波逐流,更不能因为暂时不知道自己的长处而犹疑不决。对于勇敢的人来说,人生就是一场实验。勇敢地尝试、开拓,这是我们找到人生目标的最好方法。这样,就算我们还没有找到属于自己的路,却已经是"在路上"了。

目标如慧目,行动如良足——暂时的迷失、彷徨并不可怕,可怕的是,你未曾出发!

持志如心痛,咬定目标不放松

树立人生目标的重要性,相信我们每个人都知道,谁都不想白活一场,谁都想干出一番轰轰烈烈的事业。但问题往往是,虽然没有人会怀疑设定明确目标对成功的重要性,但多数人都没有

真正地按目标去做、去奋斗。有这样一句德国谚语："想要喝牛奶的人，不应坐在草原上梦想牛会自己走来。"一个人除非有计划地去一步步实现自己的目标，否则将一无所获——没有实现的目标，不过是"空想"而已。

我们前面曾经说过，王阳明这个人是很注重实践的：为了理解朱熹思想的精髓，他就曾身体力行地去"格竹"；为了考察边境蒙古人的情况，他只身去居庸关待了一个多月；为了检验自己的兵法理论，他把自己手下的农民当军人指挥；为了体悟佛老当中蕴含的真理，他打坐修行，静坐冥想；为了成为儒门圣人，他终身以圣人的标准严格要求自己，可谓是"战战兢兢，如临深渊，如履薄冰"，所以他才能在临终的时候坦然说出"此心光明，亦复何言"这样的磊落之言……

能够终其一生如此严格地要求自己，没有对自己人生目标的坚定信念怕是做不到的。对于如何坚守心中的理想、志向，王阳明曾经说过这样一句平实而恳切的话："持志如心痛。一心在痛上，岂有工夫说闲话、管闲事。"坚守自己的志向就好比是自己的心很痛，如果你的身体得了重病，你哪里还有闲工夫、闲心情去跟别人扯闲话，去胡思乱想呢，你一定会时时刻刻想着如何尽快治好自己的病痛。我们之所以被情绪、环境、际遇所左右，是因为我们忘记了自己真正的目的。

从前有个国王，他看见出家人整天没有事做，只是不断地念佛，觉得不以为然。有一天，他问出家人道："我听说修行的人，必须刻苦，方能成就道果，你们整天清闲没有做事，只是念佛，哪里会有成就？"

那出家人说:"修行并不在于刻苦不刻苦,而是在于生死的心切不切。出家人虽然整天清闲,只念一句阿弥陀佛,但是他求了脱生死的心很切。因为生死心切,所以虽整天六根对境,但他眼不见美丽的色相,耳不听宛转的声音,鼻不嗅芬芳的香气,舌不尝可口的美味,身没有适意的感触,意不起胡思与乱想。"

国王听了这些道理,将信将疑,他对出家人说:"你的话虽然说得有理,但是你能够用事实来证明你的话吗?"

出家人说:"可以!请国王明天派两班能歌善舞的宫娥,一班在东街跳舞,一班在西街唱歌。另外从监牢里面放出一个判死刑的犯人,拿一个罐子盛满油,叫他捧着这个油罐子,并告诉他说:'你的罪本来是判死刑的,现在给你一个求生的机会,你捧着这一罐油,绕过街道一周回来,如果罐里的油没有倾溢出来,就赦你无罪。'此外,还要命令四名兵士,拿着大刀随行,吩咐他们说:'注意那犯人手上所捧的油,看见油在哪里倾出,就在哪里立刻斩首。'大王这样一试,便能得到证明了。"

到了第二天,国王照出家人的指示去做,那犯人心里想:"今天是我生死的关头,我必须一心专注于这罐油,不可让它洒出。"果然,那犯人绕过了东西街道一周,丝毫不敢疏忽,手上所捧的油一点也没有溢出来。回到国王面前,国王兑现诺言,赦他无罪。

那出家人请国王问那犯人绕街一周的所见所闻,国王就问犯人:"你在东街所看到的东西,什么最好看?"

犯人答道:"大王!我什么也没有看到!"

国王又说:"你在西街所听到的声音,什么最好听?"

犯人答道:"大王!我什么也没有听到!"

国王骂犯人说:"你胡说八道!东街跳舞,西街唱歌,你既不是瞎子又不是聋子,哪里会不见不闻?"

犯人答道:"大王!今天是我生死的关头,我一心只顾着这罐油,哪里还有心思去看跳舞、去听唱歌呢?所以绕过了街道一周,真的是不见不闻。"

"世上无难事,只怕有心人",如果我们能够像那个出家人所说的生死心切,一心专注于自己的目标,大概没有什么事情不能做成了。这,就是真正的成功秘诀吧。如果我们做任何事的时候都抱着"只有目标,没有道路"的态度,如果我们是真正喜欢自己现在正在做的事,痛苦也是快乐!其实很多时候,我们不敢跨出那第一步,并不是因为目标遥不可及,而是因为我们眼中只看到了一路上的艰险困苦,没有看到前方的灯塔。

道路曲折坎坷并不是通向目标最大的障碍,一个人的心志是否坚韧,这才是决定成败的关键——一帆风顺的人,往往经不起任何打击。只要我们心中的灯火不曾熄灭,即使道路再崎岖难行,前途也是一片光明——希望的灯火,可以穿透任何黑暗。

当然,我们的目标一定要切合实际,不要选择与自己实际能力悬殊过大的志向,或者离现实太远、没有实现的可能性的目标,不可能实现的理想会打击人的自信。另外,目标也不能朝令夕改,要"立长志"而不能"常立志"。经常改变志向的人看起来常常踌躇满志,实际上并不知道自己真正想要什么,这种见异思迁的人,往往会一事无成。确定好自己的目标后,就要朝着它不断迈进,坚持不懈,哪怕遇到再多的困难,也要勇敢地迎接挑战。

当然，目标不是死的，不能因为要"立长志"而一条路走到黑。它很像锚：看上去是固定的，其实锚是否固定是取决于航船的运行安排的。认清事业的目标，不是为了让我们抓住某样东西不放，把它当成救命的稻草，而是用它让我们漂浮的心沉下来，让我们当止则止、当行则行。

因此，我们应根据实际情况灵活地改变自己的选择，如果不能实现现在的目标，不要过于丧气，暂时放弃它，然后种上另一颗目标的种子，不要急躁，不要期望立见成效——如果我们总心急地把埋到地里的种子挖出来，想看它发芽了没有，估计它永远都不能发芽了，它经不起我们这么折腾！这就是王阳明所说的："立志用功，如种树然。方其根芽，犹未有干；及其有干，尚未有枝；枝而后叶，叶而后花实。初种根时，只管栽培灌溉，勿作枝想，勿作叶想，勿作花想，勿作实想。悬想何益！但不忘栽培之功，怕没有枝叶花实？"

纵观王阳明的一生，他经历了我们常人难以想象的苦难：高考（会试）连连失利，仕途不顺，因"格竹"而落下肺病，差点被刘瑾打死，被锦衣卫追杀，在贵州龙场衣食无着、举目无亲，平定朱宸濠叛乱后反被冤枉，差点遭人陷害而死，疾病缠身仍要去打仗，自己创立的阳明心学被政府禁止，在人生的最后几年才有儿子，病死他乡……

在苦难面前，虽然王阳明有时也倍感无奈、无助，有时也想遁世而去、逍遥自在，但为了完成自己成圣成贤的人生志向，他每一次都坚持了下来，他自始至终都"持志如心痛，咬定目标不放松"！

志向对于成功，犹如空气对于生命

战国时期伟大的思想家，教育家，政治家，儒家的主要代表者——孟子说："天将降大任于斯人也，必先苦其心志，劳其筋骨，饿其体肤，空乏其身，行拂乱其所为，所以动心忍性，增益其所不能。"自古以来，凡欲成大业者必先立志，志不坚则业难成。

王阳明作为一代大儒，对志向与人生的关系，有着深邃的见解，他说："志不立，天下无可成之事，虽百工技艺，未有不本于志者。"他认为一个人成就一番大业的根基就是志向，没有志向的人难以激发意志和激情，如此必然一事无成。即便是天下各行各业的工匠技艺，也都是要靠着坚定的志向才能学成的。其言诚然也。

有一次，年仅十二岁的王阳明在书馆里问他的老师："何为第一等事？"老师回答说："唯读书登第耳。"王阳明竟持着怀疑的态度反驳道："登第恐未为第一等事。"老师反问他什么才是人生的头等大事。王阳明说："读书学圣贤耳。"

"读书做圣贤"这样大的志向正是出自少年王阳明之口，他认为登第当状元只是外在的成功，而读书做圣贤是追求内在的修养，才能够永垂不朽。大人看来，王阳明这样的口气未免有些张狂，甚至和他的年纪一比较，还带着点滑稽可笑的味道。但是这崇高的志向，对王阳明以后的生活产生了深远的影响，在思考和实践的过程中，他常常以此为标准来回答和解决生活当中出现的问题。

只要有了高远的志向，那么无论想成就什么事业都有了可能，所以立志是十分重要的。

当今时代的领军人物比尔·盖茨，从小就有一颗强烈的进取心和独特机敏的性格。不管是在玩游戏还是在学习上，他总要争个第一，这在同龄人中是非常罕见的。每次他读洛克菲勒的著作时，总是情绪激昂。少年的盖茨特别崇拜这位富豪，他立志要像这位富豪一样成功，他经常用红笔在洛克菲勒的名言下画很多遍。

盖茨在湖滨中学时认识了一个非常要好的同窗——保罗·艾伦。刚到这所中学时，盖茨经常一个人读关于电脑方面的资料，并且还千方百计地寻找这方面的东西。保罗·艾伦也酷爱这方面的知识，而且还时不时给盖茨出些难题想难为他。求知心、上进心终于使双方成为最要好的同窗。

盖茨曾说："我们都被计算机能做任何事的前景所鼓舞……艾伦和我始终怀有一个伟大的梦想，也许我们真的能用它干出点名堂。"

有一次，老师让每个人都说说自己的志向。当问到盖茨时，他平静地站起来说："我要缔造一个关于计算机的王国，我要超过洛克菲勒的财富……"话未说完，课堂上爆发出长时间的嘲笑声。盖茨仍然平静地坐了下来，脸上没有什么不好意思，只有眼里闪耀着坚定的目光。终于在这一伟大志向的放飞下，一个微软

帝国诞生了，一个世界首富也随之诞生了，他不仅成了亿万富翁，而且资产已超过了洛克菲勒几十倍。所有的成绩与他那个富翁雏形梦想都有很大关系。

远大的志向会使人洋溢着一种激情四溢的火花，让人更可能取得成就。远大的志向就是推动人们前进的梦想。随着梦想的实现，你会明白成功的要素是什么。没有志向，人生就没有瞄准和射击的目标，就没有更崇高的使命能给你希望。而拥有远大的志向，你就看清了自己想取得什么成就，你就有一股无论顺境逆境都勇往直前的冲劲。

的确，人与人之间真正的差异就在于有无志向。坚其志向，则可无往不利。志向之有无不仅能造成成功与失败的天壤之别，也是生命本身产生质变的关键。

没有志向就没有前进的目标，没有目标，学习和工作会变成牢狱。

没有志向，一切的辛苦都得不到回报。整天忙忙碌碌却什么事也没做好；承担压力但毫无成果；问题丛生而无从解决；认识的人很多但均无深交；有多种计划在进行但成效不彰；希望尽速达到目的却始终在原地打转。学习和生活都失去意义，所有的努力都属徒劳。

志向对于成功，正如空气对生命一样。假如没有空气，没有人能够生存；假如没有志向，没有人能够成功。当你关注那些已获得成功的人物时，你会发现，他们每一个人都有自己的志向，都已订出达到志向的计划，并且花费最大的心思和付出最大的努力来实现他们的志向。成功之道由自己的积极思维开始。与此紧密相联的，是战胜种种障碍的决心。有了正确的积极的心态，你就能看到周围的一切存在着无限的可能性与机会。渐渐地，你不但能获得使自己更能干的远见，而且最终会有更加具体的、适合各个方面的人生志向。

找到了生命的志向，就好比是找到了开发自我潜能的工具，这是开发生命"矿脉"的关键。不论付出多少，只要能发挥自己的潜力，就可以体会到生命的意义与价值。

需要说明的是，志向是成功的前提，但它们并不能直接带来成功，只有付诸行动，付出辛劳，以坚韧不拔的精神去努力，才会带给你最后的成功。这就像士兵打靶，只树起靶而不练习、只瞄准而不射击，就永远成不了好枪手。要取得成功，你必须付出相应的代价。这种代价就是努力和勤奋。

王阳明作为一位洞悉心灵奥秘、响彻古今中外的心学大师正是在自己志向的带动下才一步一步走向成功的。即便后来受到种种磨难，他也没有放弃。可见，人生的志向对一个人是何等的重要。

坚持心之所想，志向决定高度

古诗云："鱼跃龙门待其日，鹏飞万里振其翅，马啸平原奋其蹄，人成大事立其志。"一个人有什么样的认知，就有什么样的作为。的确，古今中外成就大事业者，无一不是有志气、有追

求的。

王阳明作为宋明道学中"心学"一派的代表人物,强调个人的主体意识和自主精神。他说:"只念念存天理,即是立志。能不忘乎此,久则自然心中凝聚,犹道家所谓'结圣胎'也。此天理之念常存,驯至于美大圣神,亦只从此一念存养扩充去耳。"意思是说,只要心中念念不忘存天理,就是立志。能不忘记这一点,久而久之心自然会凝聚在天理上,就像道家所说的"把凡胎修炼成圣胎"。如此将天理时刻铭记于心,逐渐达到宏大神圣的境界,并在心中不断将意念坚持和发展下去。

"心之所想"虽然只是停留在脑海中的意识,看似虚无缥缈,却有着不可小觑的力量。王阳明所言的"念念存天理",就是用我们的意念影响我们的思维。当心存念想儿时,才能做到心无旁骛、专心致志;如果心无所思,那么就难以排除杂念,这样就会使人陷入胡思乱想之中。

当然,"心之所想"的力量远不止于此。在奋力追求成功的人生道路上,"想"成功是必不可少的前提条件。缺少这份"心之所想"的动力,抑或受外界干扰而无法将之坚持到底,则难以发挥潜在的能力,难以超越自我,挑战极限。

明朝后期是中国古代科学技术史上最灿烂辉煌的一段时间。此时出现了一位伟大的地理学家、探险家——徐霞客。

徐霞客自幼聪明好学,喜欢读历史、地理、游记之类的书籍,立志成人之后遍游国家的大好山川。

但是父亲去世后,老母无人照顾,徐霞客的游览计划被打断，终日闷闷不乐。母亲看出了他的心思，对他说："男儿志在四方，哪能为我留在家里。"母亲的支持，坚定了徐霞客远游的决心。

徐霞客有了勇气和力量，便辞别母亲游历他乡了。他先后游历了太湖、洞庭湖、天台山、雁荡山、泰山、武夷山和北方的五台山、恒山等名胜，并且记录下了各地的奇风异俗和游历中的惊险情景。

几年后，徐母去世，徐霞客把他的全部精力扑在游历考察事业上。他跋山涉水，到过许多人迹罕至的地方；攀登悬崖峭壁，考察奇峰异洞。

在湖南茶陵，徐霞客听说这里有个深不可测的麻叶洞，便决心去探访。可当地人说洞里有神龙和妖精，没有法术的人不能进去。刚走到洞口，向导得知徐霞客不会法术，就吓得跑了出去。徐霞客毫不动摇，独自手持火把进洞探险。当他游完岩洞出来的时候，等候在洞外的当地群众纷纷向他鞠躬跪拜，把他看成是有大法术的神人。

徐霞客白天进行实地考察，晚上就借着篝火记录当天的见闻。三十多年里，他走遍祖国南北，对曾走过的地方之地理、地质、地貌、水文、气候、植物做了深入细致的调查研究，并用日记体裁进行详细、科学的记录。就是在这种环境中，他写下了闻名世界的《徐霞客游记》。

很多人虽然都心有所想，却很少有人为了愿望而坚持不懈地努力下去，也很少有人为了一个目标而坚定地执行下去。因为总

是会有来自外界的各种各样的干扰。我们每个人都向往成功，但是心有所想的同时需要排除外界的干扰，需要在心里不断地提醒自己，不断地向着蓝图迈进。正如大诗人苏轼在《晁错论》中曾说："古之成大事者，不惟有超世之才，亦有坚韧不拔之志。"

我们完全可以把志向用放风筝比拟一下，风筝能飞多远，关键在于我们手中的线有多长。如果线很短，则谈不上高度，如果线断了，再好的风筝也飞不起来。所以坚持心有所想，就是要牵牢风筝的线，不要让线在风筝飞上云端之前断掉，更不要在"心想事成"之前放弃最初的念想儿。成功不仅需要奋力拼搏，更需要一份坚持不懈的动力。

俗语说："石看纹理山看脉，人看志气树看材。"一个人的志向也往往直接决定着他的人生高度。

巴拉昂是一位年轻的媒体大亨，推销装饰肖像画起家，在不到10年的时间里，迅速跻身于法国五十大富翁之列，1998年因前列腺癌在法国博比尼亚医院去世。临终前，他留下遗嘱，把他46亿法郎的股份捐献给博比尼亚医院，用于前列腺癌的研究，另有100万法郎作为奖金，奖给揭开贫穷之谜的人。

巴拉昂去世后，法国《科西嘉人报》刊登了他的一份遗嘱。他说，我曾是一个穷人，去世时却是以一个富人的身份走进天堂的。在跨入天堂的门槛之前，我不想把我成为富人的秘诀带走，现在秘诀就锁在法兰西中央银行我的一个私人保险箱内，保险箱的三把钥匙在我的律师和两位代理人手中。谁若能通过回答穷人最缺少的是什么而猜中我的秘诀，他将能得到我的祝贺。当然，那时我已无法从墓穴中伸出双手为他的睿智而欢呼，但是他可以从那只保险箱里荣幸地拿走 100 万法郎，那就是我给予他的掌声。

遗嘱刊出之后，《科西嘉人报》收到大量的信件，有的骂巴拉昂疯了，有的说《科西嘉人报》为提升发行量在炒作，但是更多的人还是寄来了自己的答案。

在林林总总的答案中，有人说穷人最缺少的是金钱；有人说，穷人最缺少的是机会；有人说，穷人最缺少的是技能……五花八门，应有尽有。

巴拉昂逝世周年纪念日，律师和代理人按巴拉昂生前的交代在公证部门的监视下打开了那只保险箱，在 48561 封来信中，有一位叫蒂勒的小姑娘猜对了巴拉昂的秘诀。蒂勒和巴拉昂都认为穷人最缺少的是决心，即成为富人的决心。在颁奖之时，《科西嘉人报》带着所有人的好奇，问年仅 9 岁的蒂勒，为什么想到是志向，而不是其他的。蒂勒说："每次，我姐姐把她 11 岁的男朋友带回家时，总是警告我说不要有不切实际的志向！不要有不切实际的志向！我想也许志向可以让人得到自己想得到的东西。"

巴拉昂的谜底和蒂勒的回答见报后，引起不少的震动，这种震动甚至超出法国，波及英美。一些好莱坞的新贵和其他行业几位年轻的富翁就此话题接受电台的采访时，都毫不掩饰地承认：志向是永恒的特效药，是所有奇迹的萌发点；某些人之所以贫穷，大多是因为他们有一种无可救药的弱点，即缺乏志向。

如果你现在没有成功、没有地位、没有财富，无关紧要，只要你树立志向，有把志向贯彻到底的智慧、毅力和勤奋，那么你

站在金字塔的塔顶的时刻，便指日可待。

心学大师王阳明从小便如翱翔于九天的大鹏一般，胸怀大志。他和同辈人不一样，他从小立志要做圣人，也就是去探究宇宙人生的奥秘。为此，他习读百家书，曾遵从朱熹的"格物致知"去格万物，最后从陆九渊那里找到了圣人之道，还领悟出了"知行合一"的道理。

王阳明说："譬之树木，这诚孝之心便是根，许多条件便是枝叶。须先有根，然后有枝叶。不是先寻了枝叶，然后去种根。"这寓意深长地告诉人们"志当存高远，路从脚下延"的道理，从中也清晰地折射出了一种苍茫博大的志向。

总之，"坚持心之所想，志向决定高度"，是一种境界，一种气度。当你有足够强烈的欲望去改变自己命运的时候，所有的困难、挫折、阻挠都会为你让路。志向有多大，就能克服多大的困难，就能战胜多大的阻挠。你完全可以挖掘生命中巨大的能量，激发成功的欲望，因为志向往往就是成功的力量。

第十三章　修身：
要想赢得他人心，先要提高自身德

作为一个以"仁者爱人"、"克己复礼"为人生理念的儒者，修身问题可以说是王阳明一生最重视的问题。

他把自己的生平活动概括为"破山中贼"和"破心中贼"，破心中贼就是破除一切不符合封建道德的意念，从而确立符合封建道德的修身观。可以说，阳明心学一个很重要的内容就是他的修身论，这是一个以"致良知"为中心的道德伦理体系。

君子之道：欲修其身者，必正其心

高尚的品德与出众的才能，是获得人生成功的必备条件。儒家圣贤们十分看重人的品德，认为品德比才能更重要。孔子在《论语·述而》中说道："如有周公之才之美，使骄且吝，其余不足观也。"孔子认为，即使有周公那样的才能和那样美好的资质，只要骄傲吝啬，其余的一切也就都不值一提了。如果一个人才高八斗而品德不好，那么圣人连看也不会看他一眼。只有德才兼

备,以德育才,才是最受人们尊重的人。

修身、齐家、治国、平天下,是传统儒家文化所倡导的道德理想。儒家思想将"修身"放在人生事业的第一位,而"欲修其身者,先正其心"。可见对于我们中国人而言,人品修养有多么重要。尤其是对于立志创出一番事业的年轻人而言,无论是奋斗的过程还是成功之后,良好的道德修养都是不可或缺的。

王阳明的"心"学思想尤其注重个人自身的道德修养,他说:"良知只是个是非之心,是非只是个好恶,只好恶就尽了是非,只是非就尽了万事万变。"意思是说"良知"作为人内心的是非准则,具有知善去恶的能力,人们能够凭借它去辨明是非善恶。也就是说,一个人发自内心的道德修养,会影响他的言语、行为以及为人处世的原则。小则影响他在利益与仁义之间的取舍,大则影响他的人生道路是荆棘满布还是一片坦途。

段干木是战国时晋国人,赵、魏、韩三家分晋后居于魏。他小时候家境十分清贫,社会地位低下,因而他的志向难以实现。他游学西河,拜孔子的弟子卜商(子夏)为老师,成为很有学问的人。因其住在魏国的城邑段木,所以人们称他为段干木。段干木很有才能,也很有个性,他不愿做官。魏国国君魏文侯曾经登门去拜访他,想让他到朝廷任职。他却避而不见,越墙溜走了。越是如此,魏文侯愈加敬重他。每当乘车路过他家门时,就下车扶着车前的横木走过去,以表示对段干木的尊敬。

他的车夫感到纳闷:"段干木不过一介草民,您经过他的草房表示敬意,不是太过分吗?"魏文侯答道:"段干木是一位贤者,他在权势面前不改变自己的节操,有君子之道。他虽隐居于贫穷的里巷，而名声却远扬千里之外，我经过他的住所怎敢不对他表示敬意呢？他因有德行而取得荣誉，我因占领土地而取得荣誉；他有仁义，我有财物。土地不如德行，财物不如仁义。这正是我应该学习、尊敬的人啊！"

后来，魏文侯见到了段干木，诚恳地邀请他任国相，段干木还是谢绝了。他与段干木倾心交谈，两人成为莫逆之交。没过多久，秦国想兴兵攻打魏国，司马唐睢向秦国国君进言道："段干木是贤人，魏国礼遇他，天下没有不知道的。像这样的国家，恐怕不是能用军队征服的吧！"秦国国君觉得有道理，于是按兵不动。

在上古先秦歌谣中，有一首歌谣，其中写道："吾君好正，段干木之敬。吾君好忠，段干木之隆。"段干木终身不仕，然而他又不是真正与世隔绝的山林隐逸一流，而是隐于市井穷巷、隐于社会底层的平民百姓中。进而"厌世乱而甘恬退"，不屑与那些乘战乱而俯首奔走于豪门的游士和食客为伍，使倾覆之谋，"浊乱天下"。

与此相反，那些见利忘义者，必遭人唾弃。历史上不乏道德败坏之人登上高位、不可一世的例子。在金钱与权力面前，人们会质疑，良好的道德品质还有何用？然而，真实的历史给了我们最好的印证，没有良好的操守，即使位高权重，最终不会得到善终。如：秦朝手段卑鄙的赵高，唐朝口蜜腹剑的李林甫，宋朝奸诈阴险的秦桧……他们的下场，都向世人清楚地昭示了践踏道德、埋没良心，由此而自取其辱、遗臭万年的例证。

历史的经验告诉我们，无论做人还是做事，都要以德为先，

就好像王阳明告诉弟子的话：良知在人心，随你如何，也不能泯灭。并且王阳明认为，世上的君子，只要专心于修养自身品德，那么自然能够公正地辨别是非好恶，像对待自己那样对待他人，将国事等同家事一样关心，把天地万物看做一个整体，从而求得天下的大治。

总之，修身养德是我们行走人生的前提，只有将德操滋润于我们心灵之中，才能使我们的人生焕发出绚烂的光彩！

心好，身才好：做人要听从"良知"的指引

美国成功学大师戴尔·卡耐基说：一切财富与成功，皆源于健康的心态。这与中国宋明理学家所说的"存天理，去人欲"，与王阳明所说的听从"真我"的召唤、以"真我"克服"私我"有异曲同工之妙。王阳明认为，只有从真吾之所好，涵养真己，才能有效地保养躯壳的己。用现代话来说就是，要养生，先养心，心态决定一切。

对于这一点，他这样说道："汝若真为那个躯壳的己，必须用着这个真己，便须常常保守着这个真己的本体，戒慎不睹，恐惧不闻，唯恐亏损了他一些；才有一毫非礼萌动，便如刀割，如针刺，忍耐不过，必须去了刀，拔了针，这才是有为己之心，方能克己。"

正是从这个意义上，王阳明认为养德即养身。在《答陆原静

书》中他这样说道:"大抵养德养身,只是一事,原静所云'真我'者,果能戒谨不睹,恐惧不闻,而专志于是,则精住气住神住,而仙家所谓长生久视之说,亦在其中矣。"

而王阳明所说的"养德",就是我们今天所说的"养心",在阳明心学体系中,"心即理(真心即天理)"——"吾心之良知,即所谓天理也","天理即是'明德'"。总之,以真己主宰躯壳的己,或者说以真我主宰私我,这是王阳明人生思想的理论基础。他的知行合一,不计毁誉,致良知,成圣成贤的人生追求,都是建立在这一理论基础上的。

可以看出来,王阳明这里所说的"天理"、"道德",跟康德口中的"道德律"具有同样的性质。康德曾经说过这样一句名言:"有两样东西,愈经常愈持久地加以思索,就愈使我的心灵充满历久弥新、有加无已的惊叹和敬畏:头顶的灿烂星空和心中的道德律。"在这些哲学家看来,通过使自身的道德趋于完美,通过"诸恶莫作,众善奉行",我们的内心就可以得到全然的净化而"复其本位",而认识那个"无善无恶,湛然澄澈"的真正的自己,即"真我"。一个认识了真我的人就是一个开悟的人,就是一个病害不能侵而长生久视的人,所以养德即养身,养心即养生。

人的健康,分为生理健康和心理健康,我们平时所说的健康,一般都特指生理健康。其实我们不知道,心理健康往往比生理健康更重要,身体疾病的发生许多都是源于不良的心理状态。心理状态已被世界卫生组织列为评价人体健康的四大指标之一,这是因为心理健康状态与疾病的发生、发展,与家庭、社会、事

业都有不可分割的联系。社会调查表明，心理疾病已成为21世纪的"世纪病"，成为人类健康的主要敌人——人类已从"躯体疾病时代"进入"精神疾病时代"。

常言说得好，心病还得心药医。快乐是通往心灵安详的要道，乐观是治疗心病的灵丹妙药。生活处境、生活状况相同的人中，乐观主义者往往健康无恙，即使有时患病也容易不药自愈。科学研究表明，乐观、开朗、愉快、喜悦的情绪，能增强大脑皮层的功能和整个神经系统的张力，促进皮质激素与脑啡肽类物质的分泌，使机体抗病能力大大增强，并能极大活跃体内的免疫系统，从而有利于防病、治病。所以，用乐观的精神取代不良情绪，这对人体的健康十分重要。

"举世皆从愁里老，乐观才是长寿药。"拥有快乐，就等于拥有了健康。来自心理学家的统计表明，约有70%的心理疾病患者是因为忽视自己的心理状态而加剧了病情的发展，加速了心理恶化的进程。

心理状态的积极或消极不仅仅是一种情感上的体验，还对我们的健康和精神具有重大影响。美国密歇根大学的芭芭拉·弗雷德里克森教授的研究成果表明：积极的情绪是人每日生存的一种基本需要；吸烟使男性缩短5.5年寿命，女性缩短7年的寿命——而如果情绪经常处于消极状态，会使人缩短10年寿命。

世界卫生组织公布的致癌三要素是：基因、致癌物和心理因素。英国皇家抗癌研究所通过对1080位癌症患者的跟踪调查显示：81.2%的癌症患者有过失业、离婚、失去亲人等消极情绪体验，且不能自拔。并且不同的消极情绪还会导致不同种的癌症：

长期的情绪压抑——消化道癌；悲观、失望——子宫癌；焦虑、恐惧——乳腺癌；个体情绪释放受到压抑——肺癌。

古人有言："善医者，必先医其心，然后医其身。"心是人的主宰，要养生，先养心。养心，是指调控好自己的心态，包括思想、感情、情绪、意念等。人的心态，需要保持平和，犹如人的体温必须保持正常一样。

古人常讲："保善天真，如保赤子。"意思是说，要保持内心的善良纯洁、清静无染，就好像慈母照顾婴儿一样，全心全意、全力以赴。因为心是变幻无常的，它往往难以把握，所以常常会犯一些错误，比如生气、埋怨、仇恨、嫉妒之类。为了保持内心的平和，我们就必须时刻注意自己情绪的起伏变化，一旦发现它悲伤得跌入了谷底，或快乐得忘乎所以，我们就要及时把它"拉回来"，让它保持原来的平和、平衡状态。只有这样，我们达到王阳明所说的"精住气住神住"境界，才能最大程度上保持快乐、安康。

仁者无敌："仁爱"是心无一物的宁静、安乐

除了"致良知"，阳明心学修身论的另一个关键词是"仁爱"。儒家的学说，是以"仁"为核心的学说，我们甚至可以说"儒学即仁学"。求仁是孔孟颜曾、周程朱陆等大儒的一贯传统，王阳明自然也不会例外。

程颢说:"学者须先识仁。仁者浑然与物同体。义礼智信皆仁也。识得此理,以诚敬存之而已。不须防检,不须穷索。"

朱熹说:"盖仁之为道,乃天地生物之心,即物而在。情之未发,而此体已具,情之既发,而其用不穷。诚能体而存之,则众善之源,百行之本,莫不在是,此孔门之教,所以必使学者汲汲于求仁也。"

在这里,程朱都把求仁看作是道德修养的根本目标。与程朱一样,王阳明也把求仁看成是孔孟圣学的精髓,他说:"圣人之学,心学也。尧舜禹之相授受曰:'人心惟危,道心惟微,惟精惟一,允执厥中。'此心学之源也。中也者,道心之谓也;道心精一之谓仁,所谓中也。孔孟之学,惟务求仁,盖精一之传也。"

在王阳明看来,人性的本然不是别的,正是仁,正是爱。他认为仁是人心,是人之所以为人之所在:"仁,人心也;良知之诚爱恻怛处,便是仁,无诚爱恻怛之心,亦无良知可致矣。"可以看出来,在王阳明这里,所谓"人心"、"良知",归根到底其实就是一个"仁"字。一个人如果没有仁者爱人之心,没有体谅他人的怜悯之心,那他就配不上这个"人"字,无仁就无人心、良知可言。所以,仁是"体",是"经纶天下之大经,立天下之大本者",不认识仁也就无从认识礼:"人之不仁也,其如礼何哉!"一个人如果没有仁心、爱心,真不知他将如何为人处世,如何处理好与他人的关系!

可以看出来,王阳明所谓的"仁",其基本的涵义就是爱人。爱人利人,这是仁的基本精神:王阳明领兵打仗的时候反复强调仁者不以多杀为功,只以平乱为主;他主政,更是反复强调仁民爱物，视人溺有如己溺，人饥有如己饥；他讲学，多次强调有教无类，来者不拒……在这些地方，都表明他的仁心就是爱心，所谓求仁，即扩展这一爱心，由亲亲而仁民，由仁民而爱物，最后达到"天地万物一体之仁"的境界。在王阳明看来，只有在自己的仁与他人、与万物融为一体时，达到"天人合一"之境时，才是真正的"仁者爱人"——对所有人、所有物充满关爱、怜惜之情。

对于这一点，王阳明这样说道："是故亲吾之父，以及人之父，以及天下人之父，而后吾之仁实与吾之父、人之父与天下人之父而为一体矣，实与之为一体，而后孝之明德始明矣；亲吾之兄，以及人之兄，以及天下人之兄，而后吾之仁实与吾之兄、人之兄与天下人之兄而为一体矣，实与之为一体，而后弟之明德始明矣！君臣也，夫妇也，朋友也，以至于山川鬼神鸟兽草木也，莫不实有以亲之，以达吾一体之仁，然后吾之明德始无不明，而真能以天地万物为一体矣。"

王阳明这种"己欲立而立人，己欲达而达人"的仁爱思想，这种视万物为一体的博大胸怀，跟我们平时所说的"爱"其实是有很大差别的。

我们常说"我爱你"，"我爱你灿若桃花的笑容，醉若烟柳的泪眼"，"我爱春日的花开，我爱秋天的叶落"……一生当中，我们可能会"爱"很多人、很多东西、很多风景，但"爱"是什么呢？是一种若惊若喜、若梦若幻的心理感觉，还是一种内分泌异常的生理状态？

中国人造字是很有智慧的，但由于汉字的简化，许多文字中

本具的美也被剪去了。"爱"的繁体字是"愛",它是会意字,"受"字中间夹一个"心",这是让我们在"爱"的时候要用心去感受。

爱的感觉是温暖的,绝不像情歌里唱的那么苦。如果我们因为"爱"某个人而深感痛苦,那多半,我们只是在爱着自己。如果"爱"某个人,无论他(她)做什么都不会伤害到我们,因为对他(她),我们没有责难、没有要求。我们爱的是那个真实的他(她),而不是自己期待中的某个符合自己标准的人。我们生活中的"爱情"却往往不是这样,记得一个朋友说到自己结婚时的情形,给出了精辟的总结:那时候,好像全世界的女人只剩下了这一个;后来,别的女人才又出现了。

因为爱一个女人而变得无知,因为无知而变得无畏,然后竟然勇敢地跟这个女人结婚了——一切听上去就像一个玩笑。难怪米兰·昆德拉说:"当一个男人等待一个女人的时候,他很难去思考关于那个女人的什么东西,而只能是在她定型的形象下踱来踱去……人生,就是一场玩笑。"

不是说结婚了的男人都无知,但肯定是瞬间的无知;而男人的这段"无知"的日子,也许就是这个女人一生当中最幸福的时光了吧。有一句话说:如果一个男人不让身边的女人觉得,她可以完全掌控这个男人,那他一定爱这个女人不够深,或他完全不懂爱情。说得甚有道理,如果一个女人感觉自己完全不能驾驭身边的男人,她又怎么会有安全感呢?!如果女人结婚后变得歇斯底里,多半都是由于安全感的缺乏,这样的婚姻,只能是一个灾难。

诚如印度哲人克里希那穆提所说:"我执着于某人或某物,那种执着就是占有;哪里有占有,哪里就必然会有控制。我们遇见了一个美人,爱情喷涌而出,很快,爱情变成了执著,所有这些苦恼就都开始了,然后爱就悄悄溜出了窗外。之后,我们会问:'我们伟大的爱情到底怎么了?'这就是我们日常生活中实际发生着的事情……对他人任何形式的控制都是恐惧的本质。当男人或女人占有对方时,其背后都有恐惧存在,而这个恐惧会毁坏任何形式的关系。"

其实,如果我们真的爱某个东西,在一定程度上就会把自己想象成它。我们爱一朵飘在蓝天中的白云,就很容易把自己想象成那朵随风飘荡的云。"行到水穷处,坐看云起时",是谁在看云呢?是"我"吗?如果有了一个"我"在"看",整首诗那份清净、自在的意境恐怕也就荡然无存了。

在"爱"的时候,我们往往会忘记自己,我们的心是全然安静、澄澈的,里面没有任何声音、任何思想——真正的"爱",是无我的。而在平时,我们头脑当中的念头就像小溪里的流水一般,绵绵不绝、无始无终。如果我们把手上的事情放下,静观心念的流转、变迁,会发现第一个念头会马上升起,如同壶里滴出来的一滴水一样。

接着观察,念头一个接一个地升起消失、升起消失,如同我们将水壶再倾斜一点,水滴就会一滴、一滴地慢慢滴出来、落下去。

如果我们将水壶倾斜得更厉害一点,水滴会滴得更快,快到我们根本辨不清前一滴跟后一滴;如果我们观察得不仔细或时间

长了心里又想到别的事情,那被忽略的念头也是这样朦胧一片、不易分辨。

如果将水壶再倾斜的话,水滴消失了,水会稳定地倾注出来。水滴到哪里去了?它们哪里也没去,只是变成一条稳定的流水了,水滴完全融入到了这条流水当中,没了踪影。这条流水,就相当于我们的"意识流",你很难觉察出它是由一个接一个的念头汇聚而成的。

我们的心不安地追求安定,永不止歇地寻找休歇处。在永不停息的心念流动过程中,任何休歇处都是"不易而易"的。我们可以将意识看作静止的一滴水,也可以将其看作流动的一条河。

你曾看过流动的水吗?你曾看过静止的水吗?如果你的心是全然平静的,它会犹如静止的流水。

你曾看过静止的流水吗?

平时,我们只见过流动的水和静止的水,但静止的流水确实就在那儿,就在思想无法带我们到达的地方,那也就是"我"消失的地方。那时,心是平静的,又是流动的——在平静中流动,在流动中静止。这静止的流水,就是无我的智慧生起的地方。

心理学家威廉·詹姆士说:"河或水流是人类精神生活的最佳隐喻。"有一个词叫"心如止水",就是比喻内心恬静、坦然,情感不为外物所动的心理状态。它让我们能如实、准确、客观地觉察到身心内外的各种现象,就好比平静的水面能如实地反映岸边的景物。

造成我们的心灵不宁静的原因是我们对某些事物的贪恋与执著，它导致我们本来完整、清晰的智慧变得昏蒙、扭曲，看不清事实的真相。就好比水面的风弄得本来平静的水面波澜翻滚，水中的倒影也变得支离破碎，甚至看不清。

拥有了这样静如止水的心，当一件事来临的时候，我们能如实地感觉到，并且当它过去以后，我们心里也不留一点痕迹。所谓"雁渡寒潭，雁过而潭不留影；风吹疏竹，风过而竹不留声"，这种物来即现、物去不留的洒脱、自然状态，就是"无我"的真正含义。

这个无我的静，并不是空无一物的空白，在这种平静之中仍会有经验产生。你仍可以看到美景、听到妙曲，虽看到、听到，却不为所动，所谓"流动的静水"是也。

真正的爱，就像一股虽流淌不息但始终宁静如初的清泉，它超越了动与静的二元哲学，只是一派浑然天成、朴实无华。所谓大爱无声，爱是统一，不是对立。有对立，就必然会产生矛盾；有矛盾，就必然会引起痛苦。

"本来无一物，何处惹尘埃。"如果我们在爱的时候，还有烦恼与悔恨，那一定不是在用真心去爱。心里果然清净无染，真爱就会显露。

不诚无物：讲诚信，才能赢得别人信任

诚是儒家极为重视的道德范畴。《大学》说："欲正其心，先诚其意。"《中庸》说："诚者，天之道也；诚之者，人之道也。诚者不勉而中，不思而得，从容中道，圣人也。诚之者，择善而固执之者也。"孟子说："是故诚者，天之道也；思诚者，人之道也。至诚而不动者，未之有也；不诚，未有能动者也。"

《大学》、《中庸》和孟子的这些话，表明诚、诚信在儒家思想中的地位。王阳明也很重视诚信的问题，他认为君子的首务即是"务立其诚而已"。孔子曰："人而无信，不知其可也。"如果一个人不讲诚信，那真不知道他会做出什么样的事儿来！在这里，诚信成为一条最基本的做人底线，王阳明进一步发挥了这种思想，他认为杀人须就咽喉上着刀，为学就必须从心髓入微处用力，也就是须从立诚处开始。"故圣人之学，只是一诚而已"，在王阳明看来，《中庸》、《大学》的功夫都是立诚的功夫，他说："大抵《中庸》工夫只是诚身，诚身之极便是至诚。《大学》工夫只是诚意，诚意之极便是至善；工夫总是一般。"

王阳明提出，立诚是做人的根本，所谓格物、致知不过是培壅灌溉之功，植根固然需要培壅灌溉，但培壅灌溉本身不是目的，目的只在植根。他说："君子之学以诚身。格物致知者，主诚之功也。譬之植焉，诚，其根也；格致，其培壅而灌溉之者也。后之言格致者，或异于是矣。不以植根而徒培壅焉，灌溉焉，弊精劳力而不知其终何所成矣。是故闻日博而心日外，识益广而伪益增，涉猎考究之愈详而所以缘饰其奸者愈深以甚。"

但"诚"又是什么呢？

王阳明解释说："夫诚者，无妄之谓。诚身之诚，则欲其无妄之谓。"又说："为学工夫有浅深。初时若不着实用意去好善恶恶，如何能为善去恶？这着实用意便是诚意。"还说："人于寻常好恶，或亦有不真切处，惟是好好色，恶恶臭，则皆是发于真心，自求快足，曾无纤假者。《大学》是就人人好恶真切易见处，指示人以好善恶恶之诚当如是耳，亦只形容一诚字。"

他还对诚作了"心本体"的解释，认为诚是心之本体，有诚，发于事亲则孝，事兄则悌，事君则忠，交友则信；无诚，则忠孝信悌都要流于虚伪。他说："夫天地之道，诚焉而已耳；圣人之学，诚焉而已耳。……是故以事其亲，则诚孝尔矣；以事其兄，则诚弟尔矣；以事其君，则诚忠尔矣；以交其友，则诚信尔矣。是故蕴之为德行矣，措之为事业矣，发之为文章矣，是故言而民莫不信矣，行而民莫不悦矣，动而民莫不化矣。是何也？一诚之所发，而非可以声音笑貌幸而致之也。故曰：'诚者，天之道也，思诚者，人之道也。'"

王阳明之所以如此强调诚信的重要性，其实是针对当时的程朱理学日渐虚伪这一流弊而发的。宋理宗淳祐元年（1241年），以朱熹并周敦颐、张载、二程"从祀孔子庙庭"，自此，朱学被视为儒学的正统，在思想界居于支配地位。明承宋制，也是以朱学为官学，在明代，科举考试必以四书五经为内容，而四书的解

释又以朱注的《四书集注》为准则。这样，朱子之学就紧紧地和利禄结合在一起。而大凡一种学术思想，一旦它与利禄相结合而成为统治思想，这是它的幸运，因为这样它可以得到最大限度的流播而兴盛；但也是它的不幸，因为从此它就可能被虚伪化，从而失去原有的青春活力。朱学也未能脱离这一窠臼，作为明中叶的文化巨匠，王阳明淋漓尽致地揭露了当时朱学的虚伪化：

后世良知之学不明，天下之人用其私智以相比轧，是以人各有心，而偏琐僻陋之见，狡伪阴邪之术，至于不可胜说；外假仁义之名，而内以行其自私自利之实，诡辞以阿俗，矫行以干誉，掩人之善而袭以为己长，讦人之私而窃以为己直，忿以相胜而犹谓之徇义，险以相倾而犹谓之疾恶，妒贤忌能而犹自以为公是非，恣情纵欲而犹自以为同好恶，相陵相贼，自其一家骨肉之亲，已不能无尔我胜负之意，彼此藩篱之形，而况于天下之大，民物之众，又何能一体而视之？则无怪于纷纷籍籍，而祸乱相寻于无穷矣！

……

盖王道息而伯术行，功利之徒外假天理之近似以济其私，而以欺于人，曰：天理固如是，不知既无其心矣，而尚何有所谓天理者乎？自是而后，析心与理而为二，而精一之学亡。世儒之支离，外索于形名器数之末，以求明其所谓物理者。而不知吾心即物理，初无假于外也。

……

惟世之号称贤士大夫者，乃始或有以之而相讲究，然至考其立身行己之实，与其平日家庭之间所以训督期望其子孙者，则又未尝不汲汲焉惟功利之为务，而所谓圣贤之学者，则徒以资其谈论，粉饰文具于其外，如是者常十而八九矣。

……

逮其后世，功利之说日侵以盛，不复知有明德亲民之实。士皆巧文博词以饰诈，相规以伪，相轧以利，外冠裳而内禽兽，而犹或自以为从事于圣贤之学。如是而欲挽而复之三代。呜呼其难哉！

从王阳明这些话里我们不难看出，明代的儒学（程朱理学）已完全流于虚伪，当时的读书人、士大夫、为官者虽然嘴上讲的是仁义道德、忠信孝悌，但他们心里汲汲追求的却是声色利禄、富贵权势——满嘴的仁义道德，满肚子的男盗女娼！王阳明对这些人自然是极为痛恨的，于是，为了重新唤起众人（尤其是统治阶级）内心本具的"良知"，他反复强调、大声疾呼诚信的重要，为善去恶的重要。这就是他在《与朱守忠》书中所说的："道之不明，皆由吾辈明之于口而不明之于身，是以徒腾颊舌，未能不言而信。要在立诚而已。"可以说，王阳明的"立诚"说完全是针对时弊而来的，与他所倡导的"知行合一"说的精神是完全一致的。

对我们现代人来说，诚信也是一个非常重要的问题。《中庸》云："不诚无物。"欺人只能一时，而诚信却是长久之策。只有坚守自己做人的本分，不奢求分外的利益，以诚待人，才能赢得他人的信任，获得他人的支持，从而给自己的事业与人生以有力的保障。一个人成败的根源，是我们内心的诚与信。如果缺乏真诚心与应有的信义，任何事业都是很难成就的。

"尽心于人曰忠,不欺于己曰信。"诚信,不仅关乎个人的道德品质,更关乎整个社会的走向。尤其是在美国房地产业的次贷危机引发全球性的金融海啸,食品安全成为国人最为关心的话题之后,诚信成为提及率很高的一个词。信用危机引发了更深层的思考:怎样将利益与诚信更好地结合起来呢?

追求利润的最大化是企业的目的,但前提是这个过程当中的所有行为应当符合基本的道德规范。诚信是企业的核心竞争力,一个企业要树立自己的品牌就要从质量、服务、管理等方面去提高竞争力,而所有这些无一不指向诚信。诚信并非单纯的道德规范,它可以进入经济领域,实现与利益最大化的融合,即利、义能够兼得。以诚为本、安守本分,这也是中国自古以来的儒商坚持的为商准则,更是百年老店能够经久不衰的真正原因。

一个人要拥有完满的人生,一个企业要有更好的前景,一个社会要有美好的未来,离开诚信,离开各自的本分、规律,任何追求都只是缘木求鱼。虽然现在提倡个性解放,提倡自由竞争,但任何一种自由都是相对的,诚实不欺、言而有信等这些做人、做事最基本的准则,还是应该遵守的。

去傲尚谦：骄傲使人无知，谦虚增长智慧

反对傲慢，提倡谦虚，这是中国古代思想家的一贯传统。孔子说："如有周公之才之美，使骄且吝，其余不足观也已。"又说："聪明圣知，守之以愚；功被天下，守之以让；勇力抚世，守之以怯；富有四海，守之以谦。"孔子反对骄傲，提倡谦虚显而易见。

作为孔子的信徒，王阳明也是竭力反对傲慢，视傲慢为当世学者的大病。他说："议论好胜，亦是今时学者大病。今学者于道，如管中窥天，少有所见，即自足自是，傲然居之不疑。与人言论，不待其辞之终而已先怀轻忽非笑之意，之声音颜色，拒人于千里之外。不知有道者从傍视之，方为之疏息汗颜，若无所容，而彼悍然不顾，略无省觉，斯亦可哀也已！"又说："今人病痛，大段只是傲。千罪百恶，皆从傲上来。"

他指出傲慢的种种危害："人生大病，只是一傲字。为子而傲必不孝，为臣而傲必不忠，为父而傲必不慈，为友而傲必不信；故象与丹朱俱不肖，亦只一傲字，便结果了此生。诸君常要体此人心本是天然之理，精精明明，无纤介染着，只是一无我而已；胸中切不可有，有即傲也。古先圣人许多好处，也只是无我而已，无我自能谦。谦者众善之基，傲者众恶之魁。"

反对骄傲必然要提倡谦虚，因为"傲之反为谦。'谦'字便是对症之药"，大凡古圣贤，没有不笃于谦恭的。他说："无所为

而为之者谓之谦；谦，德之柄；温温恭人，惟德之基。堂堂乎张也，难与并为仁矣。仲尼赞《易》之谦曰：'谦尊而光，卑而不可逾，君子之终也。'故地不谦不足以载万物，天不谦不足以覆万物，人不谦不足以受天下之益。昔者颜子以能问于不能，有而若无，盖得谦道也。"

《易经·谦卦·彖辞》说："谦，亨。天道下济而光明，地道卑而上行。天道亏盈而益谦，地道变盈而流谦，鬼神害盈而福谦，人道恶盈而好谦。谦尊而光，卑而不可逾：君子之终也。"意思是说：谦虚，才能万事亨通。譬如天虽高高在上却下济万物，它因此而愈显光明；地虽卑微在下，地气却源源上升滋润万物，它因此而愈显厚重。天的规律是亏损盈满、补益谦虚；地的规律是变易盈满、充实谦虚；鬼神的规律是危害盈满、施福谦虚；人类的规律是憎恶盈满、爱好谦虚。谦虚的人高居尊位，道德更加光明；下处卑位，他人却难以超越——只有君子才能始终保持谦德啊！

《易经》的六十四卦中唯独"谦"卦六爻的爻辞都是吉，其他的卦里都是有吉有凶。"谦：地卑而山高，地中有山，是内高而外卑。谦虚者，才高而不自许，德高而不自矜，功高而不自居，名高而不自誉，位高而不自傲，皆是内高外卑。"所谓"傲慢高山，不生德水"，"傲不可长，欲不可纵，乐不可极，志不可满"，只有战胜盲目骄傲自大的心理、谦虚处世，才能在有效地保护自己的基础上施展自身的才华。因为谦虚，他人才不会认为你将对他构成威胁，因而你才可以得到宝贵的时间去弥补自己的不足，去提升自己；因为谦虚，你才会赢得他人的尊重，从而为自己的发展建立良好的人际关系，才能得到更多人的帮助。

"聪明睿知，守之以愚；功被天下，守之以让；勇力振世，守之以怯；道德隆重，守之以谦。"只有养成了谦虚自处、礼让待人的优秀品质，才会在工作、学习、生活中不断地奋发进取，才会善采人之长而补己之短，才会兢兢业业，严格要求自己，才会取得生活、事业上的成功。而真正的成功人士，往往都是懂得谦虚、退让的人。因为他们从自己的经历中体会了世事的艰难，懂得为人处世的重要；而那些说话针尖对麦芒，做事我行我素的，往往都是些不谙世事的公子哥、大小姐。

"天不言自高，地不语自厚。"任何人拥有的一切，与大美而不言的天地相比，都如沧海一粟；在时间的河流里，人可谓是"朝生暮死"，只是短暂的停留，又如何不应该谦虚呢？

古人云："盛满易为灾，谦冲恒受福。"盛气凌人、骄傲自满往往容易招来怨恨与灾祸，而谦逊恬淡会使人处处逢源、有福可享。所谓"量大则福大"，想得到贵人相助，想有好的命运，那就谦虚一点吧。

清者自清：是非以不辩为解脱

王阳明可以说是明朝的文化名人、政坛明星、大众哲学家，而凡是名人，总不免与他人的流言蜚语、造谣中伤相伴。或许就像小品里说的那样，没有绯闻的名人不是名人。身为让人羡慕嫉

妒恨的名人，你必须承受被人造谣、诽谤、中伤——谁让你通过自己的非凡才华"衬托"出了别人的平庸无能呢？造谣、诽谤、中伤，这或许是平庸者的"自慰剂"，有着调节其心理平衡的非凡功能。

人生在世，为人所毁谤和称誉在所难免，王阳明当然也不例外，甚至可以说他的一生就是在流言蜚语当中度过的。王阳明擒获宁王朱宸濠，为朝廷立下了汗马功劳，但朱厚照身边的佞臣江彬、张忠、许泰等为了争功，却要他把朱宸濠纵于鄱阳湖，然后让朱厚照"擒以论功"。王阳明不听，他们就在朱厚照面前造言王阳明本与宁王同谋，只是看到形势不利后才起兵擒拿宁王，又造言王阳明将来必反，应当现在就把他给"咔嚓"了……后来，全靠张永保全，王阳明才未蒙杀身之祸。

不但王阳明自己被人无端诽谤，他创立的阳明心学因为跟当时官方钦定的"意识形态"朱学不同，也是屡遭诽谤。当时，创立了"一条鞭法"的朝中重臣桂萼就批评王阳明说，"事不师古，言不称师"，"号召门徒，互相倡和。才美者乐其任意，庸鄙者借其虚声，传习转讹，背谬弥甚"。结果，阳明心学一度被朝廷宣布为"伪学"而加以禁止。

在毁谤面前，王阳明却表现得异常冷静和大度。当御史程启充、给事毛玉诬劾阳明心学时，王学门人刑部主事陆澄上疏驳斥程、毛。王阳明知道这件事后制止陆澄说："不要辩驳谤议了。四方学者以讲学异同，议论纷纷，那是辩不胜辩的。我们只有反求于自己。如果他们说得对，我们不能是己非人，如果他们说得不对，那是无损于我们的。当此议论纷纷，正是我们动心忍性，砥砺切磋的时候。而且别人议论我们，也并不一定出于私怨，目的也是为了'卫道'。况且我的言论与先儒不同，人们诽笑而疑惑也是事出有因，不能专门怪人家不好的。"

王阳明这种大度精神和宽广胸怀，在统治阶级中是鲜有的。他认为"非笑诋毁，圣贤所不免"，比如大圣人孔子，"昔者孔子之在当时，有议其为谄者，有讥其为佞者，有毁其未贤，诋其为不知礼，而侮之以为东家丘者，有嫉而沮之者，有恶而欲杀之者；晨门、荷蒉之徒，皆当时之贤士，且曰'是知其不可而为之者欤！鄙哉硁硁乎，莫己知也，斯已而已矣。'虽子路在升堂之列，尚不能无疑于其所见，不悦于其所欲往。而且以之为迂。则当时之不信夫子者，岂特十之二三而已乎？"历代圣贤犹免不了遭人毁谤，更不要说自己了。如此，人又何必为别人的诋毁而耿耿于怀呢？

那么，我们应该如何对待他人的诽谤呢？

王阳明主张应该视情况而定。

如果是因自己行有未至、学有未成而致人家非笑，自然不必去计较人家的议论，君子只在自己修德进学。一旦做到德修学进，人家也就不会再说长道短了。如果是人家对自己未能了解而有非笑诋毁，那便不必去计较人家的议论，日久见人心，随着时间的推移，自然会一切释然。人世间始而相诋，终而相信无时不有，君子是不必去计较人家一时的非笑的。

如果敌人无中生有，恶意非笑诋毁，甚至是陷害呢？王阳明认为，君子亦不必去与他们计较："毁谤自外来的，虽圣人如何免得？人只贵于自修，若自己实实落落是个圣贤，纵然人都毁

他，也说他不著。却若浮云掩日，如何损得日的光明？若自己是个象恭色庄、不坚不介的，纵然没有一个人说他，他的恶匿终须一日发露。所以孟子说：'有求全之毁，有不虞之誉。'毁誉在外的，安能避得？只要自修何如尔！"

在王阳明看来，毁谤之无损于人，正像浮云无损于日光一样，故君子只贵自修，不计毁誉。如果计较毁誉，驳斥敌人，往往反而招致更深的陷害、仇恨。这就是"是非以不辩为解脱"，其实并没有人故意要去做"非"的事情、"错"的事情，每个人都是在自己的经验、能力、立场、条件等情况下做自己认为最"正确"的选择。所以，你的"非"，或许正是他的"是"。有何可辩？如何辩之？

所谓"清者自清，浊者自浊"，一切无需辩驳。对于别人凭空的责难、诬蔑，若忍不住辩解，有时会适得其反。平静的水中，泥沙翻滚不了多久，终究要沉底的；反之，水愈动，沙愈浊。

"谣言止于智者。"醉鬼在巷里骂街，千万莫劝，一劝解其必耍酒疯；泼妇在街头撒野，莫去围观，一围观更增其气焰。对于莫须有的事情，何必去理会呢，事情终有水落石出的一天，那时候，清者自清的人不是可以得到更多人的尊敬吗？

第十四章 处世：低调做人，心地稳健气不傲

"低调"这个词，一直是个很火热的词，为什么会这样火呢？沉吟思索，我想还是因为它所包融的实用哲学给人们燃亮了一盏智慧处世的明灯。

"低调"一词，一度曾被很多人误解。其实，低调不是低人一等，不是一味的忍让，也不是与世无争，而是用一种平和的心态来看待世间的一切，是一种超越别人的智慧，是一种谨慎谦虚的态度，是一种内涵——不张扬，不张狂。

正如王阳明所说："人生大病，只是一傲字。"又曰："无我自能谦，谦者众善之基，傲者从恶之魁。"以及"君子求退勿迟"等，这都道出了低调做人的智慧精髓。

当今社会有许多人一旦有所地位，有所成就就目中无人，高傲自大，这是十分要不得的。

低调做人，平和处世

山不解释自己的高度，并不影响它的耸立云端；海不解释自己的深度，并不影响它容纳百川；地不解释自己的厚度，但没有谁能取代她孕育万物的地位……

中国有句谚语："低头是谷穗，昂头是谷秧。"说的就是，真正有内涵的人，是不会处处张扬自己的。低调做人，不仅仅是一种境界、一种风范，更是一种思想、一种哲学。低调的人，往往是人群中的圣者，是最后的强者。低调的人，总能够在世态纷扰之中坚持淡定从容的志趣，以平稳的心态面对风云莫测的人生。

王阳明作为一个大学问家，他在为人作序时，落款常是"古越阳明子"、"阳明山人"、"余姚王阳明"等，他以生为越人为荣。王阳明自幼受古越民风滋润，也深悟"卧薪尝胆"的精髓。少年时的王阳明曾去居庸三关，了解古代征战的细节，思考御边之策，回来之后屡屡想上疏朝廷献言献策，这种张扬的想法得到了父亲的斥责。面对父亲的呵斥，王阳明没有顶撞，而是温顺地聆听。他收敛了自己的言辞，但经常默默地出游，"考察"居庸三关，拜访乡村老人，询问北方少数民族的生活习俗，以探访各部落的攻守防御之策，为其"平安策"寻找可支撑的依据。最终在悄无声息之中写下了著名的关于边防军队改革的奏疏，初显了他卓越的军事才能。

王阳明说:"士傲命蹇焉。"意思是,一个人不知敛藏、孤傲于世,其命运一定会坎坷多舛。有时候,俯首比昂首怒目更有威严,为了实现自己的梦想,短暂的低头并不是一种懦弱,韬光养晦之道实则是一种积极进取的精神。

低调做人不但能够很好地保护自己,还可以使自己与他人和谐相处,更能够使自己暗蓄力量,成就一生的辉煌。

在中国的历史上,舜可谓是以低调实现人生成功的最早范例。

舜出生后不久,他的母亲就去世了,后母又生了一个弟弟象。尽管孝顺的舜小心翼翼地侍奉后母和弟弟,但还是遭到了无数次的毒打。最后他实在无法在家里待下去,选择了俯身退让,离家出走,他流落到历山脚下,在那里开荒耕种。

虽然生活清苦,但舜没有怨言。他与山林中的鸟兽和当地的农夫为伴,他觉得周围的一切都是那么和睦温馨。他用自己的品德和行为影响了周围的人,农夫互相谦让已开垦好的农田,渔民互相谦让自己打鱼的场地,陶匠则做出了更加美观耐用的陶器。品德高尚的舜,成了大家学习的榜样,人们从四面八方扶老携幼齐聚而来,都希望能够和舜共同生活。仅用了一年的时间,村落、城镇、都市都建立了起来。最后,天子尧将自己的两个女儿娥皇和女英都嫁给了舜。最后,尧将天子之位禅让给了为人低调的舜。

舜从来没有刻意去收买民心,也没有处理任何复杂的事务。

只是他的纯朴、虚心,最终让他登上了天子的宝座。舜的成功说明了低调这种大智慧的重要作用。

儒家的低调,是一种虚心听取和吸收他人意见的心理活动状态。在儒家思想中,低调的内涵主要就是虚心听取他人意见,遇事能够用低调的方式加以处理。对于处于对立的不同看法、观点,能够知道最恰当的尺度是什么,并利用这个尺度来衡量。

民间有句谚语,说"低着头的是稻穗,昂着头的是稗子;低头的稻穗充满了成熟的智慧,而昂头的稗子只是招摇着空白的无知"。大哲学家苏格拉底曾说:"天地只有三尺,高于三尺的人要想长久立于天地之间,就要懂得低头。"懂得低头便是一种智慧。

放低自己,是一个心态问题,也是对自己人生价值的估量问题。若是一个人总是自觉非同一般、高人一等,便会放不下架子,也夹不住尾巴,只能颐指气使、俯视于人。只有把自己当成一个平凡人、不比别人在某方面强,才会与人平等、看人平视、待人平和。

一个年轻人千里迢迢来到法门寺,对住持释圆禅师说:"我一心一意要学丹青,但至今没有找到一个能够令我满意的老师。"

释圆笑笑问:"你走南闯北十几年,真的没能找到一个自己的老师吗?"

年轻人深深叹了口气说:"许多人都是徒有虚名啊,我见过他们的画帧,有的画技甚至还不如我。"

释圆听了，淡淡一笑说："老僧虽然不懂丹青，但也颇爱收集一些名家精品。既然施主的画技不比那些名家逊色，就烦请施主为老僧留下一幅墨宝吧。"说着，便吩咐一个小和尚拿来了笔墨纸砚。

释圆说："老僧的最大嗜好，就是爱品茗饮茶，施主可否为我画一个茶杯和一把茶壶？"

年轻人说："这还不容易？"于是调好了墨，铺开宣纸，寥寥数笔，就画出一把倾斜的水壶和一个造型典雅的茶杯。那水壶的壶嘴正徐徐吐出一脉茶，注入到了茶杯中。年轻人问释圆："这幅画您满意吗？"

释圆微微一笑，摇了摇头。

释圆说："你画得确实不错，只是把茶壶和茶杯放错位置了。应该是茶杯在上，茶壶在下呀。"

年轻人听了，笑道："大师为何如此糊涂，茶壶往茶杯里注水，怎么能让茶杯在上而茶壶在下呢？"

释圆听了，又微微一笑说："原来你懂得这个道理啊！你渴望自己的杯子里能注入那些丹青高手的香茗，但为什么你总是把自己的杯子放得比那些茶壶还要高呢？你这样的杯子怎么可能让香茗注入进去呢？"

年轻人听了，顿时恍然大悟。

放低自己，并不是真的让自己变矮，要知道，放低不是降低，更不是贬低。相反，低调做人、潜心做事的人不但不会降低他的社会价值和社会地位，反而会得到社会更广泛的承认和人们

更普遍的尊重。有一则谚语说得好:"口袋里装着麝香的人不会在街上大吵大嚷,因为他身后飘出的香味已经说明了一切。"

物体要吸收热量,首先得冷却;人要跳跃,首先要蹲下。冷却和蹲下不是目的,目的是为了变得更热和跳得更高。同样放低自己并不是我们所追求的目的,目的是加重成功的砝码。

综观中国历史,那些成功之人,往往都具备了低调、忍让、不自高自大的品质。譬如,西汉的韩信,因忍受"胯下之辱",专心研究兵法,练习武艺,终得到刘邦的重用。三国时期的刘备再三低头:从三顾茅庐到孙刘联合,每一次低头,都会迎来"柳暗花明又一村",终于成就"三足鼎立"的辉煌。

当今社会,错综复杂,变幻莫测。因此,在人生的漫长跋涉中,我们必须学会低调做人,平和处世。须知,只有从山脚下攀登才能到达山顶,只有从起点起步才能到达成功的彼岸。低调做人,不仅可以保护自己、融入人群,与人们和谐相处,也可以让人暗蓄力量、悄然潜行,在不显山不露水中成就人生。

反躬自省,完善自己

自省是一种智慧,是一种力量,自省可以改变一个人的命运和机缘,使人到达更高的境界。

《礼记·乐记》有云:"好恶无节于内,知诱于外,不能反躬,天理灭矣。"这就是反躬自省的最早出处,意思就是说,回过头来检查自己的言行得失。其目的就是要通过自我反省随时了解、认识自己的思想、情绪与态度，从而弥补短处，纠正过失，不断完善自我。这是积极追求进步的一种表现。一个人如果不懂自省，他就看不见自己的问题，更不会有自救的愿望。做人，与其低着头埋怨错误，不如昂起头纠正错误。自省是一种智慧，是一种力量，自省可以改变一个人的命运和机缘，使人达到更高的境界。

王阳明说："学须反己。若徒责人，只见得人不是，不见自己非。若能反己，方见自己有许多未尽处，奚暇责人？"意思是，人要经常自省，若老是去指责别人，看到的只能是别人的错误，就不会看到自己的缺点。经常自省，才能看到自己的不足之处，这样就能更好地把握为人处世的准则，也就不会去随意指责别人了。

王阳明自立志成为圣贤的那一天起，"格物穷理"就成了他每天必备的任务。但是格物并不是一天两天就能见成效的，在"格物"的过程中，王阳明也通过自省、反思一次次地思考、一次次地推翻自己的理论，最后才得以创立了心学。可以说，王阳明的成功与他善于反躬自省是分不开的。

孔子教导弟子说："君子求诸己，小人求诸人。"即君子事事严格要求自己，小人事事严格要求别人。孟子提出："爱人不亲，反其仁；治人不治，反其智；礼人不答，反其敬。行有不得者，皆反求诸己。"意思是说，我爱别人而别人不亲近我，应反问自

己的仁爱之心够不够；我管理别人而未能管理好，应反问自己的知识能力够不够；我礼貌待人而得不到回应，要反问自己的态度够不够恭敬；任何行为得不到预期效果，都应该反躬自问，好好检查自己。

可以这么说，力求上进的人都是重视自省的。因为他们知道，自省是认识自己、改正错误、提高自己的有效途径，自省使人格不断趋于完善，让人走向成熟。只有善于发现并且敢于承认自己的过失，才可以进一步纠正过失。人往往看不到自己的短处，很多缺点都是通过旁人指出来才得以知道。这就要求我们有一颗平常心来对待别人善意的规劝和指责，反省自己的过失。俗话说"忠言逆耳利于行"，那些逆耳忠言常常能照亮我们不易察觉的另一面。

唐太宗李世民就有一面镜子——宰相魏征，得益于这位忠臣的当面进谏，唐太宗改正了自己的许多缺点，明白了治国之道，迎来了国家的空前繁荣。这个辉煌业绩的取得，不仅得益于魏征的敢于直言，更应归功于李世民的宽广胸怀。如果他是一个听不进意见的昏君，魏征可能早就人头落地了。正是由于他在听了魏征的谏言之后，能够认真地检讨自己、反省自身，使得表面上听起来很刺耳的意见变成了治国安邦的金玉良言，而李世民的人格也因此变得崇高。

"见贤思齐焉，见不贤而内自省。"王阳明十分赞同孔子的这句箴言。看到比自己好的人就要争取进步与之齐头并进，见到不好的就要反思自己是否也有这样的错误或者坏习惯。这样才不至于严于待人，宽以待己。

王阳明说："悔悟是去病之药，然以改之为贵。若留滞于中，则又因药发病。"他认为，自省不是目的，而是一个办法。人要学会自省，才能有所悔悟，然而悔悟就像是治病的药，如果握在手里看着，不吃下去，病还是不会医好。所以人应该通过自省、悔悟来不断地超越过去的自己，这样才有可能走向成功的道路。

从前有座山，山上住着师徒两人。师父经常模仿徒弟，徒弟做什么，他也做什么。徒弟浇水种地，他也浇水种地；徒弟玩石子抓麻雀，他也玩石子抓麻雀。甚至徒弟偷跑出去到集镇上玩，他也跑到集镇上玩。

终于有一天，徒弟说："师父，您这么大岁数了，为什么总和我做一样的事情啊？"

师父说："我从四十岁起，就把年轻时候的事情重新做了一遍，我现在八十岁了，年轻时的我早就没有了。可是，我每天还能过年轻的生活，还能找到年轻的心态，所以我这四十年，等于过了两个四十年，一个从四十岁到八十岁的变老的四十年，一个从一岁到四十岁的重新年轻的四十年。如果这么说，我已经一百二十岁了。"

师父又说："况且小时候做过的事，肯定有很多荒谬可笑的，现在我知道哪些是对的，哪些是错的；哪些是宝贵的，应该保持，哪些是可笑的，应该一笑置之。就算保留的和抛弃的各占一

半吧,那么我这重新年轻的四十年,节省了一半过去被荒废的时间,就相当于延长了一倍,要是这么说,我已经一百六十岁了。

"回顾过去,对现在是有好处的。它可以使现在的我避免错误、节约时间,在现实的路上走得更稳,让我这变老的四十年避免走许多弯路。所以这样算来,我恐怕还不止一百六十岁呢。"

故事中师父的年龄到底多大,没有深究的意义,重要的是要和他一样保持一颗年轻的心,时时自省。正如《菜根谭》里所说的:为人修身,应该时时自省。这一点做起来并不难,但总是被大家忽略。人生就像走路,有走得顺畅的时候,也有绕弯路的时候,甚至还有走入迷途的时候。如果不管以前走过什么路,不知反省,仍然照感觉行事,就像一只掰玉米的熊,掰下一个,丢了一个,最终腋下永远只夹着一个玉米。

人必须懂得反躬自省,通过自省来发现问题、解决问题,从而提高自己。正如老和尚所说的,自省可以延长我们的生命,更重要的是,它让我们在以前的基础上有了提升,让我们超越了之前的那个自己。

王阳明还说:"是非之悬绝,所争毫厘耳。"在王阳明看来,在许多事情上,是与非相差并不遥远,好与坏、对与错、是与非也只在一念之间。既然是这样,那么就不如少谈论一些是非,而多增加一些对自己的省察。

现实中,有些人总喜欢议论别人,对别人能够明察秋毫,而对自己却不能有个清醒的认识。其实,越是喜欢议论别人的人，其本身也就存在着许多缺点，他们从不正视自己的缺点，不作自我反省。越是这样，缺点越是得不到改正，长此以往，缺点就会越来越多，到头来对自己没什么好处，对他人来讲也不会有什么好的影响。

总之，自省是一面莹澈的镜子，是一次自我解剖的过程，是自我完善的重要方法，它能给我们混沌的心灵带来一缕光芒。在我们迷路时，在我们掉进了罪恶的陷阱时，在我们的灵魂遭到扭曲时，在我们自以为是沾沾自喜时，自省就像一道清泉，将思想里的浅薄、浮躁、消沉、阴险、自满、狂傲等污垢涤荡干净，重现清新、昂扬、雄浑和高雅的旋律，从而让生命绽放出美丽的光彩。

礼让一分功劳，收敛一点锋芒

人，尽管有理性，能够在清醒的时候分清是非好坏，但是，作为有情感的人，却常常容易一叶障目，为一时的冲动和得意而忘乎所以。即使是在理性的指导下，也往往会由于一时激动，忘了保持低调的姿态，在一些事情上陷于难以自拔的地步，而给自身带来灾难性的后果。

比如，生活中绝大多数人，在功劳面前都会想着抢争，而很少想让一分功劳。为什么呢？因为人们一般只看到争一分功劳的好处，而看不到其隐藏的复杂和害处。

在这方面，可以说，王阳明看得最真切，最透彻，最明白。前面我们讲过，在明朝正德年间，朱宸濠起兵反抗朝廷。王阳明率兵征伐，一举擒获了朱宸濠，为朝廷立了大功。但是为了躲避当时受正德皇帝宠信的江彬的嫉妒和陷害，王阳明平静地把功劳让了出去。

俗话说得好，退一步海阔天空，这不是不要尊严，而是冷静、理智、心胸豁达的表现。来日方长，又何必去争眼前高低呢？

王阳明清楚，即使天才，如不懂礼让，也很难立足。展露锋芒是正常的，但应认清形势，把握礼让功劳的处世哲学，才能免遭嫉恨与敌视，从而有效地保护自我。

王阳明在为明政府扫清四处作乱的匪寇后，也是把功劳全部归于赏识他、为他工作扫除障碍的兵部尚书王琼。王阳明不在乎权势金钱，仅礼让功劳这一项就足见其智慧，并为人们称道。

的确，如果能懂得"礼让一分功劳，收敛一点锋芒"的处世哲学，那么，人生之路会平坦得多。

龚遂是汉宣帝时代一名能干的官吏。当时渤海一带灾害连年，百姓因不堪忍受饥饿，纷纷聚众造反，当地官员镇压无效，束手无策，宣帝便派年已七十余岁的龚遂去任渤海太守。

龚遂轻车简从到任，安抚百姓，与民休戚，鼓励农民垦田种桑。对那些心存戒备、依然佩剑的人，他劝谕道："干吗不把剑卖了去买头牛？"经过几年的治理，渤海一带社会稳定，百姓安居乐业，温饱有余，龚遂名声大振。

于是，汉宣帝召他还朝。他有一个属吏王先生，请求随他一同去长安，说："我对你会有好处的！"

到了长安后，这位王先生却终日沉溺狂欢，也不见龚遂。可有一天，当他听说皇帝要召见龚遂时，便对看门人说："去将我的主人叫到我的住处来，我有话要对他说！"

龚遂来了以后，王先生问："天子如果问大人如何治理渤海，大人当如何回答？"

龚遂说："我就说任用贤才，使人各尽其能，严格执法，赏罚分明。"

王先生连连摇头道："不好！不好！这么说岂不是自夸其功吗？请大人这么回答：'这不是微臣的功劳，而是天子的神灵威武所感化！'"

龚遂接受了他的建议，按他的话回答了汉宣帝，宣帝果然十分高兴，便将龚遂留在身边，任以显要官职。

的确，在一定情况下，如果我们能够懂得将功名尽可能让些给外人，那么，不但能让别人满意，获取别人的信任，而且自己也会因此受益无穷。

曾国藩也是一位知道礼让功劳的人。他明白要真正地赢得将士们的爱戴，名和利是最好的资本。因此，他从来都不独享功劳，而总是推功于人，他说，凡是遇到有名、有利的事情，都要注意和别人分享。

曾国荃围攻金陵久攻不下，但是又想独享大功，不愿意接受李鸿章的援军，曾国藩就写信开导说：

近日来非常担心老弟的病，初七日弟交差官带来的信以及给纪泽、纪鸿两儿的信于十一日收到，字迹有精神、有光泽，又有安静之气，言语之间也不显得急迫匆促，由此预测荃弟病体一定会痊愈，因此感到很宽慰。只是金陵城相持时间很久却还没有攻下，按我兄弟平日里的性情，恐怕肝病会越来越重。我和昌歧长谈，得知李少荃实际上有和我兄弟互相亲近、互相卫护的意思。我的意思是上奏朝廷请求准许少荃亲自带领开花炮队、洋枪队前来金陵城会同剿灭敌军。等到弟对我这封信的回信，我就一面上奏朝廷，一面给少荃去咨文一道，请他立即来金陵。

曾国藩在此委婉地向曾国荃表达了希望李鸿章能够与他一同作战，同立战功的想法。但是李鸿章一方面看到曾国荃并不想他插手金陵，同时也不愿意借此揽功，就上报朝廷，一方面上报朝廷说曾氏兄弟完全有能力攻克金陵，另一方面又派自己的弟弟前去帮助攻城。攻下金陵后，李鸿章亲自前去祝贺，曾国藩带曾国荃迎于下关，说："曾家兄弟的脸面薄，全赖你了！"李鸿章自然谦逊一番。曾国藩一再声称，大功之成，实赖朝廷的指挥和诸官将的同心协力，至于他们曾家兄弟是仰赖天恩，得享其名，实是侥幸而来，只字不提一个"功"字。

他还上书朝廷把此次战功归于朝廷的英明和将士们，不提自己和弟弟的辛劳。谈到收复安庆之事，他也是归功于胡林翼的筹谋划策、多隆阿的艰苦战斗。在其他战役中，曾国藩也总是把赏银分给部下，把功劳归于他人并加以保举，如此一来，既得到了将士们的心，鼓舞了他们的士气，也让朝廷对他放心。

记得《菜根谭》中有这样一段话："完美名节，不宜独任，分些与人，可以远害其身；辱行污名，不宜全推，引些归己，可以韬光养德。"意思是说拥有完美名节，分些与人，无可厚非，而且还可以帮助自己远离祸害。当名誉受损的时候，不宜全部推脱责任，自己承担一些，可以帮助自己韬光养德。

如果自己一味揽功于一身，不懂得礼让与分享，会让人觉得十分无趣。相对的，如果大大方方地和别人分享功劳，一方面可以做个顺水人情，另一方面别人也会认为你很懂得搞好人际关系，从而给你更高的评价。

正如王阳明所认为的，行走人生，祸福总是相伴相生。面对功劳，要懂得礼让；面对祸害，要懂得承担。礼让一分功劳，收敛一分锋芒，人生就会绕开泥潭，走得平稳，并会结出累累硕果。也正是在这种观念的践行中，王阳明身边积聚了许多志同道合的朋友，并化解了许多无形的险恶与暗流。

要记住，功劳不过是一时的虚名和奖赏，把功劳让给别人，换来的是别人对你的信任和褒奖，有机会他们一定会给你更大的实惠。而贪婪是人最大的敌人，千万别以为什么东西应该是自己的，非自己莫属。因为，如果你执著地追求虚浮的东西，就会失掉真真正正的利益。

善待他人就是善待自己

"善待他人就是善待自己"是一句富有哲理的话,也是为人处世的重要智慧。善待,看似一个很简单的字眼,但要做到却并不是一件容易的事。善待他人就是无害人之心,就是与人为善,就是成人之美。其中包括理解、信任、尊重、宽容、关心、帮助他人等。也就是要学会换位思考,多替他人想一想。

王阳明带兵打仗,所到之处,都会站在当地百姓的立场来看问题,想问题。王阳明在做任何决定的时候,都会从良知出发。他认为天地万物本是一体的,人民困苦,也就相当于自己身受困苦。这个时候他不仅在当地采取措施帮助人民逃离苦海,还上书朝廷帮助解决困难。

王阳明说:"君子贤其贤而亲其亲,小人乐其乐而利其利。"即君子尊重并赏识贤德的人,而小人只顾自己享乐,只顾贪图自己的利益。凡事只顾自己的人,犹如在其内心深处长了一棵毒草,会不断腐蚀本来清净的心灵。而只有懂得善待他人,才能在为人处世中,绽放高贵、和蔼的光芒。

两个同村的砍柴人相约去村西的山上砍柴,这两个砍柴人一个年长、一个少壮,都是砍柴的好手。但是相比之下,由于岁数和经验的差别,年长的这个砍柴人还是比少壮的这人显出更大的能力。

两人来到山上，拿出砍刀砍柴，村西的这座山，山势不高而且树木繁茂，一开始两个人的进度都相差不多，过了两个多小时，天气渐渐炎热起来，少壮的砍柴人躺在地上休息了一会，而年长的那位依然砍柴不止，并且已经从山的这边移到了山的那边。眼看就要比预计的时间提前一个多小时砍完柴。

这个时候，少壮的人从梦中醒来，看看天色暗了下来，而自己还没有砍完今天的两捆柴，于是急忙起来，也不用砍柴刀，而是用手一根根的折断树枝和杂草。但是今天的天色不知怎地暗的比以往早，直到太阳落山，少壮的砍柴人也没有砍完今天所需用的柴火。

这时年长的喊他下山了，当这个年长的砍柴人看到他孤零零的一捆柴时，明白少壮的这人没有好好砍柴，他一声不响地拿过自己的一捆柴火，对少壮的人说："这下够你用一天的了。后天我们再来砍。"

少壮的人说："这些柴火都是用来卖钱的，你给了我，不是少了很多收入吗？"

年长的人说："钱今天少赚，明天可以多赚，但是烧火做饭却是一刻不能受影响的。我这些柴火够我用的了，而你也不会受饿，这不是两全其美的事情嘛。"

年长的砍柴人其实说出了我们很多人明白但又很难达到的境界——你是一个人享用此间的美好，还是将这种美好散播到每个人的身上，独乐乐不如众乐乐？

有句话说的好:"没有嫣然绽开的花蕾,便没有四季可人的温馨,没有潺潺流过心田的微笑,便没有人生的快慰。世界的美好不仅源于人类的物质制造,更源于人们内心的真诚善良。"

生活中往往也是这样,善待别人的人一定能得到赞赏与尊敬。

阿姆斯特朗在登上月球时因一句"我个人迈出了一小步而人类迈出了一大步"而家喻户晓,但同时登月的还有一个叫奥尔德林的。在庆祝登月的招待会上,一位记者提出一个尖锐的问题:"作为同行者,阿姆斯特朗第一个登上月球而扬名你是否感到遗憾?"现场轻松的气氛一下子紧张起来,只见奥尔德林微笑着说:"可是大家不要忘了,返回地球时我是第一个从外太空登陆地球的人!"全场人给予了他雷鸣般的掌声。

聪明的人懂得善待他人,不会抓着错误不放,他会用自己的方式走出没有结果的故事。也许几年后人们会忘记奥尔德林,却不能忘记他那种分享朋友快乐、善待他人的美德。

古语讲:赠人玫瑰,手有余香。只要不是过分伤害人格尊严的事,有什么不可以容忍、忍让的呢?善待他人,与人为善,多一份坦然,增一份喜悦,更添了一份好心情。如此说来,善待他人不正是善待自己吗?

可以说,善待他人,你就会真正体会到这个世界的美丽所在。那么,具体地讲,我们该如何理解"善待他人"的含义呢?

1. 善待他人要学会理解。因为理解是爱,理解是认同,理解可以融化一切。每个人都有自己的生活方式和情感世界，都希望得到别人的理解，也希望理解别人。假如你真诚地理解别人，会意外地得到更多别人的理解。而只希望别人理解自己，而不会理解别人的人，永远不会如愿以偿。因为理解是爱，爱是真诚而且是相互的。孩子们理解父母真心的爱，能给家庭带来无限的温馨和快乐；师生之间若相互理解，就会情智共生，和谐美好；同事之间能相互理解，会给团队带来勃勃生机，增强集体的凝聚力。可见理解是一座连接人与人之间心灵的桥梁，是填平人与人之间鸿沟的石土。因而，在人与人交往中，我们应学会理解，这样才能做到善待他人。

2. 善待他人要学会宽容。宽容是做人必备的美德。与人交往中离不开宽容。法国作家雨果曾经说过："世界上最广阔的是海洋，比海洋更广阔的是天空，比天空更广阔的是人的胸怀。"在我们生活中，待人处事，如果没有宽容，就没有理解，就没有友情，就失去了善良。因为宽容是一种美德、一种修养，也是衡量一个人品格高低的标准。在日常生活里，一声感谢，一句问候，一个道歉，一丝微笑，都将给他人的心中带来温暖，带来希望，使生活充满友爱，充满阳光。

3. 善待他人要学会帮助。帮助他人就是帮助自己。你把最好的给予别人，就会从别人那里获得最好的。你帮助的人越多，你得到的帮助也就会越多。只有那些乐于帮助他人的人才会获得别人的尊重。当我们帮助他人的时候，我们付出的是自己对别人生命的爱，就仿佛给别人的生命之树捧一掬清泉。同时，我们付出得越多，内心就越充盈，幸福感就越强。所以，助人不仅是付

出，也是收获。别人得到了温暖，自己得到了快乐。

王阳明晚年时期在回答学生的书信中写道：择其善而从之。就是强调要做善行。善待别人、给予他人就是奉献，所奉献的不仅仅是物质财富，还包括精神和理念。这是抵制私欲的第一利器，是一个人充满爱心的具体表现，更是一个人有智慧和有责任心的表现。

你善待别人，别人同样会善待你。这是多么美好的事情。只要我们人人都心中充满爱，都拥有一颗助人与感恩的心，去善待每一个人，你会发觉这个世界是如此的美丽，人与人之间是如此的美好。让我们学会去善待他人，如此，你的人生也定会因善待而更加美丽。

第十五章 管理：
做官就要济世安民，当领导就要感染下属

除了是一位倾注毕生心血探索真理的哲学家，王阳明也是一位将自己的治国安民理论应用到实践当中的政治家。从28岁考中进士、踏入仕途，到57岁平定广西叛乱、客死他乡，可以说王阳明将自己生命当中的大部分时间和精力都献给了政坛，并且最后是"因公殉职"，所以政坛也是他的祭坛。

作为一名久经沙场的政坛老将，王阳明自然熟谙官场的各种潜规则、硬道理。正所谓"铁打的官场流水的官"，官场自有官场的"生存法则"：

有些官员，你看着他是升了，其实呢，是明升暗降。

有些官员，他在这个职位上"犯事儿"，结果被撤职查办了，但不久之后人们就会"莫名惊诧"地发现，这个人竟然成了另一个地方的官员；不但没降，反而升官了。

有些官员，你看着他只是一个小小的七品芝麻官，没多少下属，没多大权力；其实呢，人家往往手眼通天，只是深藏不露、暗中运作而已。

有些官员，他被朝廷派到某个地方当一把手，然后你看着他是"新官上任三把火"，打黑除恶、扫黄缉毒，台底下是一片叫

好声。结果一段时间过后,这位"青天大老爷"不知为何突然被抄家问斩了。

……

这就是官场的微妙之处了,不是身在其中,谁也很难说得清、闹得明这里边的九曲回肠、峰回路转,正所谓"不足为外人道也"。

下属是最大的财富:一定要"善借臣力"

想进入官场之人,一般都是有着一定雄心壮志之人,他踏进政坛,一般都是想凭借手中的权力为国为民做点儿力所能及的事儿,升官发财并不是他的终极目标。而一个人若想创建一番伟业,他就必须找到一帮志同道合之人——办成一件小事,单打独斗就可以;完成一番壮举,必须靠众人的力量。

这个"众人",不仅仅指掌权者身边的那些智者谋士、精兵强将,不仅仅指他手底下的每一个普普通通的士兵(几十万大军,莫不是由一个个普通士兵组成的),更是指他辖区内的每一个普普通通的老百姓——每一个能够帮助自己的"人"!

所谓"兵马未动,粮草先行",战争虽然拼的是武力,但武力背后拼的是经济实力,有足够的经济实力来支持,才能打得久、打得赢。"冷战"最后,前苏联为什么会解体?很大一部分原因就是美国把它的经济给拖垮了。可以说,老百姓的农业生产为一个国家的军队提供粮草,老百姓的经商贸易为军队提供军饷

（放在现在来说，就是一个国家的所有国民都为其政府纳税，都在养活所有官员）。而士兵，也是从老百姓当中挑出来的，没有"民"，何来"兵"，何来"国"（一个国家如果没有自己的军队，那它就很难成为一个"国家"了）。

所以结论就是，得人心者才能得天下，有"人"，就有希望——"权力"的基础是"人力"，"人力"即"权力"。作为政府官员，如果没有"人"，没有一个个普普通通的老百姓，你去领导谁，管理谁？无法管理他人，"权力"也就"失效"了："权力"是少数人对多数人，或者说管理者对被管理者的强制性约束（民众对政府的监督、约束，那叫国民的"权利"，而非"权力"，一般意义上的"权力"都是"自上而下"的行为）。

在管理当中，人不是物化形态的附庸，相反，人主宰着一切，是"管理"这个天地的唯一的"主人"。对一个国家来说，人的智慧、经验、能力、价值观念，以及人心的向背，这些无形的资产比很多有形资产更为重要。对一个国家来说，经济上暂时的落后并不真正可怕，只要有人，只要人心所向，就有扭转局面、转危为安的机会；真正可怕的是人才的流失、士气的低落，是人心的涣散，这种无形的损失远非金钱所能估计，也非金钱所能挽回！

因此，人的管理才是管理的核心，人本理念理应成为管理的指导思想。从古至今，可以说人才都是决定民族兴亡、国家强弱的重要资源。没有人才的支持，无论怎样宏伟的蓝图，无论怎样引人注目的战略，都很难得以真正实施，很难取得最终的成功——没有人去执行你这个"宏伟战略"，再壮丽的想法也只能是一纸空文。

混迹官场30年，王阳明当然知道人才的重要性了，他认为：

"（任用贤能）乃天下治乱盛衰所系，君子小人进退存亡之机，不可以不慎也。此事譬之养蚕，但杂一烂蚕于其中，则一筐好蚕尽为所坏矣。"特别是当一些偏远地方大战过后困弊丛生、百务并举之际，更需要人才了。1528年2月，在生命当中的最后一年，王阳明平定了广西的思田之乱，战乱过后就需要恢复建设。因为是边夷之地，没有什么人才可用，王阳明只好任用一些庸劣之人，结果成就未有尺寸之长，而破坏已有寻丈之大。他深切地感到人才问题的重要性，在《边方缺官荐才赞理疏》当中他这样说道：

迩者思恩、田州之变，诸夷感慕圣化，悔罪求生。已蒙浩荡之仁，宥纳而抚全之，地方亦即宁定矣。但凋弊之余，必须得人以时绥缉。况两府设立流官衙门及修筑城池营堡等项，百务并举，若无专官夙夜经理催督，则事无统纪，功难责成。

……

臣惟任贤图治，得人实难，其在边夷绝域反覆多事之地，则其难尤甚。何者？反覆边夷之地，非得忠实勇果通达坦易之才，固未易以定其乱。有其才矣，使不谙其土俗而悉其情性，或过刚使气，率意径行，则亦未易以得其心。得其心矣，使不耐其水土，而多生疾病，亦不能以久居于其地，以收积累之效，而成可底之绩。故用人于边方，必兼是三者而后可。

一方面是必须任贤图治，一方面是得人实难，可见任贤问题的急迫。特别是边夷之地的用人，必须要慎重，最好是才、德、体三者兼备，最好是选拔那些既有才华与能力又有较高道德素养，并且身体倍棒吃嘛嘛香、身强体健之人。但别说三者兼备了，就算是德才兼备之人，也极为难得。所谓"有才有德是正品,有德无才是次品,有才无德是危险品,无才无德是废品",作为从政者、国家管理者,当然想要德才兼备的人来帮自己忙了,但这种情况就像彗星撞地球一样,很少发生。不能兼备的时候怎么办呢?当一个人才,他的"德"和"才"不能兼备的时候,我们应该选哪个呢?是录取一个人品很好但没什么工作能力的人,还是录取一个能力出众但品行一般的人呢?这也是很多企事业单位在招聘的时候经常会遇到的一个非常棘手的问题。

王阳明任贤使能的原则是:以德为先。

他说:"夫朝廷用人,不贵其有过人之才,而贵其有事君之心。苟无事君之忠,而徒有过人之才,则其所谓才者,仅足以济其一己之功利,全躯保妻子而已耳。"

王阳明还区分了两种情况:一种是向朝廷荐人才,一种是自己用才。如属自己用才,因其权度在己,故虽小人而有才者,亦可以使用。如向朝廷推荐人才,则必须以德为先。因为评品一定,便如黑白一样分明,其间的长短之处,如果不是明言,又有谁知?小人之才固然可用,但正如砒硫芒硝虽有攻毒之功,而如果混于参苓之间而进,养生之人万一用之不精,就要伤生致死。故不能不先德而后才,先仁而后智。

对一个国家、一个政府来说,人才很重要,那作为政府官员,在选拔出合适的人才之后,如何最大限度地发挥这些人的作用呢?

充分授权,发挥"人力"。

既然已经把人才招聘来了,那就要"用人不疑,疑人不用,量才适用"。我们看历史上的开国帝王,哪一个不是身边聚拢着众多能臣武将,要统治偌大一个国家,没有几个得力的助手,能行吗?

领导工作千头万绪，极为繁杂，如果领导者事无巨细、事必躬亲，即使有三头六臂，也会应接不暇。对于企业来说也是这样，并且是企业的规模越大，领导者就越要懂得授权，一个人可管不过来。三国时候的诸葛亮是怎么死的？还不是被活活累死的！诸葛亮一辈子信奉的人生格言就是：如果想把一件事情做好，那最好自己亲自去做。或许正是因为他太善于神机妙算了、太聪明了、能力太强了，所以在他眼中，手底下的那帮人往往这也不是那也不是，不堪委以重任，他没法放开手放心地让他们去干。

让诸葛亮"一举成名天下知"的《隆中对》，说明他确实是个具有远见卓识的政治家、军事家，但是作为丞相、作为蜀国的"CEO"，可以说他是不太称职的。《隆中对》只能证明他个人能力比较强、会办事，并不能说明他善于授权、善于培养人才、善于领导别人——要知道，会办事的人只是办事的人，而会使用人的人，才是真正的领导者！

有人以为，人才厉害，其实不然，真正厉害的是善于使用人才的人。刘邦之所以能够得到天下，就是因为他知人善用，韩信、萧何、张良都发挥了他们自身最大的作用。反观诸葛亮，作为一个国家和军队的实际管理者，他完全不能做到这一点，他是事必躬亲，结果呢？整天累个半死。

诸葛亮不明白，领导即便再厉害，也没有三头六臂，不可能把所有事情全理清楚，把所有的事情都处理得非常恰当。即便你能力超强，你能做到这些，但别忘了，人终有老去的一天，你不可能永远像二十多岁的小伙子一样精力充沛。连把诸葛亮奉若神明的罗贯中老先生最后也不得不感叹一声"蜀中无大将，廖化当先锋"！

虽然知道授权很重要，但习惯于相信自己，放心不下他人，经常粗鲁地干预别人的工作过程，这可能是领导者、管理者的通病。因为他们早已习惯了那种"大权在握"，那种掌握他人的"生死"的感觉，所以他们总是习惯性地渴望得到权力，总是习惯性地将部下的努力换来的成绩归功于自己。

在一个事必躬亲的领导手下，每个人都会觉得"反正自己也不是决策者，没权力拍板"，所以他们就不会用心去思考自己遇到的问题，只会给出模棱两可的意见——反正最后的主意还是要领导来拿，自己还费那劲儿干嘛，不是自虐嘛！于是，他们就会越来越束手束脚，养成依赖、从众和封闭的习惯，把最为宝贵的主动性和创造性丢得一干二净。时间长了，估计单位所有员工都变得"弱智"，完全丧失了思考问题、解决问题的能力。

而那些不信任下属的领导者呢？他会发现"下属们的水平怎么都这么'凹'啊，看来必须自己'身先士卒'了"！于是，他会"变本加厉"地继续从头管到脚，越管越变得独断专行、疑神疑鬼。同时，他这种"唯我独尊"式的管理方式会严重挫伤员工的自尊心和归宿感，从而使整个单位像着魔一样，持续产生越来越大的离心力，最终，可能就会导致分崩离析……

纵观中国几千年来的政治斗争史、权力斗争史，分析其得失成败，关键有两条：一个是择向，就是说要把团队带向哪里，去干什么，怎么保证不会误入歧途。另一个就是用人，重用了哪些人，为什么要用，这些人是真的想跟人做事，还是另有所图？是真有才干，还是尸位素餐？如果上述问题没整明白，即使当了一把手，肯定也当不明白。

所谓"自为则不能任贤,不能任贤则群贤皆散",虽然"知人"是"善任"的前提,但"善任"才是更重要的,它才是"知人"的目的。如果辛辛苦苦把一大帮人才招聘来了,却不给他们相应的职位,不让他们发挥一身本领,那招他们来干嘛呀,那不是白忙活了吗!

所以,作为管理者不仅要有"知人"之明,还得有"善任"之能,还得善于授权。要知道,这些跟随自己多年的下属们就是自己手里拥有的最大财富!

领导力就是影响力:用人格魅力影响下属

对领导者来说,一定要善于控制下属,千万不能被他们控制。能够控制别人的人,他掌握着主动权;被别人控制的人,他往往无法掌握自己的命运。我们应该知道,管理是一种控制的游戏;在授权的时候,企业领导者的工作重点就是控制!

成功的领导者在委派工作时会首先明确需要授权的任务,权衡有没有必要进行授权,怎样进行授权。在将权力"授下去"之后,他会对授权的对象进行必要的监控,提供必要的协助,他会尽量避免"授出去"的权力收不回来。

说到这里,有人可能忍不住想说两句了:"作为公司里边的领导,我当然不想什么活儿都揽自己头上了,当然想让手底下的人多替我分担点儿了!咱又不是自虐狂!但问题是,我就是怕

'授出去'的权力收不回来，授权之后不好控制他们，所以才不敢轻易授权啊！所以才这么一直'苦着自己'啊！哎……"

这番话，道出了很多领导者的心声。那么，怎么解决这个看似"不可调和"的矛盾呢？怎样才能把"授权"和"收权"，把"放手让下属去做"和"控制下属"完美结合起来呢？

领导者必须获得顶级领导者必须具备的秘密武器——心灵的力量。

社会心理学家曾经做过一个十分有趣的试验：让十几位素不相识的人围坐到一张圆桌边，给他们几个很普通的问题，不限时间地讨论。不久以后，这十几个人当中已经自然而然地形成了一个"头儿"，其他人已经有意无意地认同这个"头儿"的权威，并接受他的建议。换句话说，这个人正以无形的力量影响、控制着别人，并让别人在不知不觉中服从了自己。

这种力量是一种只可意会不可言传，但却又真实的存在。这并不仅仅源于对对方的权力和地位的认同，更源于一种强有力的个性中弥漫出来的氛围，或者说，是一种强大的、让人心悦诚服的"气场"。

那些社会精英们，比如企业家、艺术家、学者、政府官员，他们品性各异、气质不同，但他们身上有一种共同的东西，那就是一种能够使周围的气氛被他的言行举止控制住、吸引住的感染力、影响力、威慑力。而这种控制与吸引，并不缘于某种夸张、激烈的表演性的情绪，而是基于一种明确的"自控能力"。

这就像在一个令人眼花缭乱的派对上，一个一袭黑色礼服的女子很静默地便把大家的视线吸引到了她身上。而另外一些人，

也许她们更妩媚、更火辣、更撩人,但她们就是没有那种吸引力、控制力。前者即使衣着简朴、言语不多,但你马上能在一大群人中强烈地觉察到她磁性般的存在;而后者,即便涂脂抹粉、衣着暴露,还是黯淡无光。

现在这个时代,让人热血冲动的女人很多,让人心灵宁静的女人很少——而稀少,就是价值的体现,就是人格魅力的体现。

拥有人格魅力的人,就是拥有心灵力量的人,就是拥有顶级领导力的人。他们为了达到现在这个目标,必定早在许多年前就开始了一个漫长的过程:他们必须全神贯注,放弃许多日常欲望,做出许多牺牲,体验许多挫折的滋味。在这样长期磨练之后,他们的心灵已经变得非常坚忍、有力、健全、平衡,这足以使他们去引导那些尚处于迷惑状态的人。所以这种力量的获得,没有天赋,只有依靠时间的修炼。

这就是"心灵的力量"。

一个人一旦拥有了这种力量,它就如同依附在他身上、已经成为他的一个组成部分一样,再也无法剥夺走。因为这种力量并不是外在的权力、地位、财富,而是一种内在的自信、自制、自尊。

一个拥有了这种力量的人,他同时也就拥有了控制这种力量的能力。这就像一个暴发户会热衷于炫耀财富,而成功的大企业家绝不会沉湎于恣意挥霍;一个街头流氓会寻衅滋事,而黑带柔道高手却不可能轻易大打出手。这种力量与控制这种力量的能力,是在那个漫长的磨炼过程中逐渐获得的一种精神财富。

顶级领导者,必然是拥有这种"心灵的力量"的领导者。这种"隐形的吸引力"不只是谦恭自守,不只是以身作则,不只是任人唯贤，不只是赏罚分明，不只是善于授权……不只是那些优秀领导者必须具备的素质当中的任何一点，而是所有这些造就卓越领导力的要点的整合与统一！

作为明朝第一"心灵导师"的王阳明，之所以有那么多人追随他、尊敬他、热爱他，不是因为他身上具备的智慧、勇敢、自制等某一项优秀品质，而是因为——他是王阳明！

真正的领导力，不是来自头衔，也不局限于某某职位，而是我们日常的言行以及我们影响别人的方式。历史当中所有那些成就一番伟业的人都是这样，他们的成功都是不可复制、不可模仿的！这种不可复制、不可模仿的"心灵的力量"，说到底其实是一种强大的影响力、控制力。要知道，真正的领导力与权力无关，领导力的实质是影响！

作为官员和哲学家，王阳明没为自己做过任何广告，他从没炒作过自己，但他依然有数不清的愿意为他赴汤蹈火的学生、"信徒"，他的领导能力可以说是极为强大的。但反观我们现在的企业领导者，为了获得那种"一呼百应，应者云集"的影响力，为了扩大自己的威信，他们费尽了心机，但结果，却总是枉然。

为什么呢？

因为在他们身上，缺乏那种可以让人趋之若鹜的人格魅力；因为在他们心里，缺乏那种凝聚人心的精神力量。

在内在，他们缺乏犀利深刻的哲学思想；在外在，他们缺乏包容万物的道德涵养。那么，他们能靠什么去凝聚人心、领导大众呢？

这个问题，也许谁都不知道该怎么回答！

美国著名管理学家哈罗德·孔茨说："领导力是一种影响力，

或叫做对人们施加影响的艺术过程,从而使人们心甘情愿地为实现群体或组织的目标而努力。"所以,领导力的核心就是一个人能影响多少人,而不是他的权力有多大。领导便是影响,也就是一个人影响别人的能力;一个人能影响别人到什么程度,就能领导他们到什么地步。

而顶级领导者能够影响、控制别人,到什么程度,什么地步呢?

能够影响别人的心灵,控制他们的行为。说得更直白一点:能够领导他人做事,这是一种能力;能够领导他人思考,这是一种智慧。这句话,即是有关"终极领导力"的全部精髓。

管理是一门艺术:卓越有效的领导方法

管理是一门艺术,也是一种智慧。作为一名管理者,你必须深谙管理之道。才能为成就人生的事业打下坚实的基础。那么,什么是管理之道呢?管理之道的内涵很深,简明地讲,就是一种行之有效的领导方法。管理有艺术,过程的进展就比较容易;领导有方法,期望的目标就容易实现。

王阳明在《批各道巡历地方呈》中说:"用其所长,而不责其备;教其不及,而勿挠其权;兴廉激懦,祛弊惩奸。"意思是,运用他们的长处,而不求全责备;教导他们的短处,而不代行其权;鼓励廉洁者,激励怯懦者,防止弊端,惩治奸邪。

王阳明在《申明赏罚以励人心疏》中又曰："赏不逾时，罚不后事。过时而赏，与无赏同；后事而罚，与不罚同。况过时而不赏，后事而不罚，其亦何以齐一人心而作兴士气？即该奖赏时不能拖延，该惩罚时不能滞后。赏赐不及时，跟没有赏赐一样；惩罚不及时，跟没有惩罚一样。更何况过时的赏赐都没有，过后的惩罚都没有，那又怎么能使人齐心协力而鼓舞斗志呢？

纵观王阳明所说的话，无疑是透彻、精辟的管理之言。王阳明为官，建立了很多的功业，但正如他自己所说，所获之功全靠下属齐心协办、忠勇多能，绝非是他一人的功劳。试想，他的部下为何多忠勇多能之士呢？明显是他具有卓越的管理艺术和高超的管理方法。

致良知，是王阳明心学的核心内容。他将这种学说很好地融会到了管理之中。他说："是非之心，不虑而知，不学而能，所谓良知也。"意思是，知是知非的心，不用思考就知道，不用学习就具备，这就叫"良知"。

一般来说，人人都有是非心，但不一定人人都遵从自己的良知。有个年轻人，偷了人家的东西被逮住，在被审讯时，他说自己没文化，只是小学毕业，不懂得法律法规才犯了过错。其实，偷东西是不轨的行为，三岁小孩都知道，一个读过小学毕业的成年人居然不知道，岂不是笑话！这明显是不守良知。

良知，其实也是一种境界。就管理而言，王阳明总是按自己的良知去做，言行之间，常存"为善"之念，境界超出常人。他把"良知"融入管理之中，形成了自己独到的管理风格。

第一，注重实用，远离虚空。

王阳明跟一般喜欢夸夸其谈讲大道理的读书人不一样，他做学

问喜欢"简实",讨厌"繁文",做官也是如此。他说话、写文告都言简意赅,不喜欢长篇大论,他办事讲求实效,不会被细枝末叶的事情扰乱。他对下属的要求也是如此。他在庐陵要求诉状"但诉一事,不得牵连,不得过两行,每行不得过三十字",便是他简实风格的体现。他后来统军作战时,凡谋计划策,都依据实际情况,决不凭空构想。他也要求下属注意搜集情报,据实呈报。

例如,他的《巡抚南赣钦奉敕谕通行各属》,对下属提出了明确的要求:"一应足财养兵弭寇安民之术,皆宜心悉计虑,折衷推求。山川道路之险易,必须亲切画图;贼垒民居之错杂,皆可按实开注;近者一月以里,远者一月以外,凡有所见,备写揭帖,各另呈来,以凭采择。非独以匡当职之不逮,亦将以验各官之所存,务求实用,毋事虚言。"

大凡说话、写文章,文词的修饰,可以扰乱听众、读者的判断力,掩盖真实情况,王阳明要求下属将"水分"挤掉,只送"干货",有助于保持清醒的判断力,也可以节省时间,提高效率。这一经验,值得所有领导者借鉴。

第二,兼顾人情与法度。

王阳明重视赏罚,他施赏是为了激励士气,施罚只是为了以儆效尤,却不在于施罚本身,在可能的情况下,他也会在法律许可的范围内,依循人情,尽量减轻惩罚。例如,他率军平定宁王朱宸濠的叛乱后,捕获了数百名从逆官员,其中许多人只是受情势所迫,为保身家性命,不得不附从宁王,并不是真心反叛。王阳明考虑到这一情况,曾一日连上数疏,请求对其中大部官员减轻处罚。

王阳明在《处置从逆官员疏》中介绍了一些从逆官员的情况，最后建议说："取其罪犯之显暴者，明正典刑，以为臣子不忠之戒；酌其心迹之堪悯者，量加黜谪，以存罪疑惟轻之仁。庶几奸谀知警，国宪可明。"在《处置府县从逆官员疏》中也介绍了一批从逆官员的情况，最后建议："参照邢清等被执不死，全无仗节之忠；闻变即逃，莫知讨贼之义，俱合重罪。但责任既轻，贼势复盛，力难设施，情可矜悯。合无行抚按衙门依律问拟，以为将来之戒，惟复别有定夺。"

王阳明的"罪疑惟轻"跟现代"疑罪从无"的原则颇有神合处，都是人文关怀的体现。他能站在人性立场，主张对犯法者从轻处罚，确实难能可贵。从中也可体察"致良知"的妙用。

第三，广泛征求意见。

王阳明无论在何地为官，都必然深入基层，调查研究，了解情况，而且他乐于倾听意见，不分官民，凡有意见，他无不欢迎，他还经常发布公文，广求意见。他在《十家牌法告谕各府父老子弟》中非常谦虚地说："本院奉命巡抚是方，惟欲剪除盗贼，安养小民。所限才力短浅，智虑不及；虽挟爱民之心，未有爱民之政；父老子弟，凡可以匡我之不逮，苟有益于民者，皆有以告我，我当商度其可，以次举行。"

王阳明以巡抚之尊，竟然向小民讨主意，其虚怀若谷的情怀，不同凡响。相比现在某些官员，只知坐在办公室当老爷，对群众的意见不闻不问，境界真有天壤之别！

第四，主动承担责任。

王阳明为官，凡管辖范围内的事，没做好的，他都主动承担

责任,从不推诿;许多事分明与他无关,他也自负其责。例如,天灾本是老天爷的过错,他也要自我批评;兵灾虽是人祸,但并不是由他引起,他也主动承责。他的《批追征钱粮呈》,对不得不向百姓征收军粮痛心不已,还说:"目击贫民之疾苦而不能救,坐视征求之患迫而不能止,徒切痛楚之怀,曾无拯援之术,伤心惨目,汗背赧颜,此皆本院之罪,其亦将谁归咎!各府州县官务体此意,虽在催科,恒存'抚'字。"

王阳明的承责,看似虚伪,其实不然,恰是"以天下为己任"的表现。天下事没办好,天下人都有一份责任,按佛家的说法,这是"共业所感"。王阳明是大悟之人,自然能看到自己的责任所在,不会像那些愚人一样说什么"这件事跟我无关"。

第五,通情达理,主动沟通。

王阳明身领重任,职责所在,有时不得不做百姓不满的事,但他从不恃其强势,使狠蛮干,总是主动向百姓说明情况,寻求谅解。他数次统领大军,平息各路农民起义以及宁王朱宸濠的叛乱,他当然不能让属下官兵饿着肚子打仗,一应军粮只能从当地征收,军队打扰民众的生活也在所难免。但他情真意切的解释,却能在很大程度上缓解民众的不满情绪。何况王阳明治军,军纪严明,无事不扰民,更容易跟民众达成情感上的相融。

随着当今社会各行各业的竞争加剧,管理已成为提升竞争力的首要举措。毋庸置疑,管理是领导艺术的重要内容,也是领导管理的最重要职能。就目的来说,是发挥人的最大热情和潜能,使整个团队形成强大的战斗力,以更好地实现组织目标。

第十六章　淡泊：淡定于心，自有从容

"淡泊"是王阳明在人生的历练中陶冶而成的一种心境，这种心境不仅是一种修养境界，也是一种宝贵而超然的人生态度。对于王阳明来说，一切得失荣辱，就如同疾风吹过耳际一样，不足以扰动分毫之心。"长思淡泊还真性"是这位心学大师在一首诗中的真切流露和胸臆写照，也是丰富心学体系的重要支流。

淡泊以明志，宁静以致远

诸葛亮五十四岁时写给他八岁儿子诸葛瞻的《诫子书》中说："非淡泊无以明志，非宁静无以致远。"意思是一个人在社会中生活，不要对东西过分地奢求，要尽可能地排除心中的私心杂念，把目光放远大一些，如此，心情就会乐观，情绪也就会昂扬向上。

时隔千年，历史上的人和事早已随时间远逝。然而默诵这一句，我们仍然会感到清新澄澈，洗净心灵。

王阳明十分提倡淡泊的心态，并且这种观念自小就由他的家

族传承与影响着他。他的六祖王纲性情淡泊,文武皆通,但是为了躲避乱世,便一直往来于山水之间。

王纲和刘伯温是要好的朋友,但他对刘伯温说:"老夫性在丘壑,异时(你)得志,幸勿以世缘见累,则善矣。"从这些话中,不难窥见其恬淡致远的心境。

淡泊是一种志向,是一种人生态度。淡泊不是逃避生活,而是生活的一种方式。拥有一分淡泊之心,才能让我们享受宁静,并有时间和精力去追寻自己的理想,也只有能够安静地坐下来,我们才有时间去思考人生。

战国时齐国有位贤者,名叫颜斶。齐宣王十分仰慕他,便把他召进宫来。颜斶走进宫内,来到殿前,就停住了脚步,不再行进。齐宣王叫他上前,颜斶不仅一步不动,还叫齐宣王下来迎接他,并且还说:"如果是我走到大王面前,说明我羡慕大王的权势;如果是大王走过来,说明大王礼贤下士。与其让我羡慕大王的权势,还不如让大王礼贤下士。"齐宣王生气地说:"到底是君王尊贵,还是士人尊贵?"颜斶不假思索地说:"当然是士人尊贵!从前秦国进攻齐国的时候,秦王曾经下过一道命令,有谁敢在高士柳下季坟墓五十步以内的地方砍柴的,格杀勿论!他还下了一道命令,有谁能砍下齐王脑袋的,就封为万户侯,赏金千镒。由此看来,一个活着的君主的脑袋还不如一个死了的士人的坟墓呢!大禹的时候,诸侯有万国之多,是因为他尊重士人;到了商汤时代,诸侯有三千之多;如今,称孤道寡的才二十四个。由此看来,重视士人与否是得失的关键。从古到今,没有不务实事而成名于天下的,所以君王要以不经常向人请教为羞耻,以不向地位低的人学习而惭愧。"

齐宣王听到这里，才觉得自己理亏，于是对颜斶说："听了您的一番高论，茅塞顿开，希望您接受我拜您为师。今后您就住在这里，饮食有肉吃，出门有车乘，您的家人个个衣着华丽。"颜斶却说："玉，产于山中，一经匠人加工，就会破坏；虽宝贵，但失去了本来的面貌。士人生在穷乡僻壤，如果选拔上来，享有利禄，他外在的风貌和内心世界就会遭到破坏。所以我希望大王让我回去，每天饥饿了才吃饭，像吃肉那样香，安稳而慢慢地走路，足以当做乘车。平安度日，并不比权贵差。清静无为，纯正自守，乐在其中。"颜斶说罢，向齐宣王拜了两拜便离开了。

在功名富贵面前，颜斶不为所动，表现出了超然的境界。的确，做人需要有一颗淡泊宁静之心。有了它，便能远离烦恼的迷惘，遇到失意之事能治之以忍，遇到快心之事能视之以淡，遇到荣宠之事能置之以让，遇到怨恨之事能安之以忍，遇到烦乱之事能处之以静，遇到忧悲之事能平之以稳。

王阳明提倡心中以良知为主宰，不以当官为荣，不以不当官为辱，坦坦荡荡，心无困扰。这正是淡泊的一种境界，是一种从容不迫的生活态度。

淡泊是一种人生体验，是一种对自然万物的认同，是一种天人合一之后的物我两忘，是为了拥有一份宁静而真实的美丽。

在人的生命历程中，轰轰烈烈是暂时的，大部分的时间都在平淡中度过。只要怀有淡泊的心境和一生一世永不放弃的追求，就能获得生活馈赠的那份幸福和快乐，从而拥有成功赋予的那份慰藉和乐趣。

放下负累,不为名利羁绊身心

同样生活在这个星球上,生活在这个社会里,为什么有的人总是愁眉不展,有的人却常常笑容满面?从某种角度来说,恐怕很重要的一点是取决于一个人对名利是否看得太重。可以想象,带着悲观情绪行走于人生之旅的人,往往与他的私欲炽盛有一定的关系。

王阳明认为无论是做学问还是生活,都必须保持心境的澄澈和安定,不能为名利所累。因而在他看来,人不能有太多的得失之念。人之私欲,笼统地说无非是名利二字。名者虚荣心,利者利禄心。一个人倘若满脑袋只想着利禄虚荣,那么他一定会感觉到人世间遍地荆棘充满了痛苦。因为名也好,利也罢,是无休无止的。没有的时候,渴望得到;得到了以后,则希望韩信点兵多多益善。好名之人必为虚名所苦,重利之人必为贪利所困,这可以算是一个规律。

在《传习录》中有这样一段对话:

问:"声色货利,恐良知亦不能无。"

先生曰:"固然。但初学用功,却须扫除荡涤,勿使留积,则适然来遇,始不为累,自然顺而应之。"

这是一段关于名利的话题。有人问王阳明说:"良知恐怕也存在于声色货利之中。这种观点对吗?"

王阳明回答说:"当然,但初学用功时,对自己的内心必须进行扫除涤荡,使它臻于清净澄明的境界,不要让自己的心陷入声色货利等东西之中,它们来了既不欢迎,去了也不留恋、惋惜,这样才能以坦然的心情来对待所遇到的各种事物。当外在的一切东西都不再成为心灵上的负担时,自然就会顺应自然而减去负累。"

看淡名利,不要为虚名所困,就是要求我们不要把名利看得太重,随其自然,得之不忘形失之不沮丧。试看,历史上多少悲剧出于争名夺誉,人们只看到了虚名表面的好处,却不知道在虚名的背后,埋藏了多少辛酸和苦难。名利就像是一副枷锁,会束缚人的本真。如果人生看不破名利二字,就会受到终身的羁绊。

古代有一个王国,国王刚刚登基,外族都不臣服,经常犯边滋扰。于是国王召开会议,决定用武力使四夷臣服,进而安定边疆。

国王做好了决定就颁布诏书,民间若有肯为国出力者,皆有重赏。不出十天,有三个年轻人应召而来。高个子的叫若木,善骑术;矮个子的叫宾蒂,善射术;中等个的叫天定,善于谋略。国王择日让他们三个带领大军开赴边疆了。

日子不多,边疆的喜讯不断传来,三个年轻人屡建奇功。一个月以后,边疆得到了安宁,四夷全都臣服。得胜之师回到都城,国王要给将士论功行赏。

国王对三个年轻人说:"有什么要求尽管说!"

若木说:"我要做大将军,为陛下镇守边关!"

宾蒂说:"我要做尚书,替陛下分担国事!"

天定却说:"我一不当官,二不领兵,三不要钱。我只希望陛下能赐我一群牛羊和一块牧场!"

国王很惊诧,不过还是一一满足了三个年轻人的要求。

过了若干年,天定正在牧场上吹着笛子,欢快地牧羊的时候,消息传来,若木和宾蒂因为权势熏天,遭到了国王的猜忌,全都被陷害入狱了。

名利终究是人生的枷锁,很多人受尽其累却不知悔悟。看破名利者,即使立下了汗马功劳也不要求做什么封疆大吏,只想重新回到过去快乐无拘的生活,吹笛牧羊,自由自在,不受名缰利锁的羁绊,更不用绞尽脑汁的谋划和算计,何乐而不为?

俗话说,名利是个无情物。有了名利,就会产生欲望,于是欲望膨胀,丧失理智,巧取豪夺的有之,杀人越货的有之,父子失和的有之,兄弟相残的有之,夫妻反目的有之,朋友绝交的有之……形形色色,不一而足。

为此,王阳明极力推崇中国儒家"存天理、去人欲"的主张,更是把"去人欲"当做"存天理"的条件,他说:"去得人欲,使识天理。"

王阳明将天理、良知、本体合而为一,即将道德伦理的价值与存在的本体合而为一,要证得"本体",就必须打掉一切人欲。在他看来,一个人为什么会产生"名利心"?就是因为人的心里藏有势利的种子。

从某种意义上说,势利就是一种欲望。欲望越多,烦恼也越多。

古时候有个人一生追求名利，终于做了当朝宰相，但是却终日烦恼缠身，于是他去寻求能够解脱烦恼的秘诀。一天，他走到山脚下，看见生长着绿草的牧场有个牧羊人骑着马，嘴里吹着笛子，发出悠扬的韵调，非常逍遥自在。于是他问这个牧羊人："你怎么过得这么快乐？能教给我怎么才能像你一样快乐，没有苦恼吗？"

牧羊人说："没什么，骑骑马，吹吹笛，什么烦恼都忘记了。"他试了试，但却没什么效果。于是，他放弃了这个方法，又去继续寻求。不久，他来到一座庙宇，看见一个老和尚在打坐修行，面带微笑，看起来是个充满智慧的人。他深深地鞠了一个躬，向老和尚说明来意。

老和尚说："你想寻求解脱吗？"

他说："是。"

老和尚说："有人把你捆住了吗？"

他说："没有。"

老和尚又说："既然没人捆你，谈什么解脱呢？"

道家学派的创始人老子曾说，"恬淡为上，胜而不美"。不被名利束缚，才能轻松自在，才能摆脱无尽的烦恼。的确，名利如过眼云烟，生不带来，死不带去。如果我们看破了这一点，对于世间的荣华富贵不执著和贪恋，则我们的内心自然就会淡定如水。

王阳明说："人欲横流，天理几灭。"尽管他在尔虞我诈的封

建官场中，受到打压，遭到排斥，但是依旧于百忙之余讲学传道，享受淡泊之乐。他粗食淡水，幕天席地，面对苍天，仰依大地，其乐无穷。而对于富贵名利，却看得如浮云般不值一提。正是践行了孟子所说过的："养心莫善于寡欲"之真理。作为当今的现代人面对着花花绿绿的精彩世界，更应当有淡名寡欲的思想，如此方能在纷繁的世界里，在众多的不公平中，在自己的心中，构筑一片宁静的田园。

与其在抱怨中度过，不如转变心态

人人都希望自己过上更好的生活，过得舒适快乐。然而，生活并不是一条康庄大道，更多的时候，是一条布满荆棘与陷阱的崎岖小路。很多人在这条路上遇到了困难，不仅无法跨越，还会不自觉地陷入一个可悲的怪圈，把大量的时间放在抱怨上。

其实，一个人如果整天带着抱怨的心情生活或工作，不但得不到快乐且工作效率低，还会影响自己的身体健康。抱怨就像烟头烫破一个气球一样，让别人和自己泄气，是最没有影响力的语言，也是最没有价值的行为之一。

王阳明虽出自书香门第，富有才情，但是多次参加会试都没有上榜，世人看来这是十分哀怨而耻辱的事情。王阳明不以为然，却说："世以不得第为耻，吾以不得第动心为耻。"在他看来，有上榜之事，就有落榜之事，不要过分在意。生活中，酸甜苦辣的事很多，快乐与痛苦，都是生活的一部分，不尽如人意的情形下，抱怨无济于事。只有学会调整心态，才是人生向前迈进的主旋律。

苏东坡因"乌台诗案"贬居黄州，心中无疑有很大的失意。一次野外郊游，途中遇雨，密雨如织，哗哗地落下来，片刻路上一片泥泞。苏子一行人等，浑身尽湿，如落汤之鸡。随行之人，怨声载道，大骂不已，心中颓然。而苏子却等闲视之，没有像人们想像的那样，感时伤神，大鸣不平，相反，诗兴陡起，吟写了《定风波》一词：

莫听穿林打叶声，何妨吟啸且徐行。竹杖芒鞋轻胜马，谁怕？一蓑烟雨任平生。

料峭春风吹酒醒，微冷，山头斜照却相迎。回首向来萧瑟处，归去，也无风雨也无晴。

这首词通过野外途中偶遇风雨这一生活中的小事，于简朴中见深意，于寻常处生奇景，词人抛开了人生的坎坷与抱怨，表现出旷达闲逸的胸襟，寄寓了超凡脱俗的人生情怀。足见其心境之豁达，情怀之淡定。

有人曾经问过一些饱受磨难的人是否总是感到痛苦和悲伤，有人答道："不是的，倒是很快乐，甚至今天我有时还因回忆它而快乐。"为什么会这样呢？因为他从心理上战胜了磨难，他从磨难中得到了生活的启示，他为此而快乐。换句话说，生活本来就是充满快乐的。

一个富人和一个穷人在一起谈论什么是快乐。

穷人说:"快乐就是现在。"

富人望着穷人漏风的茅舍、破旧的衣着,轻蔑地说:"这怎么能叫快乐呢?我的快乐可是百间豪宅、千名奴仆啊。"

一场大火把富人的百间豪宅烧得片瓦不留,奴仆们各奔东西。一夜之间,富人沦为乞丐。

炎炎夏日,汗流浃背的乞丐路过穷人的茅舍,想讨口水喝。穷人端来一大碗清凉的水,问他:"你现在认为什么是快乐?"

乞丐眼巴巴地说:"幸福就是此时你手中的这碗水。"

生活有时候会显出它不公平的一面,使我们经历磨难。然而,那不过是生活中一点或酸或辣的调味品,如果只将目光集中在这里,生活就会变得毫无希望。当我们遇到挫折的时候,多想想美好回忆中那些令人振奋的人和事;当我们的情绪消极倦怠的时候,多想想如何去解决而不是一味地去逃避。当我们将内心痛苦的负累转化为积极乐观的力量,便能在不幸的悲剧之中重新找到幸福的人生。

的确,抱怨不能让你得到什么,反有可能让你失去更多,甚至一事无成。一个人一旦被抱怨束缚,就不会尽心尽力努力,这无疑是自毁前程。

张某,大学本科毕业后应聘到北京一家跨国公司担任采购工作。起初,他为能进入这家全球性的大公司感到无比兴奋,每天都憧憬着那种出入高级宾馆和餐馆的白领生活。但是一年下来，面对复杂的数据整理和谈判工作，张某有了厌烦情绪，工作业绩不温不火。而一起应聘来的小王却沉浸于工作的乐趣之中，似乎不为繁杂、琐碎的采购细节所困扰，并且业绩斐然，深受上司青睐。张某看在眼里，心中很不舒服，抱怨之声逐渐传了出来：

"小王有什么了不起的，学历没有我高，不就是个大专吗？业绩也就那么回事！"

"不就是小王负责的那块业务好做吗！"

"这种杂七杂八的工作真没劲！"

……

一段时间之后，张某抱怨的声音不仅没有停息，反而越来越多。在工作中本来还有的热情也逐渐消失，各类差错接连不断的出现，甚至还有几次失误影响了公司的营销活动。几个月后张某被公司解聘了。

每个人的生活都是一样的有苦有甜，不一样的是人们的心态。与其在抱怨中度过，不如转变心态。抱怨只能证明无奈，生活不相信懦弱。心学大师王阳明认为，不懂得身处泥泞之中而遥看山花烂漫的人，并非为泥泞所累，而是被自己的心态所拖累。

在竞争日益激烈的职场，工作机会来之不易。不珍惜工作机会、不努力工作而只知抱怨的人，是很难有什么前景的，不管他的学历有多高、能力有多强。因此，人人要学会珍惜已有的。与其在抱怨声中度过，不如在努力工作中不断调整心态，调整视角，重新看待和认识事物。

心静便能感受世界的美妙

世界从来不会对一个心静的人喧嚣,也不会对一个心静的人沉默。当浮华褪尽,当喧嚣归寂,我们便能够清晰地听见生活的那一抹悠扬。一个人如果保持宁静的心,就不会轻易被外物所干扰,能够用心去感知一切的存在,就可以看见秋日里风过的留痕,听见星空下静夜的私语。

王阳明说:"循理之谓静,从欲之谓动。"又曰:"日间功夫,觉纷扰,则静坐。"王阳明认为,在纷乱的社会生活中,人们常常会感到不安。而要消除这种不安,就要在"静"上下功夫。通过静坐静思而达到静心,如此,外在的喧嚣就会消失,随即你便会发现心灵中衍生的一种宁静的境界。

佛祖说:"一花一天堂,一草一世界。一树一菩提,一土一如来。一方一净土,一笑一尘缘。一念一清净,心是莲花开。"做人一定要沉淀内心的喧嚣和嘈杂,努力守住心灵的宁静。只有心静了,才能听见世界在身边跳动的旋律。

有个领导去工厂里视察工作时,不慎将自己一只名贵的手表遗失在库房之中。库房里东西多且杂乱,手表掉了就很难找到。工人们自发地动员起来帮助领导找手表,但是库房的面积太大,而人手显然不够,大家竭尽全力,不放过任何一个地方,结果还是无法找到。领导很失望，只能无奈地放弃。

这时候，一个小孩子跑了出来。他示意大家不要说话，而且尽可能地屏住呼吸。大家疑惑不解，但是有人很快明白过来。所有人都默不作声，工厂里很快安静下来，这时手表的滴答声很快从角落中传出来。大家顺着声音很快就找到了这只遗失的手表。

只有安静的时候，才能听得更加清晰，这是最浅显的道理。声音从未变大或变小，变的是人心，心浮气躁当然也就忽视了声音的存在。当人的内心开始浮躁的时候，往往就影响了对事物的敏锐感知，看不见最美丽的景色，也听不见这个世界上最自然最本真的声音。

伟大的俄国诗人莱蒙托夫因为诗歌《诗人之死》的发表，激怒了沙皇，被发配到高加索，当心情苦闷的他到达高加索地区时，竟然饶有兴致地惊呼："我听见了大地的沉酣。"因为他远离了世俗的喧嚣，远离了政治的缠斗，在这种安静的状态下，他感受到了最自然最美妙的声音。

的确，世界上的一切皆是可感可闻可知的，因此并不是世界不够安静，而是我们的心灵太过浮躁喧嚣，常常被外物所干扰，被世界的嘈杂所掩盖。其实，心静了，世界也就静了。

古人说："林间松韵，石上泉声，静里听来，识天地自然鸣佩。"又说："昼闲人寂，听数声鸟语悠扬，不觉耳根尽彻，夜静天高。"这是自然生活的趣享。恰如林语堂所描述的那样："享受悠闲的生活，只需要一种艺术家的性情，在一种全然悠闲的情绪中，去消遣一个闲暇无事的下午。"我们的生活也需要这样的情

趣,每个人都应该给自己留下一片安静的空间,让心灵独处片刻。只有心静的时候,我们才离自然最近,也离自己最近。

诗人王维说:"人闲桂花落,夜静春山空。月出惊山鸟,时鸣春涧中。"这样奇幻空灵的声音和遐想绝对不是浮嚣中可以得到的。只有心静了,才能超脱世界的诸多困扰,听取大自然的回声;只有心静了,我们才能更好地融入自然,激起人与自然的共鸣。恰如辛弃疾所说的那样:"我见青山多妩媚,料青山见我应如是。"这是大的境界,一个人只有懂得如何去倾听自然,才能更好地倾听世界。

王阳明一再讲"心外无物"、"心外无理",他声称心是万物的主宰,一切都源于"心",心是可以灵活多变的,你需要学会掌控。所以,任何时候都不要让心慌乱,只需一种从容的淡定,一切便会豁然开朗。一个人若能在嘈杂中感悟宁静,也就能达到人生快乐的极高境界。

有四个人聚在一块进行一项"不说话"的训练,以此考验自己的定力。四个人当中,有三个人的定力较高,只有一个人定力较弱。由于是在晚上,要时常为灯添油,所以四人商量过后,点灯的工作就由定力最弱的那个人负责。

"不说话"开始后,四个人就围绕着那盏灯静坐。几个小时过去了,四个人都默不作声。

油灯中的油越燃越少,眼看就要枯竭了,负责管灯的那个人,见状大为着急。此时,突然吹来一阵风,灯火被风吹得左摇右晃,几乎就要灭了。

管灯的人实在忍不住了,他大叫说:"糟糕!火快熄灭了。"

其他三个人,原来都闭目静坐,始终没说话,听到管灯的那个人的喊叫声,有一个人立刻斥责他说:"你叫什么!我们在做'不说话',不能开口说话。"

又有一个人闻声大怒,他骂第二个人说:"你不也说话了吗?太不像样了。"

第四个人始终沉默静坐。可是过了一会儿,他就睁眼傲视其他三个人说:"只有我没说话。"

到达心灵的宁静境界实属不易,如果还要在宁静的境界里感悟人生的奔腾则是难上加难。因为外物的嘈杂难敌内心的安宁,但是环境的安宁却不容易让人兴奋。当人们被静谧所吞没的时候,是兴奋不起来的,因此在宁静中让自己的内心变得活力四射就显得更难得。

人当心如止水,但是止水并不是死水,所谓静止只是相对的状态,人生往往是宁静里波涛汹涌,那些最平淡的事情里面往往酝酿着最为激烈的革命。一个人如能做到在宁静中感悟奔腾,就证明已到达了心灵的至高境界。

切实地说,生活麻痹了太多的东西,其实幸福就在我们身边,只不过我们常常错过这些平凡而单调的响动。我们不仅错过了惊雷阵阵的春天,错过了雨打芭蕉的夏夜,错过了低沉孤寂的秋声,还错过了雪落屋檐的淡定。

我们是否留意过窗外的树影婆娑,是否倾听过墙角秋虫的低吟,是否听见过垂檐的落雨滴答?我们是否错过了太多美好的

东西?

在光怪陆离、霓虹闪烁的都市生活之中,我们还能听见什么?汽车的鸣笛、钢筋混凝土上的嘈杂、闹市里的喧嚣,还有那街头永不停歇的熙熙攘攘?当我们被围困在俗世俗尘之中时,是否会想起要泡一杯热茶独坐窗前倾听世界?去倾听风声、雨声,抑或是心跳声?

为了生活而生活,总会失去生活最本质、最真实的东西,所以我们注定要错过太多的东西。其实生活中处处有天籁,但如果我们总是不知所措地循环在嘈杂的声音里,就无法察觉到身边那些动人的声响,无法感知到生活中那最纯净清澈的声响。我们有理由去放下喧嚣,放下浮华,在俗世中让自己归零,在安静中感悟到自然的声音。

总之,浊水想要变得清澈一些,就需要平静地让浊物沉淀下去。人想要变得健康纯洁一些,就需要在宁静之中抛却精神世界的垃圾思想。世俗的一切都是浮云,与其积压在心中,不如坦然释放和发泄出去,任其自由飘飞而走。每个人都应该找一个寂静的角落,让思想轻装去旅行,让心灵在安静中平和。

第十七章　宽容：心地宽厚天地阔

穿梭于茫茫的人海，置身于形形色色的环境，我们通常会因某种对立或恩怨而羁绊于心，要么耿耿于怀，要么争锋相对；要么气断肝肠，要么睚眦必报，这种捆紧而挣不脱的羁绊，封杀的是一分豁达，窒息的是一分宽容，这对人生显然没有好处。王阳明认为，凡事不要总考虑自己的利益，心自然就能容纳更多。人与人之间，相互宽容，就能从中受益。

莫为恩怨羁身心，胸能豁达自祥和

王阳明曾言："圣人之所以为圣，只是其心纯乎天理而无人欲之杂，犹精金之所以为精，但以其成色足而无铜铅之杂也。人到纯乎天理方是圣，金到足色方是精。然圣人之才力亦有大小不同，犹金之分两有轻重。……盖所以为精金者，在足色而不在分两；所以为圣者，在纯乎天理而不在才力也。故虽凡人，而肯为学，使此心纯乎天理，则亦可为圣人，犹一两之金，此之万镒，分两虽悬绝，而其到足色处可以无愧。"王阳明以纯金作比，意在说明圣人比凡人更高明的地方，不是他的才能，而是一颗只存

天理而无狭隘杂念的空明之心。

宇宙万物，因为虚空而含纳包容，所以能拥有日月星河的环绕；高山因为不拣择砂石草木，所以成其崇峻伟大。世人常说"海纳百川"，便是将"大海"作为浩瀚胸襟的形象代表。而人心的包容，是大海与高山都不能比的。

心胸坦荡，不以世俗荣辱为念，不为世俗荣辱所累，不为凡尘琐事所扰，不为痛苦烦闷所惊，就会活的轻松、潇洒、磊落、舒心。倘若被恩怨羁绊身心而不能释怀，不仅人生会黯淡，生活也了无生趣。

在生活中，不少人都曾因为情感纠葛、诽谤中伤或竞争对手的打击而深受伤害，心中的伤口久久不能愈合，耿耿于怀地痛恨着那些伤害过自己的人。其实，怨恨是一种极为被动的感情，不仅不能缓解心中的伤痛，大多数情况下也不能对对方形成影响，仅有的用处，便是伤害自己、折磨自己。怨恨就像一个不断扩大的肿瘤，挤压着生活中的快乐神经，使人们失去欢笑，整日愁容。更有甚者，因为放不下心中的怨恨，将报仇作为生存下去的唯一信念，最终只能为怨恨陪葬。

苏不韦是东汉人，他的父亲做司隶校尉时得罪了同僚李皓，被李皓借机判了死刑。当时，苏不韦年仅十八岁，他把父亲的灵柩草草下葬后，又把母亲隐匿起来，自己改名换姓，用家财招募刺客，发誓复仇。但几次行刺都没有成功，这期间李皓反而青云直上，最后官至大司农。

苏不韦就和人暗中在大司农官署的北墙下开始挖洞，夜里挖，白天躲藏起来。干了一个多月，终于把洞挖到了李皓的卧室下。一天，苏不韦从李皓的床底下冲了出来，不巧李皓上厕所去了，于是杀了他的小儿子和妾，留下一封信便离去了。李皓回屋后大吃一惊，吓得在室内设置了许多机关，晚上也不敢安睡。苏不韦知道李皓已有准备，杀死他已不可能，就挖了李家的坟，取了李皓父亲的头拿到集市上去示众。李皓听说此事后，心如刀绞，心里又气又恨，又不敢说什么，没过多久就吐血而死。

李皓因一点个人私怨就将人置于死地，结果不仅给自己招来杀身之祸，连老婆、孩子都跟着倒霉，甚至连死去的父亲也未能幸免于难。而苏不韦从十八岁开始就谋划复仇，此外什么也没做成。这两个人最大的缺陷都是被仇恨所牵绊，没有一个宽大的心胸。人有时候如果能宽容一点，甚至一笑泯千仇，将干戈化为玉帛，不但能为自己消去灾祸，还可以放下心灵的包袱，让自己变得轻松，而生活也能变得更加幸福和祥和。

《传习录》中记载，有人就"有所怨恨"一说向王阳明请教。先生指出："像怨恨等情绪，人的心中怎么会没有呢？只是一点也不可以有罢了。当人怨恨时，即使是多想了一点，怨恨也会过度，这样就不是心胸宽广无私了。因此，有所怨恨，心就难以保持正直。如今，对于怨恨等情绪，只要顺其自然，心中不存一分在意，那么心胸自然会宽广无私，从而实现本体的中正平和了。"

心胸狭隘之人，容不得别人比他好，猜忌心重，为芝麻绿豆的小事都能折腾好几天，只因为触碰到了他的利益。与放不下心中的怨恨的人相比，这样的人对自己的伤害更大。因为他的心胸

狭隘，身边的人难以与之深交，基本的友好关系和信任感无法建立，除非靠强权压迫或金钱利诱，否则得不到半点发展的机会。历史上不乏由于昏君佞臣的猜忌而令无数功勋卓著的开国功臣走上断头台的例子。

心胸狭隘会给人带来无穷祸患，而心胸宽广则能解决人与人之间的纷争，慰藉心灵。无论是为了个人的身心健康，还是为了在纷繁复杂的现代社会中争取到发展的机会，都应以宽广的胸怀待人处世。只有时刻保持宽广的胸怀，心存一分豁达，才能放下怨恨，重拾笑颜；才能感受到他人对自己的尊重，共同进步。也许在你不经意的时候，心中的豁达就能为你带来意想不到的收获。

赵王有个卫兵，名叫少室周。少室周力大无比，在一次比武会上，有五个士兵摔打少室周一人，都被少室周摔倒在地。少室周因此得到赵王的赏识并被任命为贴身卫兵。

没过多久，一个叫徐子的人找上门要与少室周比试摔跤。摔跤的结果是，少室周连输三回。

少室周满面羞愧地将徐子带到赵王跟前，对赵王说："请您用他当您的卫兵吧。"

赵王很奇怪，问道："先生的勇武名震四方，很多人都想取代你，为什么你要推荐他呢，我并没有这样要求你呀？"

少室周回答道："您当年是看我力气大，才让我当卫兵的。如今，有了比我力气大的人，如果我不推荐他，天下好汉会嘲笑我的。"

赵王很钦佩少室周的胸怀宽广，最后，让他们两人都当了自己的贴身侍卫。

豁达是一种修养,也是衡量一个人层次高低的标准。正所谓"牢骚太多防肠断,风物长宜放眼量"。如果我们凡事都喜欢斤斤计较,终日锱铢必较,久而久之不但心胸变得狭窄,而且常常对别人产生嫉妒和愤恨,对于身心都是一种莫大的伤害。

只有敞开胸怀,才不会被俗世尘埃所扰,才能安心地关注当下,保证身心的纯净。只有做到待人处世不胡乱猜忌,面对摩擦和误会能放下心中的愤恨,心胸宽广坦荡,才能包容万物、容纳太虚,才能活得轻松潇洒、舒心自在。

心有多大,世界就有多大。王阳明讲:"不要着一分意思,便心体廓然大公。"就是要心地空明,豁达于胸。在他看来这是一种宠辱不惊,笑看庭前花开花落的人生态度;是一种骤然临之而不惊,无故加之而不怒的智慧和淡定。天地何其广阔,拥有宽广的胸怀,我们便能在生活的蓝天里自由地翱翔。

宽可容人,厚可载物

安德鲁·马修斯在《宽容之心》中说过这样一句话:"一只脚踩扁了紫罗兰,它却把香味留在那脚跟上,这就是宽容。"这句话可谓启人心智。

宽容是一种非凡的气度,是对人对事的包容和接纳;宽容是一种生存的智慧、生活的艺术,是看透了社会人生以后所获得的那份从容、自信和超然。一个懂得宽容的人,他的天地一定广阔,精神一定充实,心灵一定纯洁,灵魂一定美丽。

王阳明也曾经发出类似的感叹,他说:"禽兽与草木同是爱的,把草木去养禽兽,又忍得?人与禽兽同是爱的,宰禽兽以养亲与供祭祀、宴宾客,心又忍得?至亲与路人同是爱的,如箪食豆羹,得则生,不得则死,不能两全,宁救至亲,不救路人,心又忍得?"意思是,草木与动物都是值得人去爱护的,人们应该心存厚道,拔掉草木去喂养动物,怎么能忍心呢?人和动物也一样值得爱护,杀了动物去祭祀或者宴请宾客,怎么能忍心呢?亲人与陌生人也一样值得爱护,两个都快饿死了,给点吃的便可以救活,宁可救自己的亲人而不救陌生人,又怎么能忍心呢?

正所谓"宽可容人,厚可载物",涵养包容不仅是立业之道,也是待人处世的良方。莎士比亚曾说:"宽恕别人所不能宽恕的,是一种高贵的行为。"

在宽容面前,争吵和计较大可不必,即使您拥抱着真理,也不妨学一些温柔,得饶人处且饶人嘛。在宽容面前,赌气和嫉妒都是不好的习惯,不能善待别人的长处和毛病,您将会养成叫别人难以亲近和忍受的坏脾气。在宽容面前,过激最值得商榷,除非您不打算继续交往。否则,还不如学会宽容,因为宽容乃是人际交往中必不可少的"润滑剂"。要记住弥勒佛像两边的对联:"大肚能容,容天下难容之事;开口便笑,笑天下可笑之人。"如果能对任何不顺心的事情都能一笑了之,生活中不开心的事就会减少许多。

汉朝时有一位叫刘宽的人,为人宽厚仁慈。他在南阳当太守时,小吏、老百姓做了错事,为了以示惩戒,他只是让差役用蒲草鞭责打,使之不再重犯,此举深得民心。刘宽的夫人为了试探他是否像人们所说的那样宽厚，便让婢女在他和属下集体办公的时候捧出肉汤，故作不小心把肉汤洒在他的官服上。若是一般的人，必定会把婢女毒打一顿，至少也要怒斥一番。但是刘宽不仅没发脾气，反而问婢女："肉羹有没有烫着你的手？"由此足见刘宽为人宽容之肚量确实超乎一般人。

宽容是一种大度，一种豁达；宽容能够容纳万物，能够包含太虚。宽容，对人对己，都可以成为一种无须投资便能获得的精神补品。学会宽容不仅有益于身心健康，而且对赢得友谊，乃至事业的成功都是必要的。

宽容是心与心的交融，无语胜过有声；宽容是仁人的虔诚，是智者的宁静。正因为深邃的天空容忍了雷电风暴一时的肆虐，才有风和日丽；辽阔的大海容纳了惊涛骇浪一时的猖獗，才有浩渺无限。

中国台湾作家罗兰说："宽宏大量是一种美德。它是由修养和自信、同情和仁爱组成的。一个宽宏大量的人快乐必多，烦恼必少。"宽容是一种俯瞰的姿势，是一种善与美的投入，更是一种智慧。这种智慧的源泉来自于文化的修养和思想的明智与深刻。

自古以来，宽厚的品德、宽容的性格就为世人所称颂。

唐代狄仁杰非常看不起娄师德，但实际上娄师德并不计较这些，并推荐狄仁杰当宰相。还是武则天捅开了这层窗户纸。

有一次武则天问狄仁杰说："娄师德贤能吗？"

狄仁杰回答说："作为将领只要能够守住边疆，贤能不贤能我不知道。"

武则天又说:"娄师德能够知人善任吗?"

狄仁杰回答:"我曾经与他共事,没有听到他能够了解人。"

武则天说:"我任用你就是娄师德推荐的。"

狄仁杰知道后非常惭愧,尽管自己经常对他嗤之以鼻,但是娄师德却仍然能以宽厚、公平的心来对待自己。他深深地感叹道:"娄公德行高尚,我已经享受他德行的好处很久了。"

娄师德不仅不计前嫌,反而向皇帝推荐狄仁杰,正所谓任人唯贤,这种品质非常难得。包容别人,也会给自己创造更大的心灵空间。可以说,宽容是一种智慧,是深藏爱心的体谅,是对生命的洞见,也是一种人生的境界。

有了宽容,才有了人生的快乐和放松,这就是宽容的真谛。所以人生的宽容是一种建立在认识现实基础上的心安理得的生活方式。我们宽容了别人,自然就会放下情感的包袱,升华自己的心灵和人生。

王阳明指出,人与人之间交往,要互相谦让宽容,这样就能从中受益,如果只会互相攀比、憎恶,自然就会受到损害。宽可容人,厚可载物。多一分宽容,少一分计较,有一颗坦荡厚道的心,人生自然会享受到清心与愉快。

宰相肚里能撑船

宰相肚里能撑船,是指一个人宽宏大量,大人有大量之意。它倡导为人处世要豁达大度,待人处事要宽厚仁慈。

"宰相肚里能撑船"这句话,其实有一个很有趣的典故。我们不妨了解一下。

古时候,有个年近古稀的老宰相,丧妻之后,又续娶了个年方二八的姑娘。该女名叫彩玉,长得如花似玉。自从嫁给这位老宰相,虽说有享不尽的荣华富贵,可她总是闷闷不乐,暗暗埋怨父母不该把她嫁给一个老头子。

一天,彩玉独自到后花园赏花散步,碰上了住在花园旁边的年轻帅气的家厨助理,这位赵姓家厨做得一手好吃的祖传圣旨骨酥鱼。彩玉和年轻的家厨相谈甚欢并由此一见钟情。从那以后,彩玉常常偷偷地到花园里同赵姓家厨相会。

有一回,彩玉对赵厨说:"你我花园相会,好时光总让人觉得缠绵难分。我有一计,可使咱俩天天多在一起相处。"赵厨问什么妙计,彩玉就说出了自己的主意。

原来,老宰相恐怕误了早朝,专门养了一只朝鸟。这鸟天天五更头就叫,老宰相听到鸟叫,就起身上朝。彩玉让赵厨四更前就来用竹杆捅朝鸟,让它提前叫唤,等老头子一走,他俩就可团聚了。

这天,老宰相听到朝鸟的叫声,连忙起身。等来到朝房门外,刚好鼓打四更。他想,这鸟怎么叫得不准了!就转身回了家发现了真相,但他并没有声张,又上朝去了。

老宰相在中秋时把彩玉和赵厨叫在一起,作诗道:"中秋之夜月当空,朝鸟不叫竹杆捅,花枝落到粉团上,老姜躲在门外听。"赵厨一听,自知露了馅,赶忙跪在桌前:"八月中秋月儿圆,小厨知罪跪桌前,大人不把小人怪,宰相肚里能撑船。"彩玉见事情已经挑明,也连忙跪倒在地:"中秋良宵月偏西,十八妙

龄伴古稀，相爷若肯抬贵手，粉团刚好配花枝。"老宰相听了哈哈大笑："花枝粉团既相宜，远离相府成夫妻，两情若是久长时，莫忘圣旨骨酥鱼。"彩玉和赵厨听了，连忙叩头谢恩。

从此，宰相肚里能撑船这个典故和圣旨骨酥鱼漫漫在民间开始流传。

其实，王阳明虽然没有做过宰相，但度量却一点也不比宰相小，甚至比一般宰相还要大。他在平定宁王叛乱，俘虏了宁王朱宸濠之后，先是把功劳全都让给了别人。而之后，朝中公公张永向王阳明索要朱宸濠筹备造反时打通关系送礼行贿的账本，张永本想借此账本整治一批平时跟王阳明唱反调的人，但王阳明却声称把这个账本给烧了。在他眼中，叛乱已经平定，再没有理由大动干戈，就到此为止吧。可见他的度量有多大！

一般来说，大度，表现为对人、对事能"求同存异"，不以自己的特殊个性或癖好对待他人。大度，也表现为能听得进各种不同意见，尤其能认真听取相反的意见；大度，还要能容忍他人的过失，尤其是当他人对自己犯有过失时，能不计前嫌，一如既往；大度，更应表现为能够虚心接受批评，发现自己的过失，便立即改正，和他人发生矛盾时，能够主动检查自己，而不文过饰非、推诿责任。大度者，能够关心人，帮助人，体贴人，责己严，责人宽。王阳明曾说："及至吾身与至亲，更不得分别彼此厚薄。盖以仁民爱物，皆从此出；此处可忍，更无所不忍矣。"意思是自己和亲人之间都不应该分彼此薄厚，应该以仁爱宽容的心去对待人民和世间万物。这里可以忍耐，就没有别的不可以忍耐的地方了。

日常生活中，人与人在相处中，难免会发生矛盾，出现这样或那样的失误与差错，如果你不让我，我不让你，就很容易引发争斗。这时，我们就需要打造宰相的"肚子"，既宽容他人也宽容自己。

一日，朝廷里有位高官在家中宴请宾朋，酒过三巡之后，高官向一旁的悬云观道士请教道：

"怎样才能提高一个人的修养？"

"从最根本做起。"

"愿闻其详。"

"在你对别人求全责备的时候，想想自己是不是已经做到了，在指出别人不对的时候，看看自己是不是做正确了。所谓'严于律己，宽以待人'便是此理。"

按照这位道士的话，人最根本的修养就是用宽容之心对待别人。宽容是一门做人的艺术。宽容待人，首先要在心理上接纳别人、理解别人、体谅别人，在接受别人的长处时，也接受别人的短处。其次，当你遇到事情打算用愤恨去实现或解决时，不妨试着去宽容，或许它更能帮你实现目标，解决矛盾，化干戈为玉帛。

把自己当成别人，站在对方的角度去体会对方的情感；把别人当成自己，感同身受，亲身去体验别人的感受；把别人当成别人，我们无法强求别人改变，只能去理解别人；把自己当成自己，我们的一切理解和包容并非为了别人，而是为了自己，设身处地地宽容别人，其实也是在宽容我们自己！

总之，一个真正成功的人，必须要有博大的胸襟。一个胸襟宽广的人，才能不被狭隘偏私所限制，才能认识生命真正的意义。

比如，王阳明在接受两广新命的时候，当朝的小人对其依旧诬陷不断，朝廷没有对其给予任何的澄清，但是王阳明仍把天下百姓的安危放在最重要的位置，不顾病体，踏上了前往广西收拾残局的道路。没有私心也就自然能够容忍小人的不仁，生活中，我们虽然没有机会面对这样的重大选择，但也应该学学王阳明，凡事不要总考虑自己的利益，如此，心中自然就能容纳更多。

就现实而言，社会上的人形形色色，在工作和生活中的表现千姿百态，世俗之人说三道四是常见的。人不惹是非，是非也会来惹人。正如有位哲人说过，有人群的地方都会有议论。所以不可避免，生活中总会有背后的议论纷纷。如果不能正确对待，则会影响情绪和身心的健康。有道是，身正不怕影子斜。如果你平时行得正、走得端，谣言自会不攻而破，所以不管别人怎么样议论，你都要始终保持一颗平静之心，用实际行动来证明你。不管风吹浪打，胜似闲庭信步，如此，你会变得更加出色。

适时退让，躲避暗流，远离祸端

适时退让是一种低姿态，也是一种远离祸端、保护自我的大智慧。具有这种智慧的人，不会急躁，不会轻狂，不会孤傲，他们思想深沉，涵养有素。

对于王阳明来说，他对适时退让这一点，看得最清楚，悟得最透彻，用得最自如。正是这种智慧的运用，使他能于暗流涌动处转危为安，灾祸将要来临时化险为夷。

在明朝正德年间，朱宸濠起兵反抗朝廷。王阳明率兵征伐，一举擒获了朱宸濠，为朝廷立了大功。但是当时受正德皇帝宠信的江彬十分嫉妒王阳明的功绩，认为他夺走了自己建功立业的机会。于是，到处散布流言："最初王阳明和朱宸濠是同党，后来听说朝廷派兵征伐，才抓住朱宸濠自我解脱。"

王阳明得知这个情况后，不禁倒吸一口凉气，立刻意识到暗流涌来，灾祸逼近，便与身边的人商议道："如果退让一步，把擒获朱宸濠的功劳让出去，就可以避免不必要的麻烦。假如坚持下去，不作妥协，江彬等人很可能狗急跳墙，做出伤天害理的勾当。"为此，他将朱宸濠交给太监张永，使之重新报告皇帝：擒获了朱宸濠，是总督军门和士兵的功劳。如此一来，江彬等人也就无话可说了。

此时，王阳明称病到净慈寺修养。后来张永回到朝廷之后，大力称颂王阳明的忠诚和让功避祸的高尚之举，正德皇帝终于明白了事情的始末，自然免除了对王阳明的处罚。王阳明以退让的方法，避免了飞来的横祸。

努力进取、坚持不懈的行为无疑是值得肯定的。然而，在复杂的人生道路上，既需要勇敢拼搏，也需要有卫有守。适时退让不仅是一种机智，也是一种坚忍的毅力和顽强的意志。瞬间的忍耐，有限的退让，将使狭隘的人生之路变得无限广阔。

明朝年间，在江苏常州地方，有一位姓尤的老翁开了个当铺，有好多年了，生意一直不错。某年年关将近，有一天尤翁忽

然听见铺堂上人声嘈杂,走出来一看,原来是站柜台的伙计同一个邻居吵了起来。伙计连忙上前对尤翁说:"这人前些日子典当了些东西,今天空手来取典当之物,不给就破口大骂,一点道理都不讲。"那人见了尤翁,仍然骂骂咧咧,不顾情面。尤翁却笑脸相迎,好言好语地对他说:"我晓得你的意思,不过是为了度过年关。街坊邻居,区区小事,还用得着争吵吗?"于是叫伙计找出他典当的东西,共有四五件。尤翁指着棉袄说:"这是过冬不可少的衣服。"又指着长袍说:"这件给你拜年用。其他东西现在不急用,不如暂放这里,棉袄、长袍先拿回去穿吧!"

那人拿了两件衣服,一声不响地走了。当天夜里,他竟突然死在另一人家里。为此,死者的亲属同那人打了一年多官司,害得别人花了不少冤枉钱。

这个邻人欠了人家很多债,无法偿还,走投无路,事先已经服毒,知道尤家殷实,想用死来敲诈一笔钱财,结果只得了两件衣服。他只好到另一家去扯皮,那家人不肯相让,结果就死在那里了。

后来有人问尤翁说:"你怎么能有先见之明,向这种人低头呢?"尤翁回答说:"凡是蛮横无理来挑衅的人,他一定是有所恃而来的。如果在小事上争强斗胜,那么灾祸就可能接踵而至。"人们听了这一席话,无不佩服尤翁的聪明。

通过这个案例我们完全可以领悟到,在很多事情上,隐忍一些,退让一些,产生矛盾的基础便不复存在,矛盾自然化解了,那么离祸端也就远了。清朝的官员张英在给家人的书信中写道:

"千里家书只为墙,让他三尺又何妨。万里长城今犹在,不见当年秦始皇。"这封书信以退让为主旨,化解了两家的争执与结怨,在家人与邻人的互让中,留下了让人感动的"六尺巷"的美谈。

王阳明曾深有体悟地说:"一起一伏,一进一退,自是功夫节次。"即起伏、退让都是功夫。就像海上波浪一样,有起就有伏,人生际遇有进也必然有退。

或许生活中有些人认为,选择退让是懦夫的表现,如果这样想,那心性就太强了,迷惑也太深了。其实,在这个纷纷扰扰的世界中,这种退让的智慧是极为宝贵的,也是最值得学习的。因为唯有懂得适时退让,人生才能保持一分本真和淡定;唯有懂得适时退让,人生才能换来更大的生存空间和发展空间;唯有懂得适时退让,才能换来以后更长足的进步、更辉煌的前程。

懂得包容,就能走出生命的盲区

心胸有多大,事业就有多大。包容有多少,拥有就有多少。包容是一种美好的心性,是一种博大的胸襟,是一种能够放下一切的气度,一种淡定从容的洒脱,一种俯仰自如的风度。

嘉靖元年,泰州的一位商人穿着奇装异服来到王阳明家里求学,想拜入王阳明门下,王阳明没有推辞而接纳了下来。入了门下不久,此人就打算穿着奇装异服出去游历、讲学。王阳明问他为什么要穿成这样,这人便以反对理学陋规,讲究心学为借口。

王阳明知道他是怕别人看不起,所以才穿着奇异的服装,打着王阳明的旗号出去讲学,便一言道破了他,说他只不过是想沽名钓誉罢了。此人一听被老师看穿了,带着几分尴尬地想收拾起最后一点尊严离开,没想到王阳明没有计较,在疏导他一番后继续把他留下。从此这个人告别虚荣,抛却浮躁,一心向学,成了王阳明最优秀的学生,他就是泰州学派的创始人——王艮。

有道是,水至清则无鱼,人至察则无徒。如果你是别人的上级或者师长,不能容忍下属、学生的任何过错与不足,久而久之是很难在下属或者学生之中树立起威信的。

其实,历史上有不少明君,他们都是睁一只眼闭一只眼,在小事情上他们都比较糊涂,不会把下属逼到死角。当然遇到大事情或者触犯大原则的时候,他们也毫不客气,一点也不手软。对别人的过错多一分包容,是一个人心胸宽广的表现,同时也是一种让他人感恩戴德,乃至愿意肝脑涂地的谋略。

楚庄王的绝缨会便是生动的一例:

春秋五霸之一的楚庄王逐鹿中原,连续几次取得了胜利。庄王设宴款待群臣。席间,庄王命最宠爱的妃子为参加宴会的人敬酒。

这时,天色渐渐暗下来,大厅里开始燃起蜡烛。猜拳行令,敬酒干杯,君臣喝得兴高采烈,好不热闹。忽然,一阵狂风刮过,客厅内所有的蜡烛一下子全被吹灭,整个大厅一片漆黑。庄王的那位美妃,正在席间轮番敬酒,突然,黑暗中有一只手拉住了她的衣袖。对这突然发生的无礼行为,美妃喊又不敢喊,走又走不脱，情势紧迫之下，她急中生智，顺手一抓，扯断了那个人帽子上的缨。那人手头一松，美妃趁机挣脱身子跑到楚庄王身边，向庄王诉说被人调戏的情形，并告诉庄王，那人的帽缨被扯断，只要点明蜡烛，检查帽缨就可以查出这个人是谁。

楚庄王听了宠妃的哭诉，出乎意料地表示出很不以为然的样子，趁烛光还未点明，便在黑暗中高声说道："今天宴会，盛况空前，请各位开怀畅饮，不必拘礼，大家都把自己的帽缨扯断，谁的帽缨不断谁就是没有喝好酒！"群臣哪知庄王的用意，为了讨得庄王欢心，纷纷把自己的帽缨扯断。等蜡烛重新点燃，所有赴宴人的帽缨都断了，根本就找不出那位调戏美妃的人。就这样，调戏庄王宠妃的人，不仅没有受到惩罚，就连尴尬的场面也没有发生。按说，在宴会之际竟敢调戏王妃，堪称杀头之罪了。楚庄王为什么蓄意开脱，不加追究呢？他对王妃解释说："酒后失态是人之常情，如果追查处理，反会伤了众人的心，使众人不欢而散。"

时隔不久，楚庄王借口郑国与晋国在鄢陵会盟，于第二年春天，倾全国之兵围攻郑国。战斗十分激烈，历时三个多月，发动了数次冲锋。在这场战斗中有一名军官奋勇当先，与郑军交战斩杀敌人甚多，郑军闻之丧胆，只得投降。楚国取得胜利，在论功行赏之际，才得知奋勇杀敌的那名军官，名叫唐狡，就是在酒宴上被美妃扯断帽缨的人，他此举正是感恩图报啊！

如果说当年楚庄王"三年不鸣，一鸣惊人"之举表现出他在诸侯中问鼎称霸的韬略和气魄的话，那么在宴会中绝缨之事，则

淋漓尽致地表现了他心胸博大的包容襟怀。

容人之过，方能得人之心。有过之人非常希望看到他人的宽容和友谊，希望得到悔过自新的机会。这种需要一旦得到满足，其对立情绪便会立即消失，感恩戴德，"得人滴水之恩，必当涌泉相报"的情感很快在心理上占据主导地位。在这个基础上，稍加引导，就会产生像"戴罪立功"那样的心理效果。可以说，懂得包容，就能让人走出生命的盲区。

以包容之心待人，也是处理好人际关系的重要法则。

汉代的班超出使西域，一路上遍播大汉的国威，取得了不错的效果。在这些国家中，只有龟兹恃强不从。班超便去结交乌孙国。乌孙国王派使者到长安来访问，受到汉朝友好的接待。使者告别返回，汉章帝派卫侯李邑携带不少礼品同行护送。

李邑等人在护送过程中，途经天山南麓，来到于阗，传来龟兹攻打疏勒的消息。李邑害怕，不敢前进，于是上书朝廷，中伤班超只顾在外享福，拥妻抱子，不思中原，还说班超联络乌孙，牵制龟兹的计划根本行不通。

班超听说了这件事情以后，便大概知道了内幕，叹息说："我不是曾参，被人家说了坏话，恐怕难免见疑。"他便给朝廷上书申明情由。

汉章帝也不糊涂，他相信班超是一个值得信赖的人，派人送书信责备李邑说："即使班超拥妻抱子，不思中原，难道跟随他的一千多人都不想回家吗？"诏书命令李邑与班超会合，并受班超的节制。汉章帝又诏令班超收留李邑，与他共事。李邑接到诏书，无可奈何地去疏勒见了班超。

班超宽宏大量，没有和李邑计较，反而很好地接待李邑。他改派别人护送乌孙的使者回国，还劝乌孙王派王子去洛阳朝见汉帝。乌孙国王子启程时，班超打算派李邑陪同前往。

这正是个报复李邑上次诽谤自己的好机会，因此有人建议班超说："过去李邑毁谤将军，破坏将军的名誉。这时正可以奉诏把他留下，另派别人执行护送任务，您怎么反倒放他回去呢？"

班超平静温和地说："如果把李邑扣下的话，的确是可以报复他，那就气量太小了。正因为他曾经说过我的坏话，所以让他回去。只要一心为朝廷出力，就不怕人说坏话。如果为了自己一时痛快，公报私仇，把他扣留，那就不是忠臣的行为。"

李邑听到班超的这番话后，对班超十分感激，同时也十分羞愧，从此再也不诽谤他人。

在非原则性的问题上，以大局为重，你会体会到心灵的喜悦；化干戈为玉帛的喜悦；人与人之间相互理解的喜悦。要知道你并非踽踽单行，在这个世上，虽然人们各自走着自己的生命之路，但是纷纷攘攘中难免有碰撞。如果冤冤相报，非但抚平不了心中的创伤，而且只能将伤害捆绑在无休止的争吵上。

一位妇人同邻居发生纠纷，邻居为了报复她，趁夜偷偷地放了一个骨灰盒在她家的门前。第二天清晨，当妇人打开房门的时候，她深深地震惊了。她并不是感到气愤，而是感到仇恨的可怕。是啊，多么可怕的仇恨，它竟然衍生出如此恶毒的诅咒！竟

然想置人于死地而后快！妇人在深思之后，决定用宽恕去化解仇恨。

于是，她拿着家里种的一盆漂亮的花，也是趁夜放在了邻居家的门口。又一个清晨到来了，邻居刚打开房门，一缕清香扑面而来，妇人正站在自家门前向她善意地微笑着，邻居也笑了。

一场纠纷就这样烟消云散了，她们和好如初。

包容敌手，除了不让他人的过错来折磨自己外，还处处显示着你的淳朴、你的坚实、你的大度、你的风采。那么，在这块土地上，你将永远是胜利者。只有包容才能愈合不愉快的创伤，只有包容才能消除一些人为的紧张。学会包容，意味着你不会再心存芥蒂，从而拥有一分流畅、一分潇洒。

王阳明说"处朋友，务相下则得益，相上则损。"这其实是告诉我们，包容能滋生永恒的人性之美，在处理复杂的人际关系时，包容不失为一剂利人亦利己的良药。

在生活中我们难免与人发生摩擦和矛盾，其实这些并不可怕，可怕的是我们常常不愿去化解它，而是让摩擦和矛盾越积越深，甚至不惜彼此伤害，使事情发展到不可收拾的地步，用包容的心去体谅他人，真诚地把微笑写在脸上，其实也是善待我们自己。当我们以平实真挚、清灵空洁的心去宽待对方时，对方当然不会没有感觉，这样心与心之间才能架起沟通的桥梁，这样我们也会获得宽待，获得快乐。

第十八章 做事：成事皆有道，贵重在于心

　　做事是人生的重要主题，是成就自身价值的必然载体。一个人如果无所事事，那人生必然毫无意义。所以人活在世上，不但要做事，还要会做事。要做事，是一种积极的动机；会做事，是一种可贵的智慧。这些归结到一点来说，就是"心学"的力量。王阳明认为，一个人产生做事的想法，就是引导行动的前奏，而笃实一贯、脚踏实地的行动，则是成功做事的保证。并且一个拥有做小事精神的人，才能产生做大事的气魄。总之，一个人的成就，绝不会超出他内心所能达到的高度。

想法重要，行动更重要

　　梦想是成事者的起跑线，决心则是起跑时的枪声，行动犹如奔跑者全力的奔进。一个没有想法的人，要获得人生的巨大成功，是几乎不可能的；而一个只有想法而没有行动的人，也肯定很难获得做事成功的锦旗。

王阳明说:"知是行的主意,行是知的功夫;知是行之始,行是知之成。"他认为,一个人心里有了想法,这就是行动的念头萌生了,而一个人切切实实的行动,就是使这个想法得到实现的功夫。所以说,产生去做一件事的念头,就是行的开始了,而笃实一贯、不达目的决不罢休的行动,则是成功做事的保证。

客观地说,想法重要,但行动更重要。所谓"非行无以成",任何一件事要想做成功,都要付诸行动。如果不采取行动,哪怕你有再远大的理想,再出色的能力,再丰富的知识,也只是镜中花、水中月。

有一位满脑子学问的教授与一位卖鱼的小贩比邻而居,尽管两人地位悬殊,知识水平、性格有天壤之别,可两人有一个共同的目标——尽快富裕起来。每天,教授跷着二郎腿大谈特谈他的致富经,卖鱼的小贩就在一旁虔诚地听着教授说:"只要给我一个机会,我就能成功!"小贩非常佩服教授的学识与智慧,并且开始依照教授的致富设想去做。若干年后,小贩成了百万富翁、城里的新贵,而教授还在家里等着致富机会。

这位教授可能有一百种致富方法,但他却很难成为真正的富翁,因为他习惯了消极等待,缺少行动精神。消极等待的习惯除了磨去我们的锐气,让我们一事无成外,没有任何好处,所以决不能让这种恶习控制了我们,应该随时提醒自己:一切的空想毫无意义——除非我们付诸行动。

对于许多数人来说,他们最欠缺的就是行动的能力。我们经常会有这样的懊悔,"当时我要是去做那件事就好了"。也许当时直觉告诉我们要去做某一件事,但经过瞻前顾后的思考,最终却没有去做。

生活中,我们常常有这样的体会,很多时候自己觉得要做点什么,但往往却被惰性、自卑等消极思想阻碍住了。

有一位名叫曼迪的美国女孩,她的父亲是西雅图有名的整形外科医生,母亲在一家声誉很高的大学做教授。

她的家庭对她有很大的帮助和支持,她完全有机会实现自己的理想。

她从念大学的时候起,就一直梦寐以求地想当电视节目的主持人。

她觉得自己具有这方面的才干,因为每当她和别人相处时,即使是陌生人也都愿意亲近她并和她长谈。她知道怎样从人家嘴里"掏出心里话"。她的朋友们称她是他们的"亲密的随身精神医生"。

她自己常说:"只要有人愿意给我一次上电视的机会,我相信我一定能成功。"

她在等待奇迹出现,希望一下子就当上电视节目的主持人。这种奇迹当然永远也不会到来。因为在她等奇迹到来的时候,奇迹正与她擦肩而过。

而曼迪有个同班同学雪利也非常喜欢主持人的工作,不过说实话,她的条件要比曼迪差多了,她来自纽约的一个贫民家庭,她没有曼迪漂亮,不像曼迪会说话,但她却是个能把想法变为行

动的姑娘,"想到了就要去争取",是她的口头禅。大学毕业后,她白天在医院工作,晚上就去上播音主持的培训课,有机会就向各电视台投简历,结果3年后,雪利成了一个颇受观众欢迎的节目主持人。

两个怀着相同梦想的女孩,最终却得到了两个不同的结局,一个成功,一个失败。之所以会产生这种结果,就是由于一个习惯消极等待,而另一个却习惯主动出击。我们不能不为曼迪感到惋惜,如果不是停留于空想,她是很有可能获得成功的。驻足于空想与等待之中是毫无意义的,如果你希望实现梦想,那就要以行动努力去争取。

俗话说"说得一尺不如行得一寸",拥有再大的理想,如果不在行动中去实现它,也只能是空中楼阁。如你想去游历天下,与其做大量的准备工作,不如拿出勇气来,以常人难以企及的行动去追求它,锲而不舍,哪怕是凭借一根拐杖、一个饭钵,一路讨饭也能实现自己的理想。

"阿里巴巴"的马云有一句名言:"做事不仅要想,更重要的是去做。"一张地图,不论多么精确,它永远不可能带着它的主人在地面上移动半步;一段路程尽管只有几米,你不迈腿,就绝不可能走完。如果光说不练、光想不做,一切都是空谈。这段话,其实正体现了王阳明"知是行之始,行是知之成"的精髓。

王阳明还说:"未有知而不行者,知而不行只是未知。"这也真切地告诉我们,获得成功的方法有多种,但不管是哪一种,即便是最简单、最投机取巧的成功之道,也不可能在空想中实现。

原因很简单，思想的力量只有在行动中才能发挥作用。

所以，我们只有将想法转化到行动之中，脚踏实地，一步一个脚印地向目标迈进，才能有可能到达成功的彼岸。

成功来自勤奋

有人说成功是机缘和巧遇，有的人说成功是天生注定的，我想说，这些话显得太天真稚嫩了。要知道，没有人能不劳而获，成功是积累，成功是成千上万个点凝结的结晶。老话说的很有道理，种瓜得瓜，种豆得豆，播种一分辛勤，才会收获一分成功！

韩愈在《进学解》中说："业精于勤，荒于嬉；行成于思，毁于随。"学业靠勤奋才能精湛，如果散漫就会荒废；德行靠思考才能形成，如果随大流就会毁掉。一个人，若想有一个美好的、成功的人生，必须培养勤奋的品质。王阳明说："问难愈多，则精微愈显。"又说："学者时时刻刻学睹其所不睹，常闻其所不闻，工夫方有个实落处。"他认为，在学习中勤奋剖析的疑难越多，学问就会越加精细。专注勤奋地落到实处就是真功夫。就成功做事来说，同样是此理。可以说，天道酬勤，勤奋是铺就成功的阶梯。

一位哲人说过："世界上能登上金字塔的生物只有两种：一种是鹰，一种是蜗牛。不管是天资奇佳的鹰，还是资质平庸的蜗牛，能登上塔尖，极目四望，俯视万里，都离不开两个字——

勤奋。"

斯蒂芬·金是国际上著名的恐怖小说大师。他在一年的每一天里都几乎做着同一件事：天刚刚放亮，他就伏在打字机前，开始一天的写作，即使在没有灵感的时候，在没有什么可写的情况下，每天也要坚持写五千字。在一年之中，他只给自己三天的休息时间，其余每一天都是在勤奋的创作之中度过的。勤奋不仅使他成为世界级的大富翁，而且勤奋给他带来的最大好处是永不枯竭的灵感。

每一个人的才能不是天生就有的，而是靠自己的勤奋努力而来的。如果没有勤奋，想要做成事业是万万不可能的："千古之圣贤豪杰，即奸雄有立于世者，不外一'勤'字。"奸雄也是出类拔萃之人，他们同样需要经过不懈的奋斗才能为历史所承认，更何况是英雄呢？

曾国藩也非常重视"勤"字，他晚年在家训四条中，关于勤劳的阐述最为详备。他说喜欢安逸、厌恶劳作是人之常情，一个人如果能战胜惰性，每天所用衣食与自己对社会的贡献相当，那么自然会得到旁人乃至鬼神的认可。古代贤者的言行，体现了勤劳的两种境界：对于自己来说，通过劳动培养了一技之长，增长才识；对于社会来说，则是能够体会到别人的困难，用自己的行动去帮助别人。

齐格勒说："如果你能够尽到自己的本分，尽力完成自己应该做的事情，那么总有一天，你能够随心所欲地从事自己想要做的事情。"反之，如果你凡事得过且过，从不努力把自己的工作做好，那么你永远无法达到成功的顶峰。对这种类型的人，任何老板都会毫不犹豫地将其排斥在他的选择之外。

懒汉们常常抱怨，自己竟然没有能力让自己和家人衣食无忧；勤奋的人会说："我也许没有什么特别的才能，但我能够拼命干活来挣取面包。"

在现代职场中，要想在工作中走出一条完美的轨迹，惟有依靠勤奋的美德——认真地对待自己的工作，在工作中不断进取。

戴维就是靠着自己的勤奋而获得成功的。他现在是加利福尼亚建筑公司的一名副总。而几年前，他还只是工地上的一名送水工。在其他送水工把水桶搬进来以后，一面抱怨薪水太少，一面躲起来抽烟的时候，他却给每位工人的水杯倒满水，并利用一切时间来了解有关的工作情况，并帮他们做一些力所能及的事情。结果，两周后，他就当上了计时员。已经是计时员的戴维依然非常勤奋，第一个到工地的是他，最后一个离开工地的还是他。他的勤奋，使他对建筑工作的每一个流程都非常熟悉，连工地上最有经验的工人也常来向他请教。现在他已经成了公司的副总，但他依然特别专注于工作，从不说闲话，也从不参加到任何纷争中去。他鼓励大家学习和运用新知识，还常常拟计划、画草图，向大家提出各种好的建议。只要给他时间，他可以把客户希望他做的所有的事做好。

没有什么比这样的故事更能让人的心灵受到巨大的震撼了。戴维并没有出众的才华，也没有什么显赫的出身，他只是一个普通的再也不能普通的送水工，但他勤奋，他是靠他的勤奋取得巨

大的成功的。

戴维的经历告诉我们，不管你现在所从事的是什么工作，不管你是清洁工人，还是白领人士，要想在这个时代脱颖而出，你就必须付出比以往任何时代更多的勤奋和努力，拥有积极进取、奋发向上的心，只要你勤勤恳恳地努力工作，你就是成功的，就是令老板认可的。否则你只能由平凡转为平庸，最后变成一个毫无价值和没有出路的人。

需要强调的一点是，勤奋工作不是机械地工作，而是用心在工作中学习知识，总结经验，这对于竞争日益激烈的现代人来说，是十分重要的。

勤奋工作不仅要尽善尽美地完成工作，还必须用眼睛去发现问题，用大脑去思考问题，去学习东西。如此，人生才能获得更好的成功。

汤姆和杰克在同一家公司工作，两个人都同样勤奋，拿着同样的薪水。可不久以后，情况就发生了变化。汤姆受到老板的重用，担任了更重要的工作，而杰克仍在原地踏步。

杰克感到非常的失望。终于有一天，他再也忍不下去了，去质问老板："我和汤姆一样地辛勤工作，为什么他得到提升，而我却仍然没有什么变化呢？"

老板耐心听完了他的怨言，微微地笑着。

"杰克，"老板说话了，"您去集市一趟，看看今天早上有什么卖的东西。"

杰克从集市上回来向老板汇报说："今早集市上只有一个农

民拉了一车萝卜在卖。"

"有多少?"老板问。

杰克赶快戴上帽子又跑到集市上,然后回来告诉老板说一共有30袋萝卜。

"价格是多少?"

杰克第三次跑到集市上问了价格。

"好吧,"老板对他说,"现在请你坐在椅子上别说话,看看别人怎么说。"

接着,老板让汤姆去看看集市上有什么要买的东西。

汤姆很快就从集市上回来了,向老板汇报说,到现在为止只有一个农民在卖萝卜,一共30袋,价格是多少;萝卜质量很不错,他带回来一个让老板看看。这个农民一个钟头以后还会运来几箱土豆,据他看价格非常公道。昨天他们铺子的土豆卖得很快,库存已经不多了。他想这么便宜,老板肯定会要进一些的,所以他不仅带回了一个土豆做样品,而且把那个农民也带来了,他现在正在外面等回话呢。

此时老板转向杰克,说:"现在你知道为什么汤姆的薪水比你高了吧?"

杰克不可谓不勤奋,他忠实地执行老板的命令,毫无怨言地跑了三次。而汤姆好像没有杰克勤奋,他只跑了一趟,但得到的结果却是一样的。

可见,勤奋并不是只机械地完成工作,还要用头脑去思考,用最有效的方法完成工作。这其实正诠释了王阳明所说的"知行

合一"的心学思想。

从古至今，从精卫填海到悬梁刺股，从囊萤映雪到凿壁偷光，无一不在讲述着勤奋、认真的功效。王阳明讲良知时也深刻地说到，勤勤恳恳，兢兢业业，良知自然就会常存。

总之，在通往成功的道路中，勤奋是最短、也是最有效的途径。

提升决断能力，摒弃优柔寡断

一生之中，每个人都有种种的憧憬，各种各样的理想和计划，假使我们能够对一切计划都决断地执行，那我们的人生将变得意义非凡，并时刻与成功同行。之所以我们往往并不成功，甚至有一些不尽如人意，就是我们对于心中的憧憬、理想和计划不能去立即执行，最终坐视它们逐渐地幻灭和消逝，留给自己无限的唏嘘和遗憾，甚至会酿成悲惨的结局。

印度大诗人泰戈尔说："如果你因错过了太阳而流泪，那么你也将错过群星。"一个人若想有所作为，便需要提升决断能力，不能拖泥带水、优柔寡断，而应在每一步都留下坚实的脚印。

王阳明说："常如猫之捕鼠，一眼看着，一耳听着。才有一念萌动，即与克去。斩钉截铁，不可姑容，与他方便。不可窝藏，不可放他出路，方是真实用功。"这几句话通过猫捉老鼠的比喻，生动地表达了注意力要集中，行动要果断的做事精髓。

年少的王阳明经常对着大自然思考人生、领悟哲学，最终将"心学"发扬光大。这都与他的认真、专心分不开。他充分把握了生命中每一个学习的机会，就算是面对平凡大自然的思考也时时刻刻不肯放松。因为他深知，一个人如果优柔寡断，缺乏决断能力，就会贻误宝贵的机会。

一位先生走进商场，他想买双皮鞋，挑来挑去，最后终于对售货员说："好吧，请您把我最早看的那双拿来给我！""对不起，"售货员说，"您最早看的那双一小时前已经卖出去了。"

这虽然是一则幽默故事，却反映了犹豫不决是人们最常见的性格弱点之一。犹豫不决对一个人的伤害是不容小视的，它会影响到你人格的建立。不仅使你的勇气消失，意志削弱，还会破坏你的自信力和判断力，破坏你的理智的效能，从而影响你的成功。

歌德曾经说过，犹豫不决的人，永远找不到最好的答案，因为机遇会在你犹豫的片刻失掉。纵观那些成功者，都没有犹豫不决的习惯，即使是处在混乱中，他们也能果断地作出自己的选择。

奥纳西斯是闻名于世的希腊船工，他的成功主要得益于敢于决断。年轻的时候，他流落在阿根廷街头，穷困潦倒。后来经过努力，发了点财。1929年，在全世界范围发生了经济危机，当时的阿根廷也不能幸免：工厂倒闭，工人失业，百业萧条，海上运输业也在劫难逃，首当其冲。一天，他听说加拿大国营铁路公司为了度过危机，准备拍卖家当，其中有6艘货船，10年前价值

200万美元，如今仅以2万美元的价格拍卖。他得到这个消息后，决定买下这6艘船。同行们对奥纳西斯的想法嗤之以鼻。是呀，从当时看来，海上运输业实在是太不景气了，海运方面的生意只有经济危机之前的1/3，这样的状况谁还会傻得去从事海运业呢？一些老牌的海运企业家都纷纷转行了。然而，奥纳西斯经过一番思考之后，果断决策：赶往加拿大，买下拍卖的船只。

人们对奥纳西斯的举动瞠目结舌。大家都觉得他太傻了，这不是白白把大把的钞票往海里扔吗？于是，有人偷偷笑奥纳西斯愚蠢至极，也有人悄悄议论说奥纳西斯的精神有点问题，一些亲朋好友则规劝他不要做赔本买卖。事实上，奥纳西斯有自己的主意，他是经过缜密的思考才做出决断的。他认为经济萧条只是暂时的现象，危机一旦过去，物价就会从暴跌变为暴涨，如果能趁着便宜的时候把船买下来，等价格回升的时候再卖出去，一定能够赚到可观的利润。

果然不出所料，经济危机过后，海运业迅速回升，奥纳西斯从加拿大买回来的那些船只，一夜之间身价陡增。他一跃成为海上霸主，大量财富源源不断地向他涌来，他的资产成几十倍地激增。1945年，奥纳西斯跨入希腊海运业巨头的行列。

有人说，奥纳西斯的成功是偶然的，但真正了解他的人却不这么认为。一位和奥纳西斯很要好的经济学家评价说："这位希腊人找到了成功的钥匙：勇于决断是谋事成功的正确道路。"还有一位经济学家说："他很会到其他人认为一无所获的地方去赚钱。"寥寥数语，道出了奥纳西斯成功的秘密。

任何人的成功都是离不开精明的思考和果断的决策的。当我们有了一个目标，当我们想做某一件具体的事情时，果敢决断是很关键的。

美国著名成功学家卡耐基认为，一个成功者要果敢行事，必须善于抓住机会，利用机会。

华人首富李嘉诚也曾说："机会不会坐着等你，若奢望机会可轻易到手的话，是绝不可能发生的事情。"

因此，对命运赋予的良机，只有那些善于果敢行事不拖泥带水的人才会取得成功，才可能把机会所蕴含的价值发挥到最大限度。

霍英东是香港著名的大富豪，他的成功之道就在于敢于决断先行。

他进入生意场的第一步是在香港鹅颈桥市场开的一家杂货铺。

第二次世界大战结束以后，他就卖掉了杂货铺，改做煤炭生意。不久，他又和别人一起去东沙岛采集一种可以用来制药的海草。当然，他每一次入道或出行，都不是亏本的生意，而是有钱可赚的。

20世纪50年代初期，香港的房地产市场刚刚兴起，霍英东慧眼顿开，事谋在心，立即设立了立信置业公司。同行之中的人都纷纷投来怀疑的目光，不知这个默默无闻的新手是不是神经错乱了。

他的第一招就令其他人刮目相看：在香港，房地产都是出售

"整栋楼宇",而霍英东使用的却是房地产工业化的办法,推行住宅与高层商厦结合的方式,并且采用"分层"销售、预定楼房、分期付款等新方法。同行一下子就觉得他的这种方法切实可行,纷纷效仿。只用了几年时间,霍英东就成为香港知名的房地产商人了。

正当其他房地产商人全力以赴进行"房地产"大战的时候,霍英东的心中又谋划出了新的主意。他想,大家都在全力修建房屋,一定急需大量的沙子。他马上花重金到国外买回来了大型挖沙船。这种大型挖沙船20分钟就可以挖出2000吨沙子,沙子进船就近卸货,白花花的"银子"就到手了。很多人看到霍英东"发"了,急忙奋起直追……可是,此刻霍英东已经取得香港海沙供应的专利权了。

后面追兵很紧,霍英东心生一计:众所周知,香港的土地寸土寸金,填海造地大有前途。他又果敢地作出了新的谋划。

他立即从荷兰、美国等地购买各种设备,放开手脚开始了香港规模最大的国际工程——海底水库淡水湖第一期工程。这一工程的开始,标志着外国垄断香港产业的格局被打破,霍英东也因此财源滚滚……

一般来说,一个人在做事前先要谋划决断,能否敢于决断将直接决定着胜败。从上述例子可以看出,霍英东的成功正是因善于谋划、敢于决断而成就的。而犹豫不决、优柔寡断,除了表现自信心的缺失外,更重要的丧失原本属于自己的成功机会。

有个人听说某公司招考一个职员,这公司的待遇优厚,前景也好,他很想去试试,但是他怕自己能力不够,又怕万一考不取丢脸。于是他犹豫着，没有下决心。直到最后，他发现另外一个比他条件差得多的人居然考取了，他才后悔自己为什么不去试一试。

对一个人的成功来说，犹豫不决、优柔寡断是一个最大的仇敌。因为很多美好的想法都会在缺乏决断中破灭。要知道，决断能控制行动，只要敢于决断，你便可以创造出促使自己成就某事，获得某事的欲望，并载着你不断走向成功。

王阳明认为，许多事是应该用勇气和决心去争取的。当断不断，犹豫不决，对于把握机遇、获得成功而言，可谓是极大的伤害。有这种习惯的人，一碰到任何问题，总是东猜西想，左估右量，不到火烧眉毛的地步，往往弄不出一个结果来。并且由于不相信自己，使他原来所具有的一切能力，也就跟着逐渐退化了。

须知，决断是一种气质，一种性格，一种意境。决断让人感觉希望明朗，能给人以更多的成功机会。而凡事唯唯诺诺，犹豫不绝，则会错失时机。

正如有一位哲人所说的："当我们摆脱一切的羁绊、勇敢地探索神秘的未知世界时，我们就已经跨入成功之门。"

量力而行，做切合实际的事

"量力而行"一词，出自于先秦《左传·昭公传》中，就是说要根据自身的能力，量体裁衣，做切合实际的事。好高骛远，想一蹴而就，不但违反自然规律，而且寸步难行，只会使自己失

望,加深挫折感而已。所以,凡事应该量力而行,不要好高骛远,以免收到相反的效果。

王阳明说:"不知就自己心地良知良能上体认扩充,却去求知其所不知,求能其所不能,一味只是希高慕大,不知自己桀、纣心地,动辄要做尧、舜事业,如何做得?"意思是后世的人们不知道从自心上去体察认识,进而扩大充实本身固有的良知良能,却偏要去谋求了解自己所不知道的,做自己没有能力做的事,一味地追求那些不切实际的东西,不知自己是桀、纣那样的心胸境界,却动辄要做尧、舜那般伟大的事业,这怎么做得到?

王阳明的这个观点,其实清晰地道出了只有量力而行,才是实事求是的做法。这一理论精髓,对今天现实生活中求职的人们来说,也是一个正确而宝贵的指导原则。

有些人在选择职业时,会有一种盲目从众的心理。在别人劝说或功利目的的影响下,一厢情愿地选择并不适合自己的职业,结果并不理想,由于缺乏一定的能力,也就会失去发展上的优势,最终甚至导致惨淡的结局。

有一位年轻人是企业的普通办事员,在别人的疏通与建议下,到一个乡村当了一个村官助理,他非常希望像别人那样在仕途上发展。

但他明显不具备从政的素质,几年后村官助理的合同期满,重新竞聘时,他落选了,年轻人一下子变得沮丧郁闷起来。不久,他带着压抑与无奈,去了南方一座城市打工,但失落郁闷的情结缠绕在他心头,一直挥之不去。心里有着这样的一种沉重负担,心情可想而知，看什么都不顺眼，干什么也不顺手，工作业绩当然也不会好到哪里去，境遇也就越来越差。

其实年轻人在竞选村官助理落选后，就已经出现了有心理问题的苗头，旁人经常发现他一个人在自言自语，但也没有过分在意。

待到去南方打工时，年轻人看到自己也不能过上理想中的好生活，心里的偏差越来越严重，他再也承受不起这种心灵的重负，他疯了。

从企业的普通办事员，变为村官助理，意味着有可能通过锻炼渐渐走上仕途的发展之路，自己高兴不说，连亲戚朋友都觉得很有面子，所以会劝他接受这个职位。这虽是人之常情，无可厚非，但问题也就出在这儿。能力不匹配，不仅干不好工作，做不好事情，也会使自己的身心折腾得难以承受。

一个人用理性认识到自己的能力，就不会有过高的奢望，不论是在工作上还是在自己的生活中，做些可做且能做的事就会有踏实感，压力自然也会少，这也会给你带来幸福感。所以，量力而行既是一种求实的态度，也是一种明智之举。

曾经，有一位登山者，到了8000多米的地方，止步了。后来人们问他，还差那么一点了，为什么要放弃呢？这位登山者却一脸自豪，"我已经尽了我最大努力，不是我不想再攀登，而是我知道，我的能量和极限就是8000米。"多么朴实而又多么有哲理的话，攀登珠峰，本来就不是一件容易的事。何况攀登到这8000米的高度？问心无愧，就没有什么好遗憾的。但是，仍有相当一

部分人为他惋惜：你看，已经那么高了，应该一往无前，直上顶峰的。但他们并没有意识到，一个人如果过度超过了极限，等待他的并不是成功，反而是没有穷尽的暴风雨。

登山，与跳高一样，都是在征服高度，攀登珠峰，是一件伟大的事，这不可否认，但有那么多的生命永远地留在了那里，这不能不让人心痛。即便他们都是英雄，都是永不停息的前行者，但付出的却是生命的代价。

王阳明认为，一个人在自己的人生路上，应当对自己有一个准确恰当的把握，不保守，也不冒进，否则前途一片漆黑，绝望深不见底。量力而行就是这样的一把前行的利剑，将万千困难斩于马下；量力而行就是这样一簇阳光，将万千阴霾驱散殆尽。

当你发现自己有好高骛远的倾向时，不妨试着将你的焦点从你希望获得什么上移开，代之以思考现在你拥有哪些可贵的东西，以及你可以用它们来做哪些符合实际情况的事。

如果你觉察到自己正陷入愤怒、懊恼、抱怨当中时，记住不要挣扎着与人生的各种问题相对抗，而要放松身心，静静地回味一下自己现在拥有哪些以前没有注意、却十分宝贵的事物，例如青春、健康或生命等，并对这一切心存感恩。

事实上，只要你不去一味追求那些不切实际的东西，而是把注意力集中到眼前你能做的事情上，你的心情会更宁静，工作效率会大幅度提高，也会更有洞察力，从而有可能获得更多美好的东西。

天下大事必做于细

"天下难事必做于易,天下大事必做于细"是老子的一句名言。这句话的意思是说天下的难事都是从容易开始做起的,天下的大事都是从细枝末节处一步步成就的。由此可见,一个人要想成就一番事业,必须从简单的事情做起,从细微之处入手。

对于世间万物来说,大与小的概念都不尽相同。地球很大,但跟银河系比起来就是九牛一毛了;一片树叶很小,但对于一只蚂蚁来说它就是一个巨大的广场了。在很多人看来成功就是做大事,但同时又不屑于做小事。俗话说,一屋不扫何以扫天下,同样的道理,小事不做何以成大事!

正德元年,王阳明因受到宦官刘瑾的排挤,被贬为贵州龙场驿驿丞。与繁华的京城相比,龙场这个蛮荒之地,用穷山恶水来形容也不为过,方圆几百里少有人出没。可是王阳明并没有因为龙场是个小地方就从此士气不振,在他眼里:"天下之大,何事不可为?"他认为在这个小地方,也一样能有作为。的确就是在龙场任职期间,他悟出了"道",也就是心学的核心内容。

王阳明在龙场这样的小地方却悟出了大道理;大事虽然大,但也要从小事做起,把小事做到极致了自然成就了大事。

的确,事情都是从一点一滴积累起来的,但人们总是很难把握好这难以观察的点滴。细心地关注不那么起眼的小事，会发现有时它起着决定性的作用，是你做事成败的转折点。

有一家生产牙膏的公司，产品优良，包装精美，很受消费者喜爱，营业额连续十年递增，每年的增长率都在10%～20%。可是到了第11年，企业业绩停滞下来，第12年、第13年也如此，一直维持同样的数字。公司总裁召开高层会议，商讨对策。

会上，公司总裁许诺说：谁能想出解决办法，让公司业绩增长，给予10万元重奖。有位年轻经理站出来，递给总裁一张纸条，总裁打开纸条，看完，马上签了一张10万元的支票给这位经理。

那张纸条上只写了一句话：将牙膏管开口扩大一毫米。

消费者每天早晨习惯挤出同样长度的牙膏，牙膏管开口扩大一毫米，每位消费者就多用1毫米宽的牙膏，每天牙膏的消费量将多出很多。

公司立即开始更换包装。一年后，公司的营业额增加了32%。

据称，日本的学者、记者和商人们每每追究美国生活中最细枝末节的信息不放，其态度之顽固几乎到了荒唐的地步。

有一次，一个在由一位美国女教师执教的英语班上学的日本年轻商人，在女教师正讲解过去分词时突然打断并问她是否穿着内衣。这位女教师开始感到很愤怒，但当她看到那位日本学生并没有侮辱她的意图时，心情又平静了下来。通过交谈，女教师才了解到，这个为一家日本大纺织公司工作的青年人，只不过是在进行一个小小的现场调查。

听到这个故事的美国人不约而同地觉得这件事很可笑，有人还因这位日本青年人的行为流露出了一丝轻蔑。但也有人认为，正是这种对美国消费者的爱好、习惯和需要所做的不倦了解，才使日本工业产品在美国市场上如此频繁地战胜美国本土公司。

成功者与失败者之间究竟有多大差别？人与人之间在智力和体力上的差异并没有想象中那么大。很多小事，一个人能做，另外的人也能做，只是做出来的效果不一样，往往是一些细节上的功夫，决定着完成此事的质量。

细节的成功看似偶然，实则孕育着成功的必然。惠普创始人戴维·帕卡德说："小事成就大事，细节成就完美。"细节并不是孤立存在的，就像浪花展示了大海的美丽，但必须依托于大海才能存在一样，要把重视细节、将大事做细养成一种习惯才行。

在生活中，经常听到有人说："这点小事没什么。"是的，现实中确实有一些小事我们无须计较，但关系到更大范围的小事却不能不去注意。因为，你的不注意别人会去注意；你认为是小事，在别人眼里未必是小事，比如谈恋爱时，对方会从一言一行中观察和分析你的为人；商业谈判时，客商会从一个眼神中看出你的真实意图；企业竞争中，对手会因你的一个小弱点击败你……所有这些都是因小事而失利的例证，有的是你经历过的，有的是你还未经历过的。如果养成了忽略小事的习惯，也许在不经意间你就会失去许多具有重要意义的东西。要改变这种状况就必须从改变观念入手，从现在开始，从自我做起。

以卫生问题来说吧，在美国、加拿大生活过的人会对那里的整洁和卫生以及人们的公共意识之强赞不绝口。在美国和加拿大，一些大学生宿舍里面也很乱，但是这些学生一到公共场合，个个都是谦谦君子、美丽淑女，没有人随地吐痰，并不是他们没有痰，而是他们每个人都会自觉地把痰吐到随身带的卫生纸里，然后再扔到垃圾箱里。

欧美人关于随地吐痰的问题，这正好与我们的思维方式和做法相反。中国到处都在建造高楼大厦，到处都在装修，我们自己家里收拾得一尘不染、干干净净，可一到公共场合，表现却截然相反——因为那是公家的。

随地吐痰问题，大家谈了多少年，又有多少改进？

在呼和浩特市实行公交车无人售票改革的第一年里，公交公司损失了5万元。票价涨了，公交公司却赔了：有些人用半张伍角纸币顶替车票，有的人用铁片、钢片顶替伍角硬币，还有人用蒙币、俄币代替伍角硬币。这些假冒伪劣的钱币加起来就是损失的5万元人民币。这是什么概念？就是10万多人次无票乘车，如果排成一队可排50公里长——这还不算逃票的人数。

吐痰、逃票都是生活中的小事，但把它们放在代表一个国家、一个民族素质的高度上去考虑，你还能说它是小事吗？中国历来都有"礼仪之邦"的雅称，但我们的礼仪、我们的素质哪里去了？难道我们的经济水平提高了，而自身素质却退化了吗？

当然不是。问题的症结在于我们在强调经济快速发展的同时，忘了告诉自己："小事不小，任何一件小事做到极致都是一种进步和胜利。"

小事成就大事，细节成就完美。很多事情，一个人能做，其他人也能做，只是做出来的效果不一样。往往是一些细节上的功夫，决定着完成的质量。海尔集团总裁张瑞敏曾说："什么是不简单？把每一件简单的事做好就是不简单；什么是不平凡？把每一件平凡的事做好就是不平凡。"看不到细节，不把细节当回事的人，对工作缺乏认真的态度，对任务只能是敷衍了事。他们只能永远做别人分配给他们做的工作，甚至即便这样也不能把事情做好。而考虑到细节，注重细节的人，不仅认真对待工作，将小事做细，而且注重在做事的细节中找到机会，从而使自己走上成功之路。

正如王阳明认为的，粒米中藏须弥山，许多不起眼的人、事、物有着不可限量的能量。小砂石可以建高楼；小火星可以燎原；小小微笑可以散播欢喜与爱，所以，"小"中往往蕴含有无穷的力量。任何一小步都有可能成就前途的一大步，再小的事情如果能够做到极致就能成就大事。

隐忍之中成大事

人的一生中,不可能什么事情都是一帆风顺的,总会遇到各种各样的困难、挫折,无论是来自自身的,还是来自外界的,都在所难免。能不能忍受一时的不顺利,这就要看你是否有雄心壮志。一个真正想成就一番事业的人,志在高远,不会以一时一事的顺利和阻碍为念,也不会为一时的成败所困扰。面对挫折,必然会发奋图强,艰苦奋斗,去实现自己的理想,成就功业,这是一种积极的人生态度,困难正是磨炼人意志的最好时机,只有经受了困难和挫折的考验的人,才能成大事。

王阳明自言被贬谪龙场后,居住在蛮夷之地,处境贫困之极,但是自己"动心忍性",最终有所领悟。那时候的王阳明初入官场,胸怀大志却被奸臣刘瑾暗算,贬谪到贵州,甚至在路上险些遭到杀害。但他还是忍下了这口气,巧妙地躲过了暗杀,走马上任。也正是因为他的隐忍,暂时打消了刘瑾的疑心,保住了性命;更是因为他暂时的隐忍才有了后来的"龙场悟道",从此创立了心学。

王阳明虽被贬,心中志向也被扼杀,但他仍然不急不躁,不仅避免了杀身之祸,还成就了自己的前途。在现实生活中,性格急躁、粗心大意的人,难以办成大事;性情温和、内心安详的人,必然万事顺意。

有道是，忍辱才能负重。勾践忍不得会稽之耻，怎能卧薪尝胆，兴越灭吴？韩信受不得胯下之辱，哪能做得了淮阴侯？因此，在中国传统的观念里，忍耐不仅是一种美德，也是一种智慧。

唐代著名高僧寒山问拾得和尚："今有人侮我，冷笑我，藐视我，毁我伤我，嫌我恨我，则奈何？"拾得和尚说："子但忍受之，依他，让他，敬他，避他，苦苦耐他，装聋作哑，漠然置他，冷眼观之，看他如何结局？"这种忍耐里就满含着智慧和勇气。

人生不可能总是风调雨顺，当遇到不如意、不痛快，甚至是灾难时，一个人的隐忍功夫往往就能发挥出奇制胜的作用。很多时候，因为小地方忍不住，而坏了大事，这是得不偿失的。

三国时，诸葛亮在祁山攻打司马懿，可司马懿就是不出来应战。诸葛亮用尽了一切手段，极尽所能地侮辱司马懿，但司马懿对诸葛亮的侮辱总是置之不理。等到诸葛亮的粮食吃完了，不得不退兵回蜀国，战争就这样结束了。诸葛亮六次出兵祁山，每次都无功而返。司马懿之所以不战而胜，就是因为一个"忍"字。

忍是一种妥协、一种策略，但并不是屈服和投降，它其实是一种非常务实、通权达变的智慧。所以欲成大事者必须学会隐忍的功夫，有隐忍的境界。

汉更始元年（23年），刘秀指挥昆阳之战，震动了王莽朝廷。然而，刘秀兄弟的才干也引起了更始皇帝刘玄的嫉妒。

刘玄本是破落户子弟，投机参加了农民起义军，没有什么战

功,自当上更始皇帝后,又整日饮酒作乐,不事朝政。刘玄怕刘秀兄弟夺取了他的皇位,便以"大司徒刘縯久有异心"的莫须有罪名,将立有战功的刘縯杀害了。刘秀接到兄长刘縯被杀害的消息,几乎昏厥,但当着信使的面仍极力克制自己,说道:"陛下至明。刘秀建功甚微,受奖有愧,刘縯罪有应得,诛之甚当。请奏陛下,如蒙不弃,刘秀愿尽犬马之劳。"转而,刘秀又对手下众将说:"家兄不知天高地厚,命丧宛县,自作自受。我等当一心匡复汉室,拥戴更始皇帝,不得稍有二心。皇帝如此英明,汉室复兴有望了。"刘秀的这种虔诚态度,感动得众将纷纷泪下。刘秀突然遭此打击,自然难以忍受。然而他心里清楚,刘玄既然杀了兄长,对他刘秀也难容。

此后,刘秀对刘玄更加恭谨,绝口不提自己的战功。刘秀的行动,早已有人密报给刘玄。刘玄在放心的同时,觉得有些对不起刘秀,便封刘秀为破虏大将军,行大司马之事,并令刘秀持令到河北巡视州郡。刘秀借机发展自己的力量,定河北为立足之地。更始三年初春,刘秀实力已壮,便公开与刘玄决裂。

更始三年(25年)六月己未日,刘秀登基,是为光武帝,建国号汉,史称东汉。此时,刘秀只有三十二岁,正是年轻气盛、成就大业的时候。以屈求伸,"忍小愤而就大谋",终使刘秀化险为夷,创建了东汉王朝。

细观刘秀的人生之路,你会发现他的许多成就都来源于"隐忍"。

人常说,忍字头上一把刀。忍耐是痛苦的,但是忍字也有一颗心。如果多一些容忍，不管是包容别人的人，还是被包容的人都会获得身心的愉悦。

古代有个叫张崇的人，年轻的时候在山坡上放牛，没多久张崇便不知不觉地打起盹来。这时，他被一声牛叫惊醒，他看到自己的邻居蹑手蹑脚地抓起缰绳，把自己家的牛牵走了。

张崇并没有马上喊叫，他很了解这个邻居的情况，由于家里贫困，邻居家已经很久没吃上肉了。张崇从地上起来，不动声色地跟在邻居的后面。

到了邻居家后，张崇看到邻居正在磨刀，看样子是要宰牛。此时，邻居发现张崇立在一旁，顿时满脸羞愧，拿刀的手不知往哪里放。张崇并没有责怪邻居，而是对他说了一个故事。

原来，张崇小时候家里的日子过得很艰难，常常吃了上顿没下顿，一次，他跑到一户人家的地里，偷了一个西瓜，主人发现后并没有说什么，而是从地里又拿来个西瓜给张崇吃，临走还让他捎上几个。

过了十几年，张崇在京城当了官，经常对手下人讲起这两个故事，说："我用我自己的行为去感染对方，这要比责骂杀头有用得多，如果天下人都这么做，那么我们就能看到太平之世了。"

西瓜的主人并没有责备张崇，反而给他西瓜吃。张崇被感染了，于是当自己的牛被人牵走时，他也没有责骂，而是忍耐着，用行动去感染对方。

所谓小事不忍，难成大器。为人要学会忍耐，如果一点小事

都不能容忍而发脾气，就只会坏事。只有下定决心耐住性子，才能做成事，否则容易有麻烦缠上身。从某种程度上说，忍耐是成就人生事业的必备品质。

纵观王阳明的人生，遭受过诬陷，被贬过荒远，受到过非难。尤其明朝初期，宋儒理学占有统治地位，当王阳明的学说问世，并刮起一股开辟儒学新局面的新风时，遭到了不少学者的抨击。如同朝为官的吴廷翰就"知行"的问题对王阳明的学说进行了强烈批判。但王阳明对于他人的批判、指责，并没有针锋相对地表现出多么的不满，而是隐忍包容。他认为这是学术发展的正常现象，一切自待后论罢了。

客观地说，每一位优秀人物的身旁总会萦绕着各种纷扰，对一些纷扰保持沉默要比寻根究底明智得多。我们应当保持一种温和平静的心态，从容地面对那些纷扰。

生活中有些事情或许你永远不会习惯，但这样的日子你还得一天一天地过下去，所以你必须学会忍耐。没有能力改变现实，那么你就必须忍耐、适应，等一切都过去了，剩下的就是美好的了。

正如一位西方学者所说："忍耐和坚持是痛苦的，但它会逐渐给你带来成功和幸福。"

附录一　王阳明年谱

1472 年 壬辰 宪宗成化八年九月三十日亥时，出生于浙江省余姚县龙泉山上之瑞云楼。

1482 年 壬寅 成化十八年，十一岁，随父亲王华（新科状元）寓京师。

1488 年 戊申 孝宗弘治元年，十七岁，回余姚与诸氏完婚于江西南昌。诸氏，余姚人。

1489 年 己酉 弘治二年，十八岁，偕夫人回余姚，识娄一谅、信圣人必可学而致之。一改活泼性格，严肃求成圣人，格竹失败。

1492 年 壬子 弘治五年，二十一岁，举浙江乡试。明年会试下第，归余姚，结龙泉诗社，对弈联诗。

1497 年 丁巳 弘治十年，二十六岁，寓京师，苦学诸家兵法。想借雄成圣。

1499 年 己未 弘治十二年，二十八岁，举进士出身，二甲第七，观政工部。与七子倡和，是所谓泛滥词章时期。

1500 年 庚申 弘治十三年，二十九岁，在京师，授刑部云南清吏司主事。到直隶、淮安审决积案重囚。游九华山，出入佛寺

道观。

1502 年 壬戌 弘治十五年，三十一岁，告病归余姚，筑室阳明洞天，静坐行导引术，能先知，后因其簸弄精神，不能成圣，摒去。

1504 年 甲子 弘治十七年，三十三岁，在京师，秋季主考山东乡式。九月改兵部武选清吏司主事。

1505 年 乙丑 弘治十八年，三十四岁，开门授徒，与湛若水定交。

1506 年 丙寅 武宗正德元年，三十五岁，上封事，下诏狱，谪贵州龙场驿驿丞。

1507 年 丁卯 正德二年，三十六岁，赴谪至钱塘，过五夷山，回越城。

1508 年 戊辰 正德三年，三十七岁，至龙场。大悟格物致知之旨。

1509 年 己巳 正德四年，三十八岁，在贵阳，受提学付使习书聘请主讲文明书院，始揭知行合一之旨。

1510 年 庚午 正德五年，三十九岁，三月任庐陵知县，十二月升南京刑部四川清吏司主事。路过辰州、常州时教人静坐补小学工夫。刘瑾被诛。

1511 年 辛未 正德六年，四十岁，在京师，正月调吏部验封司清司主事。二月为会试同考官。十月升文选清吏司员外郎。

1512 年 壬申 正德七年，四十一岁，在京师，三月升考功清吏司郎中，黄绾、徐爱等几十人同受业。十二月升南京太仆寺少卿。据《大学》古本立诚意格物之教。

1513 年 癸酉 正德八年，四十二岁，赴任便道归省。十月至滁州，督马政。地僻官闲，日与门人游琅铘、襄泉间。新旧学生大集滁州。教人静坐入道。

1514 年 甲戌 正德九年，四十三岁。在南京教人存天理去人欲。

1514 年 乙亥 正德十年，四十四岁，在京师，拟《谏迎佛疏》未上。上疏请归，不允。

1516 年 丙子 正德十一年，四十五岁，在南京，九月，经兵部尚书王琼特荐，升都察院佥都御使，巡抚南赣、汀、漳等处，平定征南王谢志山、金龙霸王池仲容等江西、福建、广东、湖广等地的暴动。

1517 年 丁丑 正德十二年，四十六岁，正月至赣，二月平漳，十月平横水、桶岗等地，行十家牌法。

1518 年 戊寅 正德十三年，四十七岁，正月征三浰，三月疏乞致仕，不允。平大帽、俐头。六月升都察院右都御使，荫子锦衣卫，世袭百户。辞免，不允。七月刻古本《大学》，刻《朱子晚年定论》，八月门人薛侃刻《传习录》。九月修濂溪书院，四方学者云集于此。

1519 年 己卯 正德十四年，四十八岁，六月，奉命勘处福建叛军，至丰城，闻宸濠反，遂返吉安，起义兵。旬日平宸濠。与前来平叛的宦官周旋。

1520 年 庚辰 正德十四年，四十八岁，在江西。王艮投门下，艮后创泰州学派。阳明自言在应付宦官刁难时全靠良知指引。

1521 年 辛巳 正德十六年，五十岁，在江西。始揭致良知之教。五月，集门人于白鹿洞。六月升南京兵部尚书。九月归余姚，封新建伯。

1522年 壬午 世宗嘉靖元年。五十一岁，在绍兴（山阴）。正月疏辞爵，二月父王华死。丁忧。有御使承首辅杨廷和旨意倡议禁遏王学。

1523年 癸未 嘉靖二年，五十二岁，在绍兴。来从游者日众。南京刑部主事桂萼议大礼得宠。

1524年 甲申 嘉靖三年，五十三岁。在绍兴。四月，服阕，朝中屡有荐者。有人以大礼见问者，不答。十月，门人南大吉绪刻《传习录》。

1525年 乙酉 嘉靖四年，五十四岁，在绍兴。夫人诸氏卒。礼部尚书席书力荐，不果。决定每月朔望在余姚龙泉寺之中天阁聚会生徒。十月，立阳明书院于越城西（山阴东）光相桥之东。

1526年 丙戌 嘉靖五年，五十五岁，在绍兴。十一月庚申，子正聪生，七年后黄绾为保护孤幼收为婿，改名正亿。

1527年 丁亥 嘉靖六年，五十六岁，在绍兴。四月邹守益刻《文录》于广德州。九月出征思田。天泉证道，确定四句教法。

1528年 戊子 嘉靖七年，五十七岁。二月平思田之乱。七月袭八寨、断藤峡。十月乞骸骨，十一月二十九日辰时，公历1529年1月9日8时许，病逝于江西南安府大庾县青龙铺码头。

附录二　王阳明语录

爱（指王阳明学生徐爱）问："'知止而后有定'，朱子以为'事事物物皆有定理'，似与先生之说相戾。"先生（指王阳明）曰："于事事物物上求至善，却是义外也，至善是心之本体，只是'明明德'到'至精至一'处便是，然亦未尝离却事物，本注所谓'尽夫天理之极，而无一毫人欲之私'者得之。"

爱问："至善只求诸心，恐于天下事理有不能尽。"先生曰："心即理也。天下又有心外之事，心外之理乎？"爱曰："如事父之孝，事君之忠，交友之信，治民之仁，其间有许多理在，恐亦不可不察。"先生叹曰："此说之蔽久矣，岂一语所能悟？今姑就所问者言之：且如事父不成，去父上求个孝的理；事君不成，去君求个忠的理；交友治民不成，去友上、民上求个信与仁的理：都只在此心，心即理也。此心无私欲之蔽，即是天理，不须外面添一分。以此纯乎天理之心，发之事父便是孝，发之事君便是忠，发之交友治民便是信与仁。只在此心去人欲、存天理上用功便是。"

郑朝朔问："至善亦须有从事物上求者？"先生曰："至善只是此心纯乎天理之极便是，更于事物上怎生求？且试说几件看。"

朝朔曰："且如事亲，如何而为温清之节，如何而为奉养之宜，须求个是当，方是至善，所以有学问思辩之功。"先生曰："若只是温清之节、奉养之宜，可一日二日讲之而尽，用得甚学问思辩？惟于温清时，也只要此心纯乎天理之极；奉养时，也只要此心纯乎天理之极。此则非有学问思辩之功，将不免于毫厘千里之谬，所以虽在圣人犹加'精一'之训。若只是那些仪节求得是当，便谓至善，即如今扮戏子，扮得许多温清奉养的仪节是当，亦可谓之至善矣。"爱于是日又有省。

爱因未会先生"知行合一"之训，与宗贤、惟贤往复辩论，未能决，以问于先生。先生曰："试举看。"爱曰："如今人尽有知得父当孝、兄当弟者，却不能孝、不能弟，便是知与行分明是两件。"先生曰："此已被私欲隔断，不是知行的本体了。未有知而不行者。知而不行，只是未知。圣贤教人知行，正是安复那本体，不是着你只恁的便罢。故《大学》指个真知行与人看，说'如好好色，如恶恶臭'。见好色属知，好好色属行。只见那好色时已自好了，不是见了后又立个心去好。闻恶臭属知，恶恶臭属行。只闻那恶臭时已自恶了，不是闻了后别立个心去恶。如鼻塞人虽见恶臭在前，鼻中不曾闻得，便亦不甚恶，亦只是不曾知臭。就如称某人知孝、某人知弟，必是其人已曾行孝行弟，方可称他知孝知弟，不成只是晓得说些孝弟的话，便可称为知孝弟。又如知痛，必已自痛了方知痛，知寒，必已自寒了；知饥，必已自饥了；知行如何分得开？此便是知行的本体，不曾有私意隔断的。圣人教人，必要是如此，方可谓之知，不然，只是不曾知。此却是何等紧切着实的工夫！如今苦苦定要说知行做两个，是甚么意？某要说做一个是甚么意？若不知立言宗旨，只管说一个两个，亦有甚用？"

爱曰："古人说知行做两个，亦是要人见个分晓，一行做知的功夫，一行做行的功夫，即功夫始有下落。"先生曰："此却失了古人宗旨也。某尝说知是行的主意，行是知的功夫；知是行之始，行是知之成。若会得时，只说一个知已自有行在，只说一个行已自有知在。古人所以既说一个知又说一个行者，只为世间有一种人，懵懵懂懂的任意去做，全不解思维省察，也只是个冥行妄作，所以必说个知，方才行得是；又有一种人，茫茫荡荡悬空去思索，全不肯着实躬行，也只是个揣摸影响，所以必说一个行，方才知得真。此是古人不得已补偏救弊的说话，若见得这个意时，即一言而足，今人却就将知行分作两件去做，以为必先知了然后能行，我如今且去讲习讨论做知的工夫，待知得真了方去做行的工夫，故遂终身不行，亦遂终身不知。此不是小病痛，其来已非一日矣。某今说个知行合一，正是对病的药。又不是某凿空杜撰，知行本体原是如此。今若知得宗旨时，即说两个亦不妨，亦只是一个；若不会宗旨，便说一个，亦济得甚事？只是闲说话。"

爱问："'尽心知性'何以为'生知安行'？"先生曰："性是心之体，天是性之原，尽心即是尽性。'惟天下至诚为能尽其性，知天地之化育。'存心者，心有未尽也。知天，如知州、知县之知，是自己分上事，已与天为一；事天，如子之事父，臣之事君，须是恭敬奉承，然后能无失，尚与天为二，此便是圣贤之别。至于'夭寿不贰其心'，乃是教学者一心为善，不可以穷通

夭寿之故，便把为善的心变动了，只去修身以俟命；见得穷通寿夭有个命在，我亦不必以此动心。事天虽与天为二，已自见得个天在面前；俟命便是未曾见面，在此等候相似：此便是初学立心之始，有个困勉的意在。今却倒做了，所以使学者无下手处。"

爱曰："昨闻先生之教，亦影响见得功夫须是如此。今闻此说，益无可疑。爱昨晚思格物的物字即是事字，皆从心上说。"先生曰："然。身之主宰便是心；心之所发便是意；意之本体便是知；意之所在便是物。如意在于事亲，即事亲便是一物；意在于事君，即事君便是一物；意在于仁民爱物，即仁民爱物便是一物；意在于视听言动，即视听言动便是一物。所以某说无心外之理，无心外之物。《中庸》言'不诚无物'，《大学》'明明德'之功，只是个诚意。诚意之功只是个格物。"

格物，如《孟子》"大人格君心"之"格"，是去其心之不正，以全其本体之正。但意念所在，即要去其不正，以全其正，即无时无处不是存天理，即是穷理。"天理"即是"明德"，"穷理"即是"明明德"。

知是心之本体，心自然会知。见父自然知孝，见兄自然知弟，见孺子入井自然知恻隐。此便是良知，不假外求。若良知之发，更无私意障碍，即所谓"充其恻隐之心，而仁不可胜用矣。"然在常人，不能无私意障碍，所以须用"致知""格物"之功，胜私复理。即心之良知更无障碍，所以充塞流行，便是致其知。知致则意诚。

"礼"字即是"理"字。"理"之发见可见者谓之"文"，"文"之隐微不可见者谓之"理"，只是一物。"约礼"只是要此心纯是一个天理。要此心纯是天理，须就"理"之发见处用功。

爱问："'道心常为一身之主，而人心每听命。'以先生精一之训推之，此语似有弊。"先生曰："然。心一也，未杂于人谓之道心，杂以人伪谓之人心。人心之得其正者即道心；道心之失其正者即人心：初非有二心也。程子谓人心即人欲，道心即天理，语若分析而意实得之。今日道心为主而人心听命，是二心也。天理人欲不并立，安有天理为主，人欲又从而听命者？"

爱问文中子、韩退之。先生曰："退之文人之雄耳。文中子贤儒也。后人徒以文词之故推尊退之，其实退之去文中子远甚。"爱问："何以有拟经之失？"先生曰："拟经恐未可尽非。且说后世儒者著述之意，与拟经如何？"爱曰："世儒著述，近名之意不无，然期以明道；拟经纯若为名。"先生曰："著述以明道，亦何所效法？"曰："孔子删述《六经》，以明道也。"先生曰："然则拟经独非效法孔子乎？"爱曰："著述即于道有所发明。拟经似徒拟其迹，恐于道无补。"先生曰："子以明道者使其反朴还淳而见诸行事之实乎？抑将美其言辞而徒以譊譊于世也？天下之大乱，由虚文胜而实行衰也。使道明于天下，则《六经》不必述。删述《六经》，孔子不得已也。自伏羲画卦，至于文王、周公，其间言《易》如连山、归藏之属，纷纷籍籍，不知其几，易道大乱。孔子以天下好文之风日盛，知其说之将无纪极，于是取文王、周公之说而赞之，以为惟此为得其宗。于是纷纷之说尽废，而天下之言易者始一。《书》《诗》《礼》《乐》《春秋》皆然。《书》自《典》《谟》以后，《诗》自《二南》以降，如《九丘》、《八索》，一切淫哇逸荡之词，盖不知其几千百篇；《礼》《乐》之名

物度数，至是亦不可胜穷。孔子皆删削而述正之，然后其说始废。如《书》《诗》《礼》《乐》中，孔子何尝加一语？今之礼记诸说，皆后儒附会而成，已非孔子之旧。至于《春秋》，虽称孔子作之，其实皆鲁史旧文。所谓"笔者，笔其旧"；所谓'削'者，削其繁：是有减无增。孔子述《六经》，惧繁文之乱天下，惟简之而不得，使天下务去其文以求其实，非以文教之也。《春秋》以后，繁文益盛，天下益乱。始皇焚书得罪，是出于私意；又不合焚《六经》。若当时志在明道，其诸反经叛理之说，悉取而焚之，亦正暗合删述之意。自秦、汉以降，文又日盛，若欲尽去之，断不能去；只宜取法孔子，录其近是者而表章之，则其诸怪悖之说，亦宜渐渐自废。不知文中子当时拟经之意如何？某切深有取于其事，以为圣人复起，不能易也。天下所以不治，只因文盛实衰，人出己见，新奇相高，以眩俗取誉。徒以乱天下之聪明，涂天下之耳目，使天下靡然争务修饰文词，以求知于世，而不复知有敦本尚实、反朴还淳之行：是皆著述者有以启之。"

爱曰："先儒论《六经》，以《春秋》为史。史专记事，恐与《五经》事体终或稍异。"先生曰："以事言谓之史，以道言谓之经。事即道，道即事。《春秋》亦经，《五经》亦史。《易》是庖羲氏之史，《书》是尧、舜以下史，《礼》《乐》是三代史：其事同，其道同，安有所谓异？"

陆澄问："主一之功，如读书则一心在读书上，接客则一心在接客上，可以为主一乎？"先生曰："好色则一心在好色上，好货则一心在好货上，可以为主一乎？是所谓逐物，非主一也。主一是专主一个天理。"

问立志。先生曰:"只念念要存天理,即是立志。能不忘乎此,久则自然心中凝聚,犹道家所谓结圣胎也。此天理之念常存,驯至于美大圣神,亦只从此一念存养扩充去耳。"

孟源有自是好名之病,先生屡责之。一日警责方已,一友自陈日来工夫请正。源从旁曰:"此方是寻着源旧时家当。"先生曰:"尔病又发。"源色变,议拟欲有所辨,先生曰:"尔病又发。"因喻之曰:"此是汝一生大病根。譬如方丈地内,种此一大树,雨露之滋,土脉之力,只滋养得这个大根;四傍纵要种此嘉谷,上面被此树叶遮覆,下面被此树根盘结,如何生长得成?须用伐去此树,纤根勿留,方可种植嘉种。不然,任汝耕耘培壅,只是滋养得此根。"

问:"后世著述之多,恐亦有乱正学?"先生曰:"人心天理浑然,圣贤笔之书,如写真传神,不过示人以形状大略,使之因此而讨求其真耳;其精神意气言笑动止,固有所不能传也。后世著述,是又将圣人所画,摹仿誊写,而妄自分析加增,以逞其技,其失真愈远矣。"

问:"圣人应变不穷,莫亦是预先讲求否?"先生曰:"如何讲求得许多?圣人之心如明镜,只是一个明,则随感而应,无物不照;未有已往之形尚在,未照之形先具者。若后世所讲,却是如此,是以与圣人之学大背。周公制礼作乐以示天下,皆圣人所能为,尧、舜何不尽为之而待于周公?孔子删述《六经》以诏万世,亦圣人所能为,周公何不先为之而有待于孔子?是知圣人遇此时,方有此事。只怕镜不明,不怕物来不能照。讲求事变,亦是照时事,然学者却须先有个明的工夫。学者惟患此心之未能

明，不患事变之不能尽。"

"义理无定在，无穷尽。吾与子言，不可以少有所得而遂谓止此也；再言之，十年、二十年、五十年未有止也。"他日又曰："圣如尧、舜，然尧、舜之上，善无尽；恶如桀、纣，然桀、纣之下，恶无尽。使桀、纣未死，恶宁止此乎？使善有尽时，文王何以'望道而未之见'？"

问："静时亦觉意思好，才遇事便不同，如何？"先生曰："是徒知静养而不用克己工夫也。如此临事，便要倾倒。人须在事上磨，方能立得住；方能静亦定、动亦定。"

后儒教人，才涉精微，便谓上达未当学，且说下学。是分下学上达为二也。夫目可得见，耳可得闻，口可得言，心可得思者，皆下学也；耳不可得闻，口号不可得言，心不可得思者，上达也。如木之栽培灌溉，是下学也；至于日夜之所息，条达畅茂，乃是上达。人安能预其力哉？故凡可用功，可告语者，皆下学。上达只在下学里。凡圣人所说，虽极精微，俱是下学。学者只从下学里用功，自然上达去，不必别寻个上达的工夫。

知者行之始，行者知之成。圣学只一个工夫，知行不可分作两事。

问："宁静存心时，可为未发之中否？"先生曰："今人存心，只定得气。当其宁静时，亦只是气宁静，不可以为未发之中。"曰："未便是中，莫亦是求中功夫？"曰："只要去人欲、存天理，方是功夫。静时念念去人欲、存天理，动时念念去人欲、存天理，不管宁静不宁静。若靠那宁静，不惟渐有喜静厌动之弊，中间许多病痛只是潜伏在，终不能绝去，遇事依旧滋长。以循理为主,何尝不宁静;以宁静为主,未必能循理。"

问:"孔门言志:由、求任政事,公西赤任礼乐,多少实用。及曾晳说来,却似耍的事,圣人却许他,是意何如?"曰:"三子是有意必,有意必便偏着一边,能此未必能彼;曾点这意思却无意必,便是'素其位而行,不愿乎其外','素夷狄行乎夷狄,素患难行乎患难,无人而不自得'矣。三子所谓'汝器也',曾点便有不器意。然三子之才,各卓然成章,非若世之空言无实者,故夫子亦皆许之。"

问:"知识不长进如何?"先生曰:"为学须有本源,须从本源上用力,渐渐盈科而进。仙家说婴儿,亦善譬。婴儿在母腹时,只是纯气,有何知识?出胎后方始能啼,既而后能笑,又既而后能认识其父母兄弟,又既而后能立能行、能持能负,卒乃天下之事无不可能:皆是精气日足,则筋力日强,聪明日开,不是出胎日便讲求推寻得来。故须有个本原。圣人到位天地,育万物,也只从喜怒哀乐未发之中上养来。后儒不明格物之说,见圣人无不知无不能,便欲于初下手时讲求得尽,岂有此理?"

立志用功,如种树然。方其根芽,犹未有干;及其有干,尚未有枝,枝而后叶,叶而后花、实。初种根时,只管栽培灌,勿作枝想,勿作叶想,勿作花想,勿作实想。悬想何益?但不忘栽培之功,怕没有枝叶花实?

仁、义、礼、智也是表德。性一而已,自其形体也谓之天,主宰也谓之帝,流行也谓之命,赋于人也谓之性,主于身也谓之心。心之发也,遇父便谓之孝,遇君便谓之忠。自此以往,名至于无穷,只一性而已。犹人一而已,对父谓之子,对子谓之父,

自引以往，至于无穷，只一人而已。人只要在性上用功，看得一性字分明，即万理灿然。

教人为学，不可执一偏。初学时心猿意马，拴缚不定，其所思虑，多是人欲一边。故且教之静坐，息思虑。久之，俟其心意稍定。只悬空静守，如槁木死灰，亦无用。须教他省察克治，省察克治之功则无时而可间，如去盗贼，须有个扫除廓清之意。无事时，将好色、好货、好名等私欲逐一追究搜寻出来，定要拔去病根，永不复起，方始为快。常如猫之捕鼠，一眼看着，一耳听着。才有一念萌动，即与克去。斩钉截铁，不可姑容，与他方便。不可窝藏，不可放他出路，方是真实用功。方能扫除廓清，到得无私可克，自有端拱时在。虽曰"何思何虑"，非初学时事。初学必须思省察克治，即是思诚，只思一个天理，到得天理纯全，便是"体思何虑"矣。

定者，心之本体，天理也。动静，所遇之时也。

父之爱子，自是至情，然天理亦自有个中和处，过所忧患不得其正。大抵七情所感，多只是过，少不及者。不过，便非心之本体，必须调停适中始得。就如父母之表，人子岂不欲一哭便死，方快于心？然却曰"毁不灭性"。非圣人强制之也，天理本体自有分限，不可过也。人但要识得心体，自然增减分毫不得。

精神道德言动，大率收敛为主，发散是不得已。天地人物皆然。

喜怒哀乐本体自是中和的。才自家着些意思，便过不及，便是私。

圣人心体自然如此。克己须要扫除廓清，一毫不存，方是。

有一毫在，则众恶相引而来。

学者当务之急，算得比数熟亦恐未有用。必须心中先具礼乐之本方可。且如其书说，多用管以候气。然至冬至那一时刻，管灰之尽，或者先后须臾之间，焉知那管正值冬至之刻？须自心中先晓得冬至之刻始得。此便有不通处。学者须先从礼乐本原上用功。

道无精粗，人之所见有精粗。如这一间房，人初进来，只见一个大规模如此。处久，便柱壁之类，一一看得明白。再久，如柱上有些文藻，细细都看得出来。然只是一间房。

诸公近见时少疑问，何也？人不用功，莫不自以为已知为学，只循而行之是矣。殊不知私欲日生，如地上尘，一日不扫便又有一层。着实用功，便见道无终穷，愈探愈深，必使精白无一毫不彻方可。

若真实切己用功不已，则于此心天理之精微，日见一日，私欲之细微，亦日见一日。若不用克己工夫，终日只是说话而已，天理终不自见，私欲亦终不自见。如人走路一般，走得一段方认得一段，走到歧路时，有疑便问，问了又走，方渐能到得欲到之处。今人于已知之于理不肯存，已知之人欲不肯去，且只管愁不能尽知，只管闲讲，何益之有？且待克得自己无私可克，方愁不能尽知，亦未迟在。

道无方体，不可执著。欲拘滞于文义上求道，远矣。如今人只说天，其实何尝见天？谓日、月、风、雷即天，不可；谓人、物、草、木不是天，亦不可。道即是天。若识得时，何莫而非道。人但各以其一隅之见，认定以为道止如此，所以不同。若解

向里寻求，见得自己心体，即无时无处不是此道。亘古亘今，无终无始，更有甚同异？心即道，道即天。知心则知道、知天。

诸君要实见此道，须从自己心上体认，不假外求，始得。

人要随才成就，才是其所能为。如夔之乐，稷之种，是他资性合下便如此。成就之者，亦只是要分心体纯乎天理。其运用处皆从天理上发来，然后谓之"才"。到得纯乎天理处，亦能"不器"。使夔、稷易艺而为，当亦能之……如"素富贵，行乎富贵。素患难，行乎患难"，皆是"不器"。此惟养得心体正者能之。

与其为数顷无源之塘水，不若为数尺有源之井水，生意不穷。

一日便是一元。人平旦时起坐，未与物接，此心清明景象，便如在伏羲时游一般。

人君端拱清穆，六卿分职，天下乃治。心统五官，亦要如此。今眼要视时，心便逐在色上；耳要听时，心便逐在声上。如人君要选官时，便自去坐在吏部；要调军时，便自去坐在兵部。如此，岂惟失却君体，六卿亦皆不得其职。

善念发而知之，而充之。恶念发而知之，而遏之。知与充与遏者，志也，天聪明也。圣人只有此，学者当存此。

破山中贼易，破心中贼难。

夫万事万物之理不外于吾心。

心即理也。心外无理，心外无物，心外无事。

人心之得其正者即道心；道心之失其正者即人心。

无善无恶心之体，有善有恶意之动，知善知恶是良知，为善去恶是格物。

殃莫大于叨天之功，罪莫大于掩人之善，恶莫深于袭下之能，辱莫重于忘己之耻，四者备而祸全。

夫学贵得之于心。求之于心而非也，虽其言之出于孔子，不敢以为是也，而况其未及孔子者乎？求之于心而是也，虽其言出于庸常，不敢以为非也，而况其出于孔子者乎？

所以为圣者，在纯乎天理，而不在才力也。故虽凡人，而肯为学，使此心纯乎天理，则亦可为圣人。

天地虽大，但有一念向善，心存良知，虽凡夫俗子，皆可为圣贤。

志之所至，气亦至焉之谓，非极至、次贰之谓。"持其志"，则养气在其中。"无暴其气"，则亦持其志矣。

人性皆善。中、和是人原有的，岂可谓无？但常人之心既有所昏蔽，则其本体虽亦时时发见，终是暂时暂灭，非其全体大用矣。无所不中，然后谓之大本；无所不和，然后谓之达道。惟天下之至诚，然后能立天下之大本。

道之全体，圣人亦难以语人，须是学者自修自悟。

意既诚，大段心亦自正，身亦自修。但正心、修身工夫亦各有用力处。修身是已发边，正心是未发边。正心则中，身修则和。

仁是造化生生不息之理，虽弥漫周遍，无处不是，然其流行发生，亦只有个渐，所以生生不息。

心即理也。无私心即是当理，未当理便是私心。若析心与理言之，恐亦未善。

至善者性也，性元无一毫之恶，故曰至善。止之，是复其本

然而已。

日间工夫觉纷扰,则静坐。觉懒看书,则且看书。是亦因病而药。

问:"'惟精惟一'是如何用功?"先生曰:"惟一是惟精主意,惟精是惟一功夫,非惟精之外复有惟一也。精字从米,姑以米譬之:要得此米纯然洁白,便是惟一意;然非加舂簸筛拣惟精之工,则不能纯然洁白也。舂簸筛拣是惟精之功,然亦不过要此米到纯然洁白而已。博学、审问、慎思、明辨、笃行者,皆所以为惟精而求惟一也。他如博文者,即约礼之功;格物致知者,即诚意之功;道问学,即尊德性之功;明善,即诚身之功;无二说也。"

知之真切笃实处,即是行;行之明觉精察处,即是知,知行工夫本不可离。只为后世学者分作两截用功,失却知行本体,故有合一并进之说。

先生游南镇,一友指岩中花树问曰:"天下无心外之物,如此花树,在深山中自开自落,于我心亦何相关?"先生曰:"你未看此花时,此花与汝心同归于寂。你来看此花时,则此花颜色一时明白起来。便知此花不在你的心外。"